跨境电商
亚马逊是如何运营的
从零做到
年销千万实操手册

宁芳儒(Moss)◎著

人民邮电出版社

北 京

图书在版编目（CIP）数据

跨境电商亚马逊是如何运营的 ：从零做到年销千万实操手册 / 宁芳儒著. —— 北京 ：人民邮电出版社，2022.1
ISBN 978-7-115-56506-8

Ⅰ. ①跨… Ⅱ. ①宁… Ⅲ. ①电子商务—商业企业管理—美国—手册 Ⅳ. ①F737.124.6-62

中国版本图书馆CIP数据核字(2021)第079592号

内 容 提 要

  本书详细介绍了跨境电商平台亚马逊运营的方法和技巧。手把手教读者怎样把亚马逊店铺在全球开起来，帮助读者选择与目的站点相匹配的产品，一步一步打造跨境电商亚马逊爆款产品，最终实现销售额的稳步增长和持续盈利，真正实现中国品牌"出海"。

  本书适合出口跨境电商行业从业者，国内电商从业者，传统外贸 B2B 从业者，国内想要"出海"的品牌和工厂，一直在寻找项目的创业者，高校外语专业、外贸专业及电商专业的在校大学生，从事中国出口外贸研究的专家学者阅读与参考。

◆ 著　　　　　宁芳儒
　　责任编辑　　赵　娟
　　责任印制　　陈　犇

◆ 人民邮电出版社出版发行　　北京市丰台区成寿寺路 11 号
　　邮编　100164　　电子邮件　315@ptpress.com.cn
　　网址　https://www.ptpress.com.cn
　　固安县铭成印刷有限公司印刷

◆ 开本：800×1000　1/16
　　印张：19.75　　　　　　　2022 年 1 月第 1 版
　　字数：392 千字　　　　　　2025 年 6 月河北第 22 次印刷

定价：99.00 元
读者服务热线：(010)53913866　印装质量热线：(010)81055316
反盗版热线：(010)81055315

2012 年，我开始接触出口跨境电商这个行业，到 2021 年已经是第 10 年了。很庆幸我在大学期间就接触到了出口跨境电商行业，并且一直在跨境电商领域工作，见证了跨境电商领域很多人和事的变化，经历过太多的酸甜苦辣。

我只是一个普通的海外留学生，10 年前的机缘巧合，让我有幸接触到亚马逊平台，接触到跨境电商行业，并且非常幸运地在创业第一年实现了人生中的第一个 1000 万元的销售目标，第三年实现了亚马逊单店铺年销售额破亿元的目标。同时，在行业内几个专家的支持下，我在 2017 年创立了"侃侃"——集跨境电商出口、媒体运营、品牌活动策划、工厂会展、培训孵化、出海服务提供、联合运营和代运营、超级卖家俱乐部为一体的"一站式"跨境电商孵化平台，直接或间接地帮助到数以万计的亚马逊中小卖家，其中有不少卖家在"侃侃"的帮助下实现了从 0 到 1 的飞跃。

除帮助广大的中小卖家以外，我也曾带团队进入环球易购、潘朵、蓝思、Holy Stone 等业内知名公司进行企业内训指导，帮助他们突破销售额瓶颈。同时我也为泽宝、赛维、有棵树、通拓、Etekcity、百事泰、棒谷等大卖家公司提供培训服务。与此同时，我还帮助过多家大型国有企业和国内知名品牌完成了从传统外贸向跨境电商转型的目标，帮助它们成功实现了"品牌出海，货通全球"。

一直以来，我都想写一本关于跨境电商亚马逊运营方面的书，把这些年自己运营亚马逊店铺的心得体会和宝贵经验梳理一遍，有条理地汇总起来，并落于文字，希望帮到更多还在黑暗中摸索的亚马逊新手卖家，同时也对这么多年的运营生涯做一个总结！

我一直坚信，持续输出是最快的学习路径，在写这本书的时候，我查阅了很多资料，与很多优秀的业内人士进行了交流，自身能力得到了很大的提升。例如在撰写亚马逊卖家团队绩效考核和薪酬体系设计这方面内容的时候，我的好朋友冯笑笑老师就给了我很多有价值的建议，在此也对她表示感谢！

本书主要分为"道、术、法、器"四大部分，旨在帮助亚马逊卖家快速实现从零到年销千万的目标！

道：亚马逊选品及运营之道。

法：亚马逊团队的高效运营法则与个人成长法则。

术：从0到1，亚马逊爆款打造进阶实操术。

器：亚马逊选品运营的实用工具及服务。

本书的行文有以下3个特点。

1. 以实操方法为主

亚马逊是一个非常注重实操的平台，目前大部分人已经认识到亚马逊对跨境电商业务的重要性，迫切需要解决怎样才能做好的问题。所以这本书会以讲解实操方法为主，书中讲的所有方法都可以直接运用到实战当中。

2. 不详细阐述入门级操作

为了节省读者的时间，本书不详细阐述入门级操作，而是重点介绍一些读者不熟悉的实操方法。一些基本的简单操作，例如，亚马逊账号的注册流程、如何批量上传产品、如何创建变体产品、亚马逊物流配送（Fulfillment By Amazon，FBA）的基础操作等，我已经在书中给出相应的资料和教程资源，需要的读者可以自行查阅学习。

3. 内容长时间有效

亚马逊跨境电商业务变化很快，并且知识存在半衰期，当你看到这本书时，书中有些内容难免会"过时"，但我相信其中的方法在很长的一段时间内是值得学习、研讨的。

如果各位读者想要第一时间了解亚马逊最新的方法和平台政策，建议各位关注我的微信公众号"Moss的精神家园"，微信视频号"跟Moss学跨境电商"，还有我的抖音号"跟Moss学跨境电商"。

目录
CONTENTS

第5章

亚马逊从业者的个人成长法则

第三部分 术：从0到1，亚马逊爆款打造进阶实操术

第6章

打造爆款第一步：优秀的选品

第7章

打造爆款第二步：备货与库存计划

目录

第8章

打造爆款第三步：完美的上架

第9章

打造爆款第四步：出色的产品页面与店铺维护

第10章

打造爆款第五步：站内自然流量的获取和优化

第11章

打造爆款第六步：站内广告的打法和策略

第12章

打造爆款第七步：站外引流的思路和方法

第13章

打造爆款第八步：复盘和总结

第四部分　器：亚马逊选品运营的实用工具和服务

第14章
工具和服务的使用原则

目录

第一部分
道：亚马逊选品及运营之道

第 1 章
重新认识跨境电商亚马逊

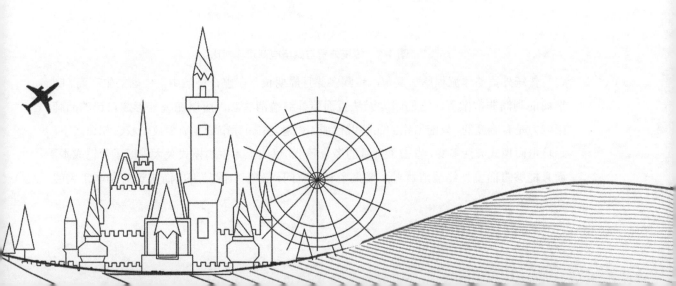

1.1 出口跨境电商行业现状分析

1.1.1 出口跨境电商行业的定义以及与传统外贸的区别

随着中国改革开放政策的实施，特别是在加入世界贸易组织（World Trade Organization，WTO）后，中国的对外出口一直保持稳定且快速的增长势头。传统的外贸出口业务模式已经深入人心，因此，不少人第一次听到"出口跨境电商"这个名词时，并不知道所谓的"出口跨境电商"和我们传统认知上的外贸出口有什么区别。

简而言之，与传统外贸出口相比，出口跨境电商是近五六年才出现的新生事物，二者虽然都是把境内的产品卖到境外，但是出口的方式、方法和对象却有很大的区别。传统外贸与跨境电商流程对比如图 1-1 所示。

图 1-1　传统外贸与跨境电商流程对比

传统外贸整体流程单一复杂，步骤多并且周期长。在整个链条中，中国的生产商 / 制造商的利润非常微薄，它们因为无法直面境外终端消费者，所以在境外形成自己的品牌影响力是有难度的，只能给别的品牌做代加工生意，在国际市场上缺少议价权。相比之下，跨境电商模式灵活多变，省去了大量的多余环节，以线上为主的模式大大降低了营销成本，而且能够直面境外终端消费者，增大了利润空间，对于中国品牌出海来说有着非常大的促进意义。

可能很多人一听到出口跨境电商就认为它应该属于企业对客户（Business to Customer，B2C）零售模式，其实不然，虽然 B2C 零售模式是出口跨境电商的主要模式，但是出口跨境电商也采用企业对企业（Business to Business，B2B）小额批发模式。以下对出口跨境电商的两种基本运作模式进行介绍。

出口跨境电商 B2B 小额批发模式。中国的贸易公司把产品图片挂在独立站或者跨境电商平台上，不断地通过各种方法在线上寻找境外的 B 端买家，等到 B 端买家看中某款产品签订小额批发合同后，中国的贸易公司开始向生产商 / 制造商下单生产产品，等到产品生产完成以后再把产品交付给境外的 B 端买家，B 端买家拿到产品后再以零售的方式一个一个地卖给终端消费者，整个流程才算结束。

此外，中国生产商 / 制造商也可以不通过贸易公司转手，直接在跨境电商平台或独立站与境外的 B 端买家进行对接。在国内有很多以出口跨境电商 B2B 小额批发模式为主的平台，其中比较知名的是阿里巴巴国际站，以及 Amazon（亚马逊）。

出口跨境电商 B2C 零售模式。中国的贸易公司把产品图片挂在独立站或者跨境电商平台上，不断地通过各种方法吸引境外的终端消费者前来购买，等到终端消费者下单，贸易公司再从国内采购已出单的产品然后自己打包，以邮政小包的形式一个一个地发送到终端消费者手里，整个流程结束。

此外，中国生产商 / 制造商也可以绕开中国的贸易公司，自己直面境外终端消费者。不过目前这种情况不多，这是因为制造企业习惯了 B2B 模式，让它们突然接受 B2C 模式还需要一个相当长的过程。另外，如果某一个单一产品卖得非常火爆，一天能出1000 单，很多卖家就会采取先把大批量产品发到目的国的海外仓，然后从海外仓发货，这样会比从国内一个一个打包发货要方便快捷且划算得多！

1.1.2　出口跨境电商行业现状分析

中国出口跨境电商的出口国家和地区分布如图 1-2 所示。排名靠前的有美国、欧洲、东盟成员国和日本，这与传统外贸出口业务的主要出口国家和地区基本一致。主要跨境电商出口国家和地区的零售电商市场规模自 2014 年到 2019 年至少翻了一倍。国外知名机构 eMarketer 预测，到 2021 年，全球电商销售额将再创新高。全球电商业务预计增长265%，从 2014 年的 1.33 万亿美元增长到 2021 年的 4.9 万亿美元，这表明未来电商市场销售额并没有下降的趋势，反而会稳步上升。到 2021 年，全球电商销售额预计占全球零售总额的 17.5%。

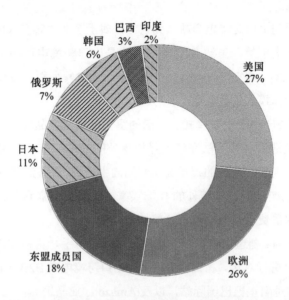

图 1-2　中国出口跨境电商的出口国家和地区分布

　　中国进出口贸易总规模和跨境电商贸易规模的变化如图 1-3 所示。相较于我国进出口贸易总规模在 10 年间缓慢增长，跨境电商异军突起，贸易规模在 9 年间翻了将近 10 倍，2018年我国跨境电商的贸易规模达到 9 万亿元，占进出口贸易总额的 28.3%，且一直处于高速增长的态势。由此可见，我国的出口跨境电商行业正在蓬勃发展，未来 10 年都会是国家重点扶持的产业之一。

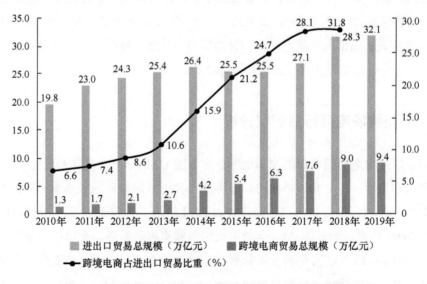

图 1-3　中国进出口贸易总规模和跨境电商贸易规模的变化

2020 年，全球遭遇了新冠肺炎疫情的冲击，中国 1～2 月出口份额同比回落
17.2%，进口份额回落 4%，中国传统外贸的"晴雨表"和"风向标"——中国进出口
商品交易会，也因疫情被迫延期并改为线上召开。但以亚马逊平台为代表的中国出口跨
境电商却逆势上扬，增长速度远超 2019 年同期水平。研究表明，中国出口跨境电商的快
速增长主要得益于国外消费者大多因疫情居家隔离，线下实体店纷纷关闭，消费者的购
买需求转移到了线上。

1.2 跨境电商平台、独立站和社交电商之间的区别与联系

1.2.1 出口跨境电商营销生态圈

出口跨境电商的生态圈是由独立站、跨境电商平台和流量平台 3 个主要部分构成的。
其中独立站和跨境电商平台最大的区别在于独立站本身是不带流量的，需要不断地通过付
费或者免费的方式从各种流量平台引流，才能保证输入持续不断的流量；但是跨境电商平
台是自带流量的，这意味着卖家只要把产品上传至平台就有出单的可能，这也很好地解释
了"专业铺货卖家"这个群体存在的原因，"疯狂"铺货就能出单这种事情对于独立站来说
是不可想象的。

流量平台被划分为社交平台和搜索引擎两个部分，各位读者应该都很熟悉搜索引擎，
这部分也是独立站的重要流量来源，其中，搜索引擎优化（Search Engine Optimization，
SEO）和搜索引擎营销（Search Engine Marketing，SEM）都是独立站卖家的必修课。不
过如今社交平台有慢慢超越搜索引擎的趋势，近些年以 Facebook（脸书）为代表的社交
平台愈发火热，汇聚了大量更具有购买力且价格更低的流量。基于社交平台的流量红利、
立足于社交平台的电商模式由此诞生，我们称之为社交电商。

基于上面所讲的内容及目前出口跨境电商行业的实际情况，我对出口跨境电商从业
者做了一个简单的群体划分：跨境电商独立站卖家、跨境电商平台卖家和海外社交电商
卖家。

1.2.2　跨境电商独立站卖家

跨境电商独立站卖家基本上拥有一个品牌独立站，需要自己搭建支付、物流以及售后体系。做这些工作并不难，没有技术团队也能够做到，例如，建站工具 Shopify 就可以实现"一站式"建站，有经验的卖家在 1 小时内就能够通过 Shopify 搭建一个功能齐全的品牌独立站。

等品牌独立站建好以后，卖家就需要通过各种搜索引擎和社交平台获取流量。例如，通过 SEO 获取免费流量，通过 SEM 获取付费流量，通过海外社交媒体营销获取免费流量，通过在流量平台投放广告，以及和各种关键意见领袖（Key Opinion Leader，KOL）、网络红人等合作获取付费流量，持续不断地通过多模式、多渠道给自己的品牌独立站引流。独立站卖家一旦停止引流工作，就会面临流量枯竭的情况。

就现阶段来说，以亚马逊为首的各大电商平台慢慢倾轧独立站的生存空间，独立站模式的运营引流操作复杂，且主要流量平台的流量愈发昂贵，已经不太适合新手卖家及中小卖家，除非在某一个垂直细分领域有非常好的产品及供应链资源，否则不要轻易尝试独立站模式，特别是刚刚接触出口跨境电商的新手卖家。

如今看来，中国独立站卖家中，具有代表性的是希音和棒谷，各位读者有时间可以去它们的网站观摩一下，感受一下独立站大卖家的魅力！

1.2.3　跨境电商平台卖家

亚马逊属于跨境电商平台，也是全世界流量最大且销量最多的跨境电商平台。目前我国跨境电商从业者中近乎六成是亚马逊卖家，近两成是其他第三方平台卖家，跨境电商平台卖家占整个跨境电商从业者的八成左右。跨境电商平台除各位读者熟知的亚马逊外，还有以 Wish、eBay、速卖通为代表的全球性跨境电商平台，也有以 Shoppe、Lazada 等为代表的区域性跨境电商平台。

流量是跨境电商平台的血液。亚马逊及第三方平台的流量红利期对于整个跨境电商行业影响巨大，延续时间较久。而且趁着这一波巨大的流量红利，也成就了诸如"安克创新（Anker）""泽宝"等一大批跨境电商大卖家。中国出口跨境电商行业发展趋势如图 1-4 所示。

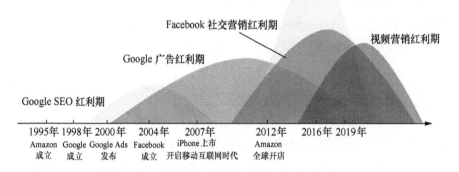

亚马逊及第三方平台流量红利期

Facebook 社交营销红利期

Google 广告红利期

视频营销红利期

Google SEO 红利期

1995年	1998年	2000年	2004年	2007年	2012年	2016年	2019年
Amazon	Google	Google Ads	Facebook	iPhone上市	Amazon		
成立	成立	发布	成立	开启移动互联网时代	全球开店		

图 1-4　中国出口跨境电商行业发展趋势

1.2.4　海外社交电商卖家

海外社交电商卖家是指专门通过社交平台获取流量带货的跨境电商卖家群体，例如，近期非常流行的 Shopify+Facebook 模式就是典型的社交电商模式。这种模式一改过去通过搜索引擎引流的方式，把主要的引流渠道变成了以 Facebook 为首的社交平台。

海外社交电商卖家所卖的产品通常不是普通产品，大部分是一些能够极大激发人们购买欲望的"新奇特"产品，例如，前些年在海外爆红的"指尖陀螺"就是典型的"新奇特"产品。除此之外，海外社交电商卖家的发货模式也比较新颖，不是采取上文提到的一个一个打包发邮政小包的模式，也不是类似亚马逊代发货服务（Fulfillment By Amazon，FBA）（详见本书第 7 章）那种海外仓模式，而是以一件代发（Drop-shipping）模式和货到付款（Cash On Delivery，COD）模式为主。

Drop-shipping 模式即卖家出单以后，假设消费者是来自美国的，卖家直接在跨境电商平台（例如速卖通）上买一个一样的产品，写上消费者的地址，然后让这个速卖通卖家完成最后的发货流程，而卖家全流程不需要接触产品，也不需要有物流供应链体系，而且卖家网站上面的产品价格通常是速卖通平台上相同产品价格的 3 ～ 5 倍，利用的就是这种信息差。因为海外社交电商卖家需要去速卖通平台上面采购，所以速卖通平台还专门建立了与 Shopify 无缝对接的一件代发系统，方便了这些社交电商卖家。

在我国电商发展初期，COD 模式曾经流行过一阵，随着移动支付的普及，如今在国内使用得越来越少。目前，海外 COD 的主要对象是基础设施不够发达及智能手机不够普及的东南亚地区。

社交电商卖家是已经熟悉使用海外流量的那一批人。这个群体手中都有现成的免费流量和能够快速获取低成本优质流量的渠道，而且具有超强的选品能力。因此这种模式看似简单，实则门槛非常高。新手卖家或平台卖家不要轻易尝试，如果公司使用海外流量能力有限，是极难运营社交电商模式的。

1.2.5　跨境电商平台是新手卖家的最佳选择

综上所述，对于很多跨境电商的新手卖家来说，独立站电商模式和社交电商模式的操作难度大、成功率低，新手卖家一开始选择做独立站电商或者社交电商是很容易失败的。各位新手卖家可以先了解一下这两种模式，但是千万不要贸然尝试。从我做跨境电商的多年经验来看，以亚马逊为首的跨境电商平台是新手卖家的最佳选择之一。

1.3　亚马逊平台的四大革新点

1.3.1　亚马逊平台简介

亚马逊（Amazon）是美国的一家网络电子商务公司，位于华盛顿州的西雅图。亚马逊成立于 1995 年，是网络上最早开始经营电子商务的公司之一，一开始它只经营线上图书的销售业务，现在扩大了业务范围，已经成为全球商品品种最多的网络零售商之一。

虽然亚马逊是美国公司，但是站点遍布全球，它一共有 17 个站点和 175 个运营中心，消费者遍布 185 个国家和地区。其中，在北美洲、欧洲、大洋洲、中东等地区，以及日本、印度等国家，亚马逊都是当地流量最大且销量最多的线上电商平台之一。

1.3.2　亚马逊平台的四大革新点

在上一节中提到，跨境电商平台除亚马逊以外，还有 eBay、速卖通、Wish 等平台，那么亚马逊是靠着什么优势脱颖而出的呢？它又有着哪些与众不同的革新点呢？以下对亚马逊平台的四大革新点进行阐述。

第一，重产品轻店铺的单品爆款模式

阿里系的电商平台是重店铺、轻产品的模式，"淘系"卖家会在店铺装修上花费很多心思，竭尽所能地表现出店铺的"调性"。但是亚马逊恰恰相反，它是一个重产品、轻店铺的电商平台，亚马逊卖家普遍没有店铺装修的概念，通常是一个店铺里面同时拥有几个不同类目且完全不相干的畅销产品，并且亚马逊平台也没有所谓的类目限制，一个店铺可以同时卖很多个类目的产品，即使产品之间毫不相关。

另外，与其他跨境电商平台不同，由于自身流量足够大，亚马逊平台并不提倡多库存单位（Stock Keeping Uint，SKU）的铺货模式，而是更希望卖家走单品爆款路线。简而言之，亚马逊更喜欢一个产品一天出 1000 单，而不是 1000 个产品一天出 1000 单，每个单品只出 1 单。只有在单品爆款模式下，FBA 物流体系才更有存在的价值和意义。

第二，强大的 FBA 物流体系

FBA 物流体系全称为 Fulfillment By Amazon，即卖家把产品批量发送到亚马逊在目的站点的仓库，由亚马逊负责帮助卖家存储产品，以及在卖家收到订单时，完成订单分拣、配送和订单的退货等操作，节省卖家的时间和精力，从而可以专心地在亚马逊平台上做好销售业务。

亚马逊在北美洲、欧洲、大洋洲、中东等地区，以及日本、印度等国家都建立了庞大的 FBA 物流体系。如果卖家使用 FBA 物流体系，基本上当地消费者下单后两天左右就能收到产品。相比于其他电商平台大多是邮政小包发货模式，消费者动辄需要等待十几天，FBA 物流体系优势明显而且使用 FBA 物流体系的产品在亚马逊站内搜索排名上，与卖家自配送的产品相比也会有很大的优势！

看到这里估计会有读者有这样的疑惑：欧洲国家众多，亚马逊在欧洲有英国、法国、德国、意大利、西班牙、荷兰、瑞典和波兰 8 个国家站点，那么整个欧洲的 FBA 物流体系是怎么样的呢？如果想要做整个欧洲市场，卖家需要把货分别发送到 8 个不同的国家吗？

欧洲的 FBA 物流体系一共有 3 种模式。

第一种 FBA 模式是"多国库存"，也就是卖家如果想做德国生意，就需要把货发到德国，想做英国生意就需要把货发到英国，想做整个欧洲市场就需要把货分别发到 8 个不同的国家，这种模式烦琐且低效，并不推荐！

第二种 FBA 模式是亚马逊物流欧洲整合服务（PAN-EU），如果卖家使用亚马逊物流欧洲整合服务，只需要把所有的产品批量发送到欧洲的某一个国家站点，然后亚马逊会根据预估的消费者需求，自动将这些库存产品分配到多个国家的 FBA 仓库，一且欧洲某个国家出单了就会从距离它最近的 FBA 仓库发货，这样就可以省去跨国调度的费用。第二种 FBA 模式看似很好，但存在一个隐患，就是在亚马逊把产品自动分配到其他欧洲国家的仓库以后，卖家必须通过注册拿到欧洲 8 国的增值税（Value Added Tax，VAT）税号。就算卖家只在某个国家卖出一两个产品，也必须使用当地国家的增值税税号。按照法律规定，只要产品在当地国家的海外仓库存放过，卖家就必须使用当地国家的增值税税号且需要正规报税。亚马逊物流欧洲整合服务模式的流程如图 1-5 所示。

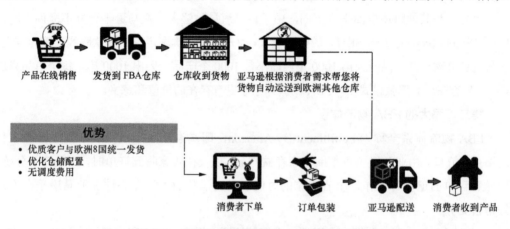

图 1-5　亚马逊物流欧洲整合服务模式的流程

第三种 FBA 模式是欧洲统一配送（European Fulfillment Networks，EFN）。这种模式只需要卖家把所有产品发送到欧洲一个国家的仓库即可。亚马逊不会像第二种 FBA 模式一样把这个仓库的产品运送到欧洲其他国家的仓库，而是当其他国家出单了，亚马逊从这个国家的仓库调货，对每一笔订单会加收一部分跨国调度费用。

三种模式对比见表 1-1。各位读者可以结合三种模式的优缺点，同时根据自身需求，选择出一种适合自己的欧洲 FBA 模式。

表1-1　三种模式对比

	亚马逊物流欧洲整合服务（Pan-EU）	欧洲配送网络（EFN）	多国库存（MCI）
头程	头程发 1 个国家，满足欧洲 5 个国家（英国、法国、德国、意大利、西班牙）的销售订单 将商品运送到任意 1 个亚马逊运营中心，亚马逊便可以免费在各国间调动您的库存	头程发 1 个国家，跨境派送满足欧洲 6 个国家（英国、法国、德国、意大利、西班牙、荷兰）的销售订单 将商品运至您在欧洲的主站点或其他站点所在地的亚马逊运营中心，亚马逊将从您入仓的运营中心统一配送订单	头程需要直接发多国，可同时满足 5 个国家（英国、法国、德国、意大利、西班牙）的销售订单 自行将商品发送到多个目标欧洲站点的亚马逊运营中心

	亚马逊物流欧洲整合服务（Pan-EU）	欧洲配送网络（EFN）	多国库存（MCI）
优点	头程费用低 操作管理便捷 智能库存分配 免跨境派送费用 优先入库，配送流程短	头程费用低 操作管理便捷	无跨境派送费用 优先入库，配送流程短
发布要求	在全部5个欧洲商城中都要销售商品	在1个或多个欧洲站中销售商品	在5个及以下的商城中销售商品
库存配置	亚马逊根据买家需求管理您的库存，并在整个亚马逊欧洲配送网络中调动库存	亚马逊不会将您的库存从发货目标国家/地区调出；您只需管理这一份库存	您需要自行决定向各个国家/地区的亚马逊运营中心运送的库存量，库存将储存在当地，您需要分别进行库存管理
配送费用	买家下单所在商城的当地配送费用	买家下单所在商城的当地配送费用 + 欧洲主商城至目的国的跨境配送费用	买家下单所在站点的当地配送费用

另外，亚马逊英国站卖家还需要注意的是，英国脱欧后，自2021年1月1日开始，欧洲的两种库存共享模式EFN和PAN-EU，都无法完成跨英国和欧盟边境的FBA产品的配送和调拨。

第三，新产品、新卖家永远有机会

亚马逊的产品类目完全不受限制，谁都可以做任何类目的产品；另外，亚马逊对大小卖家一视同仁，对所谓的"大卖家"并没有特殊的支持和流量倾斜，大卖家违反平台规定，同样也会被封号。

总而言之，亚马逊一直在给新卖家、新产品表现的机会。只要产品价格够低，产品质量够好，运营手段得当，超越头部卖家并不是一件难事。观察亚马逊的各大类目排名，就会发现不管是大类目还是小类目，产品排名前三至前五的店家都不是固定的，排名一直处于波动状态，呈现出一种"你方唱罢我登场"的状态。这一部分内容，后面章节会通过"飞轮理论"进行详细讲解。

第四，消费者是平台最重要的财富

亚马逊对平台上的消费者一直都是极其关注的。环顾整个亚马逊生态系统，你会发现它一直坚持一个原则：消费者满意度这一要素要高于包括零售合作伙伴关系、短期盈利及公司股价等在内的传统公司优先看重的要素。关于这点已经是亚马逊卖家的读者一定是感受颇深，深表认同的。

举例说明，消费者收到产品以后，在 30 天内都可以无条件退货。消费者在选择退货原因时，如果勾选的是产品或者物流问题等与消费者本身无关的原因，那么消费者不需要支付退货运费，而由商家或者平台支付。

1.4　亚马逊全球开店计划和账号二审

1.4.1　亚马逊全球开店计划

在亚马逊平台上开店是完全免费的。目前中国卖家可以加入亚马逊官方免费的"全球开店计划"，可以直接开通亚马逊北美站、亚马逊欧洲站、亚马逊日本站、亚马逊中东站、亚马逊澳洲站、亚马逊印度站和亚马逊新加坡站。其中，北美站点包括美国、加拿大和墨西哥 3 个国家，欧洲站点包括英国、德国、法国、西班牙、意大利、荷兰、瑞典和波兰 8 个国家。当然，对于新手卖家而言，刚开始的时候没有必要同时开通那么多站点，可以先从北美站做起，因为北美站是亚马逊所有站点中销量最大的站点。

不管要开通哪一个站点，在正式加入亚马逊"全球开店计划"之前，我们都需要准备一些开店的基本材料，这样需要填写或提供它们的时候，我们能够马上拿出来，从而不耽误开店进度。之前亚马逊还接受个人注册，一张身份证就可以开一个店铺，但是从 2020 年开始，亚马逊把个人注册通道关闭了，只接受公司注册（个体工商户也可以注册，但是不推荐）。那么公司注册具体需要哪些资料呢？各位读者可以按照下面的清单进行准备。

1. 身份证
① 身份证上的姓名必须与营业执照上法定代表人的姓名一致。
② 必须由中国出具。
③ 提供身份证正反两面的彩色照片 / 扫描件，不接受黑白复印件，图片必须完整清晰。
④ 身份证应在有效期内。

2. 营业执照
① 必须由中国出具。
中国：营业执照。
注：中国香港出具公司注册证明书和商业登记条例。
中国台湾出具公司设立登记表 / 股份有限公司设立登记表 / 有限公司变更登记表 /

股份有限公司变更登记表。

② 请提供营业执照彩色照片 / 扫描件，不接受黑白复印件，图片必须完整清晰可读。

③ 中国：营业执照距离过期日期应超过 45 天。

注：中国香港商业登记条例距离过期日期应超过 45 天。

我们将开店资料准备齐全后，就可以通过亚马逊全球开店的官方微信公众号来完成开店了。首先需要在微信上关注亚马逊全球开店的官方微信公众号。亚马逊全球开店官方微信公众号如图 1-6 所示。

然后点击进入公众号，找到右下角的"我要开店"按钮并点击，这时可以根据需求选择相应的站点进行开店。"我要开店"按钮内容展示如图 1-7 所示。

"我要开店"栏目下有新站点开店项目，所谓的新站点是指亚马逊中东站、亚马逊澳洲站、亚马逊印度站及亚马逊新加坡站等近几年才设立的新兴站点。

图 1-6 亚马逊全球开店官方微信公众号

图 1-7 "我要开店"按钮内容展示

后续注册流程如图 1-8 所示。当你选好了想要开店的站点，然后长按扫描弹出来的二维码并如实填写你的相关信息，系统会根据你填写的地区 / 品类 / 年销售额等分配不同的运营经理，然后运营经理会给登记邮箱发送注册链接，你点击注册登录后就可以开店啦！

总体来说，整个店铺注册过程还是非常简单的。除通过亚马逊全球开店官方微信公众号注册以外，也可以通过亚马逊全球开店的中文官方网站完成账号注册（直接通过百度搜索关键词"亚马逊全球开店"，即可快速找到亚马逊全球开店中文官方网站），具体注册流程和官方微信公众号注册类似。

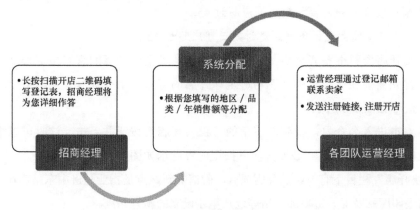

图1-8 后续注册流程

另外，在第一次注册账号的过程中，有些新手卖家难免生疏，可能还会因为一些错误的操作导致一整套公司资料报废，因此各位读者在正式注册时一定要谨慎，每个步骤看清提示后再进行操作。

最后还有一点需要和各位读者特别说明，在新账号注册过程中，有可能会遇到视频验证或者明信片地址验证的情况，亚马逊会通过让公司法人和平台进行真人视频，或者直接给公司地址寄送明信片来审核公司的真实性及验证公司地址是否存在。账号只有通过亚马逊的各项审核，才可以注册成功，所以全套公司资料一定要真实有效，虚假资料肯定无法通过亚马逊审核。

另外，如果你在新账号的注册过程中，由于明信片地址验证或者法人视频验证出现问题导致账号注册失败，你可以更换注册邮箱、电话、电话号码，换一个网络环境，用同样一套公司资料申请二次注册，这样做对亚马逊来说和用全新资料去注册是没有区别的。

1.4.2　亚马逊欧洲站的 KYC 审核

在亚马逊欧洲站，当店铺累计销售额大于 5000 欧元时（有时候在账号注册阶段也会直接出现），卖家会收到一个审核通知，一旦逾期未提交审核材料或材料提交有误，店铺就会面临封号的威胁。这个审核被称为了解你的客户（Know Your Customer，KYC）。

KYC 是反洗钱和预防腐败的制度基础，根据欧洲监管机构的有关要求，亚马逊需要对在英国、法国、德国、西班牙、意大利等欧洲国家开店的卖家进行身份核实。

由此可见，亚马逊欧洲站的卖家或早或晚都要进行 KYC 审核，这是无法逃避的。在此建议各位在注册欧洲站账号时就把资料准备齐全，这样遇到 KYC 审核后就可以马上递交资料，不会影响店铺后续的产品销售。

那么需要为 KYC 审核准备哪些材料呢？以下是材料清单，各位欧洲站的新手卖家注意，只要按照这个清单如实准备好相关材料，就能够通过 KYC 审核。

① 注册公司的营业执照扫描件和最新的完整版本公司章程。公司章程需要体现全部股东姓名和股权分配信息，需要所有受益人签字，加盖公司公章。

② 公司首要联系人和受益人的身份证扫描件，例如，护照扫描件或身份证正反面加户口本本人页扫描件。

③ 公司首要联系人和受益人的个人费用账单。

个人费用账单必须是最近 90 天内的任意一张日常费用账单，包括水、电、燃气、网络、电视、电话、手机等费用账单或信用卡对账单等，必须是由正规机构（公用事业单位、银行等）出具的账单。

费用账单上需要有姓名和家庭详细居住地址。如果该费用账单是在配偶名下的，需要同时提交结婚证证明；如果费用账单是在房东（需要为公司房东）名下的，需要有正规的房屋租赁合同来证明租赁关系。在线账单也可接受截屏形式，前提是有完整的网页链接。如果卖家无法提供以上个人费用账单，其居住证或者暂住证也可接受。

④ 公司对公银行对账单。请开具一张公司对公的银行对账单，任意银行皆可。账单要求如下所述。

- 要有公司名称，和营业执照上的公司名称一致。
- 要有银行名称或银行标志，需清晰可见。
- 必须要有在该银行开户的银行账号。
- 账单如有日期要求，则账户开立日期要在一年以内。
- 卖家出于保密需要，可遮挡有关流水往来的记录。卖家可用对公账户的开户许可证代替（开立日期必须在一年以内）。个人卖家可提供个人银行对账单，要求同上。

⑤ 授权函。如果公司首要联系人非公司法人或受益人，亚马逊会要求卖家提供一份由公司法人授权首要联系人实际运营该对公账户的授权函。

⑥ 公司日常费用账单。对于以中国香港地区和中国台湾地区公司注册的卖家（国内其他地区公司无须提供），亚马逊会要求卖家提供一份公司日常费用账单。账单要求是最近 90 天内的任意一张日常费用账单，包括水、电、燃气、网络、电话、社保、银行对账单等。

⑦ 补充材料。卖家可能会被要求提交补充材料，不限于以下类型，具体以审核团队的要求为准。

● 相关材料的公证文件。可在当地公证处对这些文件进行公证，请提供文件的所有页面，并妥善保管增值税发票原件。

● 个人/公司银行账户综合信息查询凭证扫描件。请致电到具体银行网点咨询确认。

1.4.3 亚马逊账号二次审核

一般来说，亚马逊对于新注册的账号有一次审核和二次审核之分，账号成功注册意味着一次审核通过了。二次审核即潜在坏行为防御（Bad Actor Prevention，BAP），它是在一次审核和欧洲站 KYC 审核的基础上，针对一些关联存疑、资料存疑、合规性存疑的账号，开启进一步的审核验证。

就目前的情况来看，新账号差不多有六成的概率会遇到二次审核。那么二次审核能不能提前避免呢？严格来说是不可以的，但是如果在账号注册时就做好一些细节性的工作，把触发二次审核的概率降到最低，就算触发了二次审核也能够有很高的通过率。细节性的工作具体如下所述。

① 建议使用稳定的专用网络环境。

② 确保注册时提交及显示在后台的资料和卖家真实拥有的公司信息是一致的，切勿混淆身份或实际办公地址。

③ 注册时请勿使用虚拟专用网络（Virtual Private Network，VPN）。

④ 确保公司联系信息为最新信息（电子邮件地址和电话号码），以便亚马逊在必要时与之联系。

⑤ 后台提交的用于支付和结算的信用卡必须在有效期内并可正常扣款，建议使用公司法人信用卡，银行账户信息始终为最新状态。

⑥ 在注册时请确保注册者可以提交与后台地址相同的水、电、燃气费用账单。

如果以上 6 项工作都做到位了，账号还是被二次审核，被亚马逊停用，那么应该如何应对呢？二次审核的应对策略分 3 步。

第一步，了解账户停用的原因

当账号被二次审核，卖家可以登录亚马逊卖家后台，按照以下路径操作：绩效—业绩通知—申诉，最后查看被发送到邮箱的业绩通知。亚马逊卖家后台业绩通知界面如图 1-9 所示，业绩通知如图 1-10 所示，邮件具体内容如图 1-11 所示。

第二步，了解原因后进行申诉

一般来说，卖家可以遵循以下步骤进行申诉。

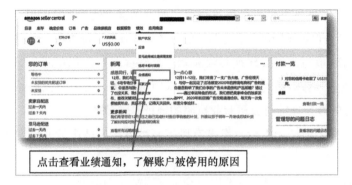

点击查看业绩通知，了解账户被停用的原因

图 1-9　亚马逊卖家后台业绩通知界面

业绩通知

仔细阅读每则业绩通知，找到在操作—栏中的"申诉"按钮

图 1-10　业绩通知

2020年6月8日

必要行动：亚马逊账户正在审核中，需要您提供额外的资料

寄件者：

amazon

您好!

您之所以会收到这封电子邮件，是因为您最近申请了在亚马逊上销售商品，或更改了您卖家账户中的信息。

如果您最近申请了在亚马逊上销售商品：目前，我们无法验证您的账户，因此无法激活您的账户。请按照如何继续申请或重新激活账户？"中的步骤进行操作。

如果您目前正在亚马逊上销售商品：为了保障您的安全，我们暂停了您的亚马逊卖家账户。我们需要验证您的付款方式是否发生了变更。如果没有变更，请联系销售伙伴支持。在我们审核期间，您将无法在亚马逊上销售商品。请配送所有未结订单。如果您账户中还有资金，我们会从中扣除与您订单相关的所有亚马逊商城交易保障索赔金额或信用卡拒付金额，剩余资金可供您支配。此过程通常需要大约90天，但资金的扣留时间可能会更长。

如何继续申请或重新激活账户？

　　1. 确认您提供的信用卡是否仍然有效。
　　2. 请提供以下文件。
　　　　A. 过去90天内开具的管道煤气或天然气水电，或网络服务的账单，须显示姓名和地址。
　　3. 确保文件采用pdf、png或 .gif格式。这些文件必须真实且未经修改，并且文件上的姓名和地址必须与您注册时提供的姓名和地址一致。
　　4. 点击此链接（ 　　　　　　　　　　　　　　　　　　　　　　）提交文件。

收到您的文件后，我们会进行审核，然后决定您是否可以继续在亚马逊上销售商品。

我们随时为您提供帮助
您可以在卖家平台的"付款"部分查看余额和结算信息。如果您对此存有疑问，请发送电子邮件至：

您可以访问（ 　　　　　　　　　　　　　　　　　　　　　　　　）查看您的账户绩效，或
使用iOS或Android设备，在亚马逊卖家应用的主屏幕上选择账户状况"。账户状况控制面板会显示您的账户在Amazon 上销售所需的绩效指标和政策方面的表现情况。
- iOS 应用（ 　　　　　　　　　　　　　　　　　　　　　　）
- Android应用（ 　　　　　　　　　　　　　　　　　　）

图 1-11　邮件具体内容

首先，确认注册时填写的办公地址无误。如果卖家正处于账户停用期间，那么请务必在申请申诉前，检查自己填写的办公地址（公司名称与办公地址将在"卖家资料"页面显示）。

其次，注册时填写的办公地址必须和卖家后续提供申诉资料的水、电、燃气等日常费用账单上的地址一致，请将地址用拼音填入对应位置。如果是欧洲站卖家，请确保在卖家注册时填写的办公地址与公司营业执照的地址是一致的。

最后，确认办公地址无误后，卖家有以下两种方法申请申诉并提交申诉材料，以便后续账户解封。

各大站点的操作基本类似，以下用亚马逊美国站作为案例示范。

进入亚马逊卖家后台，按照以下路径操作：绩效—账户健康—请查看指标并重新激活账户。亚马逊卖家后台界面如图 1-12 所示。

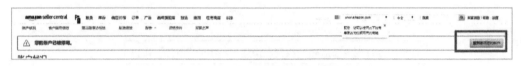

图 1-12　亚马逊卖家后台界面

"重新激活账户"界面如图 1-13 所示。点击"重新激活账户"，按照图中内容提交附件，并勾选图中这 3 个选项，确保提交的资料真实有效。

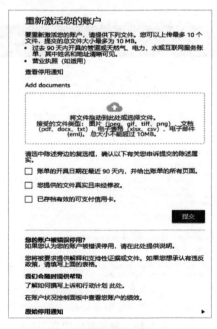

图 1-13　"重新激活账户"界面

进入亚马逊卖家后台，按照以下路径操作：业绩通知—申诉—错误停用—添加文档，最后提交申诉资料即可。"业绩通知"界面如图 1-14 所示。

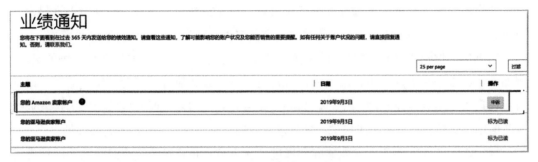

图 1-14　"业绩通知"界面

第三步，申诉要求

提交申诉申请后，下一步是填写申诉内容和提交申诉账单文件。在准备申诉资料时，请注意以下要点。

① 请上传上文提到的卖家办公地址所对应的公司名称或以法人代表为抬头的近 90 天内的水、电、天然气 / 煤气或互联网服务任意一项的日常费用账单。如果有其他可以证明公司经营的辅助性资料或者文件，也可以在此处添加。例如，公司的官方网站、公司在其他电商平台的店铺链接等。

② 上传的纸质账单扫描件或者照片请确保达到以下几点要求。

- 账单上的地址清晰可见，体现公司抬头或者法人代表姓名。
- 上传账单的地址必须和办公地址一致。
- 必须出具 90 天内的账单。
- 不接受截屏截图，只接受彩色的 pdf、png、gif 格式账单。
- 绝对不能修图或者更改文件（包含在扫描件或者在照片上做标注和注释）。
- 不要遮盖污损。
- 如果确实无法提供法人代表名下或公司名下的水、电、燃气等日常费用账单，建议卖家提供以下材料作为辅助证明，供相关部门审核。

a. 户口本彩色照片 / 彩色扫描件：法人代表和账单抬头所指人在同一个户口下。

b. 结婚证：法人代表和账单抬头所指人为夫妻。

c. 水、电、燃气的增值税发票：如果确实无法提供办公地址的日常费用账单，建议提交卖家平台办公地址的水、电、燃气的增值税发票。

③ 确认卖家的国际信用卡是有效且可以扣费的。

　　提交申诉资料后，一般情况下卖家会在 2 个工作日内收到第一封回复邮件，如果超过 5 个工作日没有收到回复邮件，卖家可以重新在亚马逊卖家后台再次提交之前已经提交过的资料。但如果卖家未超过 5 个工作日内，重复提交申诉资料，或将申诉资料由其他渠道发送至亚马逊，亚马逊有可能将卖家重复申诉识别为垃圾邮件而推迟回复。

　　如果卖家收到业绩通知邮件回复提供的资料不够完整，建议卖家准备更详细的资料，例如，连续 3 个月的水、电、燃气等日常费用账单，或其他可以辅助证明实际办公地址与亚马逊卖家后台地址一致的资料。另外，如果收到的回复中明确要求卖家提供营业执照及信用卡账单，请按照要求提供；如果没有明确要求，这些文件都不是必须的。

　　最后，为了保证各位卖家能够顺利通过二次审核，我总结了一个账户二次审核常见问题的集锦，希望能够帮助卖家。

账户二次审核的常见问题

　　问：如果我的营业执照地址和实际办公地址不一样，应该填写哪一个？

　　答：填写能提供水、电、天然气 / 煤气或互联网服务任意一项的日常费用账单的地址。

　　问：我已经申诉成功了，在售卖过程中会不会再审核我？

　　答：账户审核会根据具体的绩效表现在运营的过程中出现。

　　问：提交申诉时，每个站点需要准备的材料都是一样的吗？

　　答：亚马逊欧洲站提交费用账单的申诉界面有所不同，流程简单，卖家无须准备其他资料。其他站点请按照亚马逊卖家平台"重新激活账户"界面的指示进行资料准备和操作。

　　问：如果我按照指引操作后问题仍然没有得到解决，还可以有什么途径寻求帮助吗？

　　答：在日常运营中，如果卖家依然对亚马逊账户审核有不清楚的地方，或者账户受到限制而需要帮助时，对于已有专属客户经理的卖家，可以直接向专属客户经理进行咨询。如果卖家没有专属客户经理，可以通过以下两种方式解决账户问题：通过向给你账号注册链接的招商经理寻求帮助及通过账户申诉寻求帮助。

第 2 章
选品之道：亚马逊选品的思路和方法论

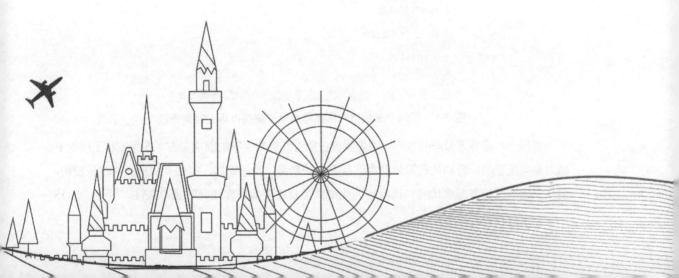

2.1 亚马逊喜欢什么样的产品

虽然说任何一个类目的产品在亚马逊平台上大多会有一定的利润空间和市场容量，不需要担心产品上传却出不了单。但是，在众多的产品类目中，亚马逊也有自己更喜欢的产品，这些产品就市场容量和利润空间来说也会比其他产品更具有优势。那么亚马逊到底喜欢什么样的产品呢？

2.1.1 亚马逊北美站喜欢什么样的产品

2017 年，服装和配饰的销售额占美国零售电子商务销售额的份额最大（18.7%），第二是电脑和消费电子产品（16.7%），第三是汽车和零部件（10.7%），第四是书、音乐、视频（8.4%），第五是家具、家居用品（7.9%）。这些排行靠前的产品类目就是亚马逊卖家选品时需要重点关注的，也是亚马逊北美站喜欢的产品。不同产品类目在美国零售电子商务市场的销售份额如图 2-1 所示。

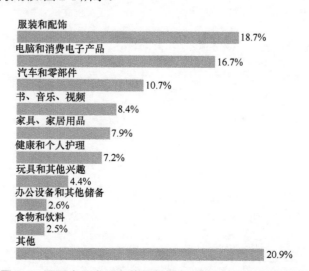

图 2-1   不同产品类目在美国零售电子商务市场的销售份额

根据亚马逊官方披露的数据：中国卖家占所有北美站卖家的四成左右，在服装和无线电子品类参与度较高，特别是在服装品类保持着增长趋势，虽然家居、家装及厨房品类增长较快，但是中国卖家的参与度还有待提升，因此这些类目需要卖家在选品时重点关注。另外，在 15

个排名品类中，个人护理品类中国卖家的参与度最低，鞋靴其次，这些也都是非常有潜力的产品，值得去好好研究。

2.1.2 亚马逊欧洲站喜欢什么样的产品

近几年亚马逊欧洲站产品热度如图 2-2 所示。

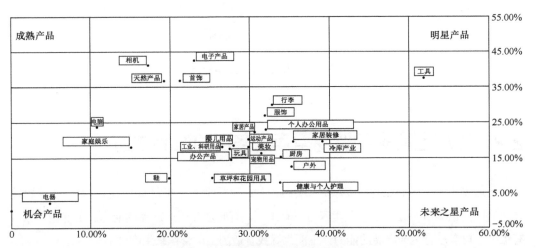

图 2-2 近几年亚马逊欧洲站产品热度

亚马逊欧洲站的卖家在选品时，更应该关注服装服饰这类明星产品，以及家居、户外、厨房、汽配这些未来之星产品类目。同时像宠物、鞋靴和玩具这类机会产品也可以重点关注一下。另外，欧洲和美国由于文化、语言和风俗习惯都比较相似，所以基本上美国流行的爆款产品放在欧洲市场也会是爆款，反之亦然。

2.1.3 亚马逊日本站喜欢什么样的产品

亚马逊日本站卖家需要重点关注的三大品类分别是"办公家具""杂货、家居、家居内饰"和"生活家电 PC 周边"。这三大品类的需求量比较大且利润空间也不错，是日本站卖家的重点选品目标。

除此之外，在日本站点属于新兴类目的个人护理用品、美妆产品、杂货产品，属于增长类目的电子产品和汽配产品，还有属于潜力类目的玩具、服饰箱包、厨房用具等，都是值得日本站卖家好好考虑和深度调研的产品。日本站其他品类分析如图 2-3 所示。

图 2-3　日本站其他品类分析

2.2　工厂型卖家和贸易型卖家各自的选品之道

一般来说，中国的亚马逊卖家群体分为两种：工厂型卖家和贸易型卖家。两个卖家群体之间的区别也非常明显，工厂型卖家自己有工厂，有制造和生产产品的能力。贸易型卖家没有工厂，自身没有生产产品的能力，主要靠寻找合适的工厂合作来生产产品。

两种卖家群体各有优势，工厂型卖家的优势体现在产品成本上，其产品成本是行业最低的，能够真正实现"出厂价"，这一点相比贸易型卖家来说，有相当大的成本优势；贸易型卖家的优势体现在选品的灵活性上，它不像工厂型卖家一样只卖 1 ～ 2 条产品线上的产品，贸易型卖家可以根据市场需求，什么好卖卖什么。因为两种卖家的特性不同，所以与之对应的选品之道也各有区别。

2.2.1　工厂型卖家的选品之道

严格来说，在工厂型卖家的眼里，是没有选品之道这个概念的，因为他们是无从选择的。因为工厂基本都是做一种类型的产品，SKU 最多也就十几类，很少有工厂跨类目做上百款产品，所以工厂型卖家基本上就是工厂生产什么产品，就在亚马逊上卖什么产品，完全没有选择的余地。

就工厂型卖家而言，选品的意义就在于自己工厂生产的产品到底能不能在亚马逊平台上售卖。下面就如何一步一步在亚马逊平台上查询产品是否能在亚马逊平台上售卖进行说明。

第一步，登录亚马逊账号，在后台主页面右上角找到一个搜索框，在搜索框中键入关键词"受限商品"，然后单击搜索按钮。亚马逊后台主页面的搜索框如图2-4所示。

图2-4　亚马逊后台主页面的搜索框

第二步，选择搜索结果，然后单击进入。受限商品搜索结果页面如图2-5所示。

第三步，从"受限商品"入口进入后就可以看到亚马逊平台的受限商品列表。受限商品列表如图2-6所示。发现自己的产品已在受限列表中的工厂型卖家先不要沮丧。

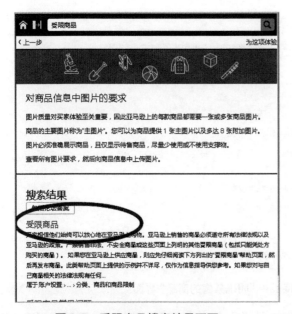

受限商品
- 动物和动物相关商品
- 汽车用品
- 合成木制品
- 化妆品和护肤/护发用品
- 货币、硬币、现金等价物和礼品卡
- 膳食补充剂
- 药物和药物用具
- 电视/音响
- 爆炸物、武器及相关商品
- 出口控制
- 食品和饮料
- 有害商品和危险品
- 珠宝首饰和贵重宝石
- 激光商品
- 照明灯具
- 开锁和盗窃设备
- 医疗器械和配件
- 冒犯性和有争议的商品
- 杀虫剂和杀虫剂设备
- 植物和种子商品
- 回收电视/音响类商品
- 监控设备
- 烟草和烟草类商品
- 质保、服务方案、合约和担保
- 其他受限商品

图2-5　受限商品搜索结果页面　　　　图2-6　受限商品列表

第四步，受限商品列表上所有的商品名都是可以单击的超级链接，涉及的受限商品并不是不能在亚马逊平台上售卖，而是有着更高的规定和要求，例如，包装要求、认证要求等。如果产品完全达到亚马逊的要求，这类产品还是可以正常售卖的。例如，单击"化妆品和护肤/护发用品"，查看相关要求。"化妆品和护肤/护发用品"界面如图2-7所示。

化妆品和护肤/护发用品

重要： 如果您在亚马逊上销售商品，则必须遵守适用于这些商品和商品信息的所有联邦、州和地方法律以及亚马逊政策。

化妆品是指通常以涂抹、倾倒、喷洒或喷涂等方式用于身体起到清洁、美化或改变身体外观作用的商品。化妆品包括护肤霜、香水、口红、指甲油、眼部和面部彩妆、洗发水、染发剂、牙膏和除臭剂等商品。

必须对化妆品和护肤/护发用品予以正确描述和贴标，并且不得包括亚马逊政策明令禁止的商品。请参照下面的检查表，确保您的商品可在亚马逊上销售。

图 2-7   "化妆品和护肤 / 护发用品"界面

第五步，下滑鼠标，继续查看更详细的要求，同时也要注意受限商品，例如在"化妆品和护肤 / 护发用品"类目中，也涉及一小部分亚马逊明确禁售的商品。化妆品商品中"明确禁售的商品"界面如图 2-8 所示。

明确禁售的商品

亚马逊明确禁售以下化妆品商品。之所以禁售这些商品，是因为它们不符合检查表的要求。此列表仅列举了部分亚马逊禁售的化妆品商品。

- 矫视隐形眼镜和美瞳
- 睫毛增长液
- Obagi Nu-Derm 防晒霜
- Obagi Nu-Derm 祛斑霜
- Obagi Nu-Derm 修颜霜
- Obagi Elastiderm 靓颜嫩白精华乳
- Obagi C-Therapy 晚霜
- Obagi RX System 净肤精华素
- 米诺地尔含量超过 5% 的商品
- 硫双二氯酚
- Brazilian Blowout 巴西生命果专业柔顺护发素
- 氯仿
- 卤代水杨酰苯胺
- 二氯甲烷
- 气溶胶制品中的氯乙烯
- 气溶胶制品中的含镉复合物
- Synthol、Synthrol 或 Swethol 造型油

图 2-8   化妆品商品中"明确禁售的商品"界面

最后，建议工厂型卖家在决定使用亚马逊平台之前可以按照上述步骤仔细阅读一下受限商品的详细条款，做一个全方位的自省自查，以防商品最后不能销售。

2.2.2 贸易型卖家的选品之道

对于贸易型卖家来说，因为产品选择面较广，不用限制于某几个类目，所以选品之

道还是值得关注。一般来讲，贸易型卖家会有"精品导向型"和"铺货导向型"两种选品模式。与之对应，贸易型卖家又分为"精品型卖家"和"铺货型卖家"两种。

所谓"精品型卖家"，顾名思义，就是精挑细选少量的 SKU，然后对每个 SKU 都进行大批量采购，发到亚马逊 FBA 仓库，追求单品实现日出千单。在之前的章节中已经提到，精品模式是亚马逊平台所推崇的模式，也是能够最大化利用亚马逊平台优势的模式，同时也建议亚马逊卖家采取精品模式，这样才能把销售额做大。另外，对于工厂型卖家来说，也只能选择精品模式，毕竟工厂也只有少量 SKU，使用铺货模式肯定是不合适的。当然，精品模式也有自己的弊端，如果产品因为前期选品失误或者后期运营失误在海外滞销，那么卖家可能要承受严重亏损，因此精品模式下的选品和运营方法是至关重要的。

所谓"铺货型卖家"，简单来说就是尽可能地追求产品的数量，以及产品的动销率。举个简单的例子，如果整个公司的动销率能控制在平均 3 个点左右，那么是不是上传亚马逊的产品越多，出单也就越多呢？如果在上传产品总量有限的情况下，产品平均动销率提高 2 ～ 3 个点，是不是每天出单也会更多呢？答案是肯定的，对于铺货型卖家来说，产品动销率和上传产品的数量是两个极其关键的指标！

第一个关键指标"上传产品的数量"，提高这个指标并没有什么技术含量，基本上就是每天尽可能地上传更多个产品。铺货型卖家员工人数非常多，是精品型卖家员工人数的 30 ～ 50 倍。

第二个关键指标"产品动销率"，动销率是由卖家的选品方法决定的。铺货型卖家在选品方法上大多遵循找准一个垂直细分类目尽可能地多铺，而不是漫无目地地通过跨类目广撒网的模式铺货。简单来说，就是先认准一个垂直细分类目，例如女士泳装，然后通过自己的铺货工具或者企业系统批量上货，每一个款式尽可能地变换产品图片和描述，尽量重复去铺货，尽可能地增加单个产品的曝光度。

这种方法能够提高产品动销率有两个方面的原因：一方面，对于女士泳装这个垂直细分类目，很少有人会通过搜索关键词直接购买，这样就导致了排在前列的爆款产品很难实现流量的垄断，类目里面总会有长尾流量的存在；另一方面，女士泳装这个类目本来就不大，属于非常垂直的细分类目，季节性爆款产品很容易在短时间内聚集大规模流量，卖家在这个类目铺货，在总上架的产品数量可能大于全类目的产品总数的情况下，动销率会大幅提高。而且，这个方法应用在一些欧洲小语种国家的效果会更好，因为相比于美国站而言，一些欧洲站小语种国家的女士泳装类目会更小，产品总数量更少，竞争对手也不多。

虽然本章重点介绍了铺货型卖家的选品方法和运营思路，这些思路和方法也的确很实用，但还是更推荐各位读者做精品型卖家，而且在本书后面的章节介绍到选品方法和运营思路的时候都是以精品模式为导向的，我始终坚信精品模式更适合亚马逊平台！

第 3 章
运营之道：亚马逊运营的思路和方法论

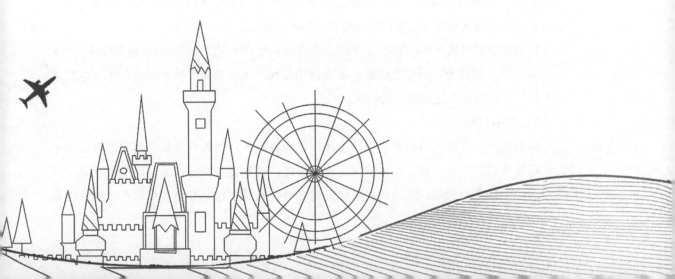

3.1 揭开飞轮理论背后的秘密

亚马逊内部有个非常著名的"飞轮理论"，在创始人贝索斯用一张图诠释了亚马逊的运营逻辑后，这个理论就逐步演化成为亚马逊的核心运营思想。亚马逊"飞轮理论"如图 3-1 所示。

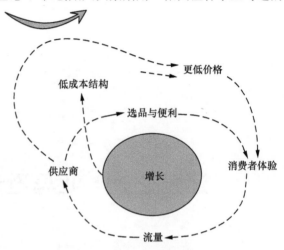

亚马逊将"飞轮理论"解读为这是一个可以从任何一个点开始却没有终点的闭环。先从图 3-1 中的"选品与便利"开始说起，就亚马逊平台而言，要做到的是为消费者提供更多的产品选择及在产品选择和购买的过程中提供更大的便利；而丰富的产品选择及在产品选择和购买过程中的便

图 3-1　亚马逊"飞轮理论"

利是为了让消费者有一个好的体验，当消费者在亚马逊购物过程中的购物体验足够好时，消费者就会成为亚马逊的"免费宣传员"，通过口碑影响身边的人，让其加入亚马逊的购物大军中，亚马逊从而实现流量的增长。拥有足够大流量的亚马逊平台，自然可以吸引更多的供应商加入进来，而更多卖家的加入，既丰富了产品品类，又从竞争层面降低了平台上产品的价格。亚马逊卖家更多，产品价格更低，也让消费者的满意度进一步提升，亚马逊整体销售额就会越做越大。随着亚马逊平台整体销售额不断增长，亚马逊的物流及技术等各方面的成本投入进一步降低，平台上产品的价格就会更低。循环过程持续发生，亚马逊平台的规模就沿着这个飞轮状闭环不断扩大。

以上就是亚马逊"飞轮理论"的基本运作理念，为了让各位读者能够领悟到隐藏在"飞轮理论"背后的秘密，以及把实际选品运营工作和"飞轮理论"紧密结合，接下来我就其中的几个重要环节进行深入的解读。

1. 选品与便利

作为卖家，客观来讲在丰富选品上我们已经做到了，为消费者提供便利则是运营中应该着重考虑的一个方面。例如，优化产品标题，让标题与实际产品的匹配度更高；认真填写产品的五点描述，让消费者在除标题之外一目了然地获取更详尽的产品属性内容和核心参数等；另外还有产品主图和附图的制作、一些特殊产品视频的制作，以及产品描述和 A+ 页面的制作等，这些都是卖家应该从自身层面为消费者在选择和购买产品的过程中提供的便利。

2. 消费者体验

在做好产品层面的相关工作之外，作为卖家，还要从消费者的角度出发，为消费者提供更好的购物体验。中国卖家尤其是新进入跨境电商行业的卖家，可能会认为亚马逊对卖家的要求有些苛刻，之所以产生这种印象，很大程度上是因为卖家没有理解亚马逊的经营思维。一个满意的消费者可能会影响身边的 8 个人；而一个不满意的消费者，经过多次传播，可能会影响到 120 个人。除此之外，我们还需要考虑中外消费文化的差异性，这样才能更好地理解亚马逊对卖家提出这些严格要求背后的原因。简单举个例子，欧美线下超市接受 30 天无理由退货，这是一个约定俗成的消费文化，所以亚马逊要求的 30 天无理由退货是非常合理的，并不是故意为难平台上的卖家。

3. 更低价格

很多卖家抱怨同行喜欢打"价格战"。"价格战"其实是一个很正常的现象，而且从某种意义上来说，亚马逊是鼓励价格战的。根据"飞轮理论"，一切都是为了给消费者提供更低的价格。亚马逊卖家经常互相揶揄，亚马逊最强大的推广武器不是广告，而是低价，产品只要敢降价就不怕没有单。而且，亚马逊的跟卖制度和购物车模式的设立有很大一部分原因也是为了追求更低的价格。如果有跟卖过别人的产品或者被人跟卖过，各位读者就会发现，价格最低的店铺最容易抢到产品的购物车，从而拿到这个产品销量中的最大份额。综上所述，我们必须坦然接受亚马逊"追求更低价格"的理论，这样才能对一切价格战和被跟卖有所准备。

4. 新产品永远第一原则

"飞轮理论"的核心是增长，这个增长不单单是指买家的增长、流量的增长，也有供应商（卖家）的增长。因为只有卖家不断地增长，这个行业才能通过不断地竞争，提供更低的价格、更好的服务以及更多的产品选择。所以说在"飞轮理论"中，亚马逊希望不断有新卖家入驻，不断有新产品上架，这样"飞轮理论"才能更加良性地运转。

基于上述新产品新卖家优先的理论，我们可以得出两个结论：第一，新卖家永远都有机会，新店铺和老店铺之间并没有太明显的区别，如果新店铺通过了二次审核，和老店铺相比差别不大；第二，对于刚刚上架的新产品，亚马逊会给一定的流量支持，这一点也是被很多卖家实践证明过的，很多卖家发现新产品永远比老产品好推广，新产品的推广效果也会好很多。因此我建议卖家在新产品上架两周之内，最好完成所有的推广，否则就浪费了新品期。

3.2 亚马逊运营背后的流量思维

关于"流量思维"这个词，我经常在各大讲座和线下会议中谈到，我们开始做亚马逊的时候，是一定要具备流量思维的，因为它对于我们亚马逊生意的成功起到了至关重要的作用。很多人可能不太理解其中的重要性，下面我给各位读者看一看亚马逊平台的一个销售公式。

（平台）销售额= 流量（自然流量+付费流量）×转化率×客单价

从这个公式可知，获取流量是亚马逊平台运营中最重要的也是最基础的工作，如果没有流量来源，后面的客单价及销量都无从谈起。严格来说，所谓的转化率指标其实还是属于流量范畴的，因为转化率是衡量流量利用率的一个重要指标，也就是说转化率越高意味着流量的利用效率越大。所以亚马逊"流量思维"的内在核心就是一方面不断地降低获取流量的成本，另一方面不断地提高流量的利用率。

3.2.1 流量的成本意识

近几年，越来越多的卖家抱怨亚马逊站内广告非常难做，是因为广告操作变难了吗？是因为广告操作水平退步了吗？显然不是。那问题到底出在哪里呢？

问题的关键是流量成本上涨了，随着入驻亚马逊的卖家逐渐增多，打广告的卖家也越来越多，但是广告位置没办法增加，站内广告单次点击成本自然水涨船高，那么广告也随之越来越难做了。著名广告代理商 AD BADGER 的数据统计显示，2019 年，亚马逊美国站整体的广告平均单次点击扣费（Cost Per Click，CPC）在一年内有着不小的涨幅。亚马逊美国站广告平均 CPC 如图 3-2 所示。

我们再来看第二个案例，同时做过欧洲站和美国站的卖家有没有感觉到欧洲站的广告要好做很多？明明产品类似，广告操作员也是同一个人，为什么欧洲站和美国站呈现出来的广告效果各有不同呢？归根到底是因为美国站内广告的 CPC 比欧洲站的要高很多。亚马逊美国站和欧洲站广告平均 CPC 如图 3-3 所示。

上述两个问题的根本原因都是流量成本的增加。讲到这里估计会有读者说流量不是分为付费流量和免费流量吗？刚刚介绍的广告流量都是付费流量，那么免费流量的成本到底体现在什么地方呢？免费流量虽然说是免费的但也是有成本的。举个例子，想要拿到更多的自然流量，卖家是不是要费尽心思地把产品核心关键词排名做到首页排名的前三或前五？卖家在推关键词排名的过程中是不是要做大量的折扣促销？是不是要花很多时间观察排名变化并制订策略，这些时间和金钱的成本完全不少于获取付费流量所付出的成本，有时候甚至更多。

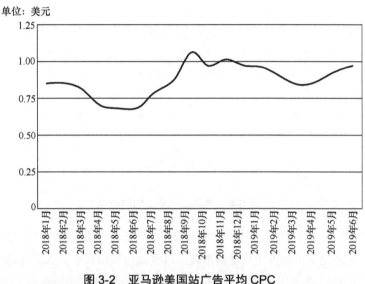

图 3-2　亚马逊美国站广告平均 CPC

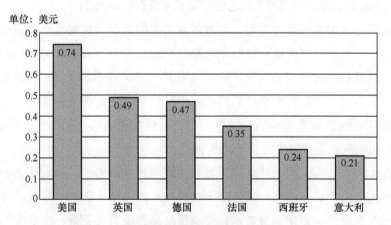

图 3-3　亚马逊美国站和欧洲站广告平均 CPC

　　既然我们已经清楚地认识到不管是付费流量还是免费流量都是有成本的，接下来我们要做的就是如何尽全力用好这些流量，也就是尽可能地把这些流量转化成消费者最终的购买。

3.2.2　如何尽全力用好流量

产品各个环节的转化率如图 3-4 所示。图中数据来自亚马逊平台上最佳产品（Best Seller）的真实数据，如果你的产品在各个环节的转化率能和这个产品类似，那么就已经达到行业领先水平了。

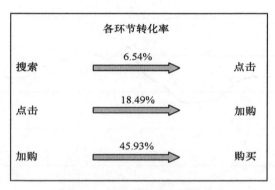

图 3-4　产品各个环节的转化率

产品从最初的展现到最后的购买，中间需要经历三道流量过滤，也就是三个流量转化的过程。每一个转化环节都发生流量的消耗。这也间接提醒我们，如果开始的展现不够多、流量不够大，为数不多的流量经过三道过滤，最后转化成购买的数量是非常小的，这也是一些自然排名靠后或者不舍得投入广告的产品基本没有订单的原因。

第一道转化"搜索—点击"是一个有效点击率的概念，也就是产品的展现数量和产品被点击次数之间的比例关系，我们称之为有效点击率（Click Through Rate，CTR）。展现数量即产品被展示给用户的次数，这一指数并不考虑点击率，属于机器展现，不能确保买家一定能看到。例如，两个产品同时都出现在某个关键词的搜索第一页，它们基于这个关键词的展现数量是一样的，如果一个产品排在首页第一，另一个排在首页最后，那么它们之间的有效点击率肯定是千差万别的。

由图 3-4 可知，第一道转化是三道转化中流量消耗最多的，针对这第一道转化，我们需要重点优化两个部分：第一部分在于卖家产品的主图、价格、标题、评价的数量和星级，这些因素最终决定了消费者是直接点进产品详情页去了解，还是看一眼就关闭页面；第二部分在于产品的排名，如果产品在第二页 / 第三页的位置，展现数量很少，那么转化为销售极难；即使产品排在首页，排名不在前三或前五，能够获得的点击也是极其有限的。

对于后面两道转化"点击—加购"和"加购—购买"，人们通常认为，直接按照"点击"和"购买"的比例就可以算出转化率了，这么算还是太过于草率了。从图 3-4 的数据可以看出："点击—加购"的转化率是 18.49%，"加购—购买"的转化率是 45.93%，中间存在着大量的流量消耗，这是因为相对于直接购买，消费者更喜欢把产品先加入购物车。

基于消费者习惯，卖家不要随意改变任何产品的细节。有些消费者很有可能在把产品加入购物车以后，在购买时还会再看一遍产品详情页，如果这时产品详情页发生变化，会在很大程度上影响"加购—购买"这个环节的转化率。

另外，按照上述理论，当消费者通过广告点进产品详情页以后，即使对产品感兴趣也不一定会购买，而是选择先加入购物车再择日购买，那么当天的广告数据只有点击没有购买，卖家会以为表现很差，这其实是错觉。举个例子，亚马逊卖家都知道，在节假日大促之前，广告数据都很难看。原因很简单，消费者都在加购却不购买，等着大促降价再买。广告的监测和观察在时间周期上对卖家也是非常重要的，不要轻易评判广告的效果。

3.3 亚马逊基础运营方法

按照我们的经验，很多之前没有接触过亚马逊的新手卖家，第一次进入亚马逊卖家后台，大多会非常疑惑，不知如何上手。

建议新手卖家在账号成功注册以后，直接输入卖家账号名和密码进入亚马逊卖家大学进行学习。亚马逊卖家大学是亚马逊官方为新手卖家特意制作的一套免费的基础运营培训课程，而且会根据后台的功能调整做到实时更新（进入亚马逊卖家后台主页面以后，在右上角搜索框中搜索关键词"卖家大学"，即可找到卖家大学的相关页面）。各位新手卖家学完这套培训课程后，就会对亚马逊后台的所有模块及主要功能有一个完整的认识。亚马逊卖家大学页面如图 3-5 所示。

如果你是一个亚马逊新手卖家，看完亚马逊卖家大学的视频以后，还有不清楚的地方，那么你可以把后台的搜索框利用起来，直接通过搜索框来搜索相应的关键词，就能很快得到答案。亚马逊后台"搜索框"如图 3-6 所示。

图 3-5　亚马逊卖家大学页面

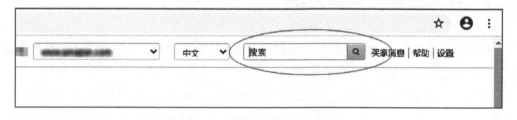

图 3-6　亚马逊后台"搜索框"

　　如果看完了培训课程，也使用了搜索框，但还有不明白的问题，那么建议新手卖家可以直接联系亚马逊卖家支持团队，会有相应的人工客服来提供帮助。联系人工客服的步骤如下。

　　第一步，进入卖家账号后台主页面，右上角有一个"帮助"按钮，点击以后选择下拉菜单里面的"支持"。亚马逊卖家后台主页面"支持"按钮如图 3-7 所示。

　　第二步，进入"支持"页面，把页面向下拉，然后点击"获取支持"。"支持"页面"获取支持"按钮如图 3-8 所示。

图 3-7　亚马逊卖家后台主页面"支持"按钮

图 3-8　"支持"页面"获取支持"按钮

第三步，进入"获取支持"页面，根据遇到的具体问题，选择适合的分类，通过"电话""发邮件"和"在线聊天"的方式与人工客服取得联系。"获取支持"页面如图 3-9 所示。

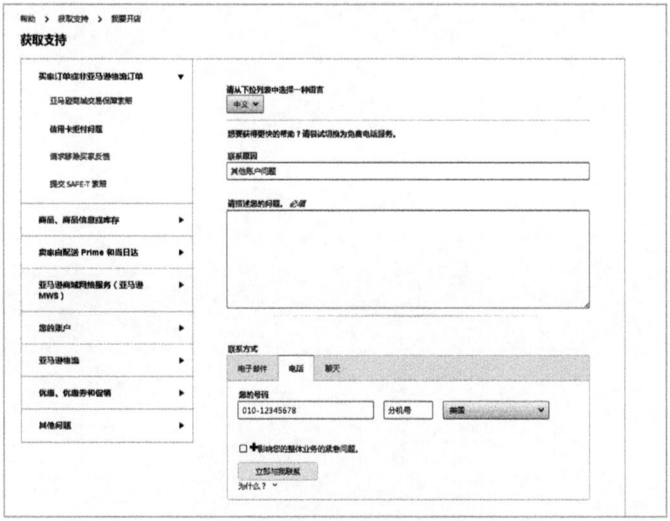

图 3-9　"获取支持"页面

　　现在亚马逊卖家支持团队中，中文客服居多，可以直接用中文和他们交流，基础操作问题大多能够得到解答。在刚刚接触亚马逊时，可以多多和亚马逊卖家支持团队联系，积极寻求帮助。

　　按照我们团队多年的运营经验来看，通过上面讲的这 3 个方法，基本上能够解决账号基础运营和操作的问题。在这里我也建议所有的亚马逊新手卖家按照上面所讲的步骤，认真学习亚马逊后台的每一个功能模块和数据报表；只有掌握了亚马逊基础运营方法，才能领悟更高深的运营策略和思路。

第二部分
法：亚马逊团队的高效运营法则与个人成长法则

第 4 章
亚马逊团队的高效运营法则

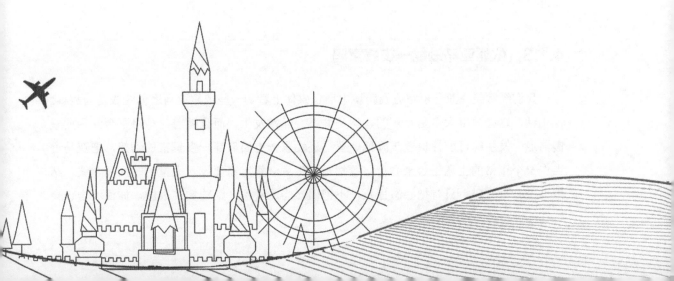

4.1 企业做亚马逊业务的认知盲区

很多企业是第一次接触跨境电商亚马逊，总会对这个平台抱有不同程度的"美好想象"，因此我们有必要了解关于亚马逊的几个认知盲区。

4.1.1 亚马逊是万能药

2020年，受新冠肺炎疫情影响，很多做B2B的企业，出现订单大幅减少、工厂面临倒闭的危机。但是以亚马逊为代表的B2C的跨境电商却逆势发展，很多企业迫切想要转型，在一些机构的引导下，这些企业认为亚马逊是拯救工厂的"万能药"，希望通过亚马逊实现翻身。这种想法肯定是不对的，亚马逊平台只是一个非常重要的销售渠道而已，企业不能依赖亚马逊平台承担所有的销售任务，这样是不合理的也是不安全的，毕竟企业做亚马逊生意的失败率也不低。

4.1.2 亚马逊只要上架就能出单吗

很多人认为亚马逊平台流量大，只要把产品上传，不用费心管理就能出单。说实话在2013年之前的确是这样的，但是现在已经是2021年了，就算你是铺货型卖家，也要花很大的精力去做选品及上架的工作。只要上传产品就能轻松出单的日子早已一去不复返了，该花钱的地方还是要花钱，该花精力的地方还是要花精力，天上不会掉馅饼，亚马逊也不例外。

4.1.3 依靠亚马逊能一夜暴富吗

我们经常能在亚马逊官方及跨境电商自媒体上看到一些依靠亚马逊创业成功的故事。说实话，这些故事大多是真实的，但是并不会经常发生，而且随着亚马逊平台红利期慢慢消退，发生的可能性也逐步降低。亚马逊卖家一定要放弃一夜暴富的幻想，把亚马逊当作一个正常的生意平台来看待。既然是做生意，肯定需要投入大量的时间和金钱，结果也是有亏有赚，只有把心态摆正，不把偶然当成必然，踏踏实实去做，你说不定也会成为成功创业故事的主角。

4.1.4　亚马逊只是一个部门的业务吗

很多刚刚接触亚马逊的企业认为在亚马逊售卖产品是运营部门的事情，只要组建一个亚马逊运营团队，然后靠他们去维护就可以了，并不需要其他部门的协助。事实并非如此。亚马逊是一个对第三方入驻卖家各个方面要求都非常严格的平台，对于产品的质量和消费者服务要求都非常高，需要特别重视消费者的体验和感受。亚马逊的利润核算也比较复杂，有时卖家还会面临出口退税及欧洲增值税的问题，而且 FBA 的头程物流运输很关键，物流部分做好优化能够省下不少钱。另外，后期店铺粉丝数量大到一定程度，还会涉及对企业管理系统的需求。

我建议，除了运营部门外，整个企业的技术部门、财务部门、产品部门、物流供应链部门都要全力配合协助，并且最好由企业的 CEO 统一负责安排协调，这样才能够保证企业的亚马逊业务做大做强！

4.2　企业做亚马逊业务的定位及发展阶段

4.2.1　企业做亚马逊业务的定位

不同的企业做亚马逊业务，由于各自的背景和目的不同，所以会有不一样的切入方式。目前企业做亚马逊业务通常有以下 3 种定位。

第一种是精品模式。所谓精品模式，主要是走品牌化路线，这类卖家企业有两大特征：第一，只有一个店铺，SKU 较少；第二，店铺中所有产品都在一个类目下，而且彼此关联。这类企业追求的是大单品概念，也就是各位读者熟知的单品爆款，一个产品日出千单。这类卖家企业都是用亚马逊 FBA 物流体系发货的，而且长期来看是要走品牌化路线的。很多大型工厂、国内品牌刚开始做跨境电商时，采用精品模式。精品模式是亚马逊平台鼓励和赞成的模式，符合亚马逊"飞轮理论"的基本逻辑，同时资本也比较喜欢做精品模式的卖家。

第二种是铺货模式。铺货模式与精品模式相比，铺货模式强调尽可能多开店铺，尽量多上架产品，产品动销率和绝对 SKU 的数量是这类卖家企业最看重的两大指标。做铺货模式的卖家，产品以国内自发货居多，基本不会发 FBA，通常被跟卖侵权最厉害的也是这类卖家。不过从长远来看，铺货模式是不受亚马逊平台欢迎的，而且违反了平台关于账号和产品的规定，铺货型卖家今后的压力会越来越大。

第三种是精铺模式。从广义来看，精铺模式是精品模式下面的分支，类似一种铺货式的精品模式；从狭义来看，精铺模式属于精品模式和铺货模式的结合，介于这两者之间，综合了两种模式的优势。一方面它不会像精品模式那样，只有一个账号，抵抗风险能力差，而且大量资金全部压在 FBA 库存中，现金流极不健康；另一方面它也不会像铺货模式那样，产品之间毫无关联，没有品牌概念。在精铺模式下，卖家企业会有一定数量的账号和产品，产品集中在几个特定类目，以发 FBA 为主，发货追求少量多次原则，不会过度追求单品爆款，而是更重视产品的长尾效应，与销售额相比，精铺模式更强调利润和现金流。目前，精铺模式已经慢慢成为很多亚马逊卖家的首选模式。

4.2.2 企业做亚马逊业务的发展阶段

企业的关注重点和运营重心与发展阶段有关，不同的发展阶段，重心也不一样。企业做亚马逊业务的发展阶段分为 4 个时期：启动期、成长期、成熟期和瓶颈期。

启动期。企业刚刚接触亚马逊的时候，会特别重视运营版块的工作，对其他工作不够重视。特别相信一些所谓的"黑科技"，希望通过一些"黑科技"手段快速提高销售额。

成长期。等到企业开展了一段时间的亚马逊业务后，会慢慢意识到产品的重要性，发现在亚马逊平台卖货：要么产品不好，客户会越来越少；要么产品够好，不需要怎么推广，也能有不错的销量。尝到甜头后，企业就会花费很大的精力和成本去构建自己的产品和供应链体系，只有这部分做好才能够保证企业长期稳定发展。

成熟期。解决了推广和产品问题，企业越做越大，可能会面临团队管理和绩效考核的问题。例如，怎样增强亚马逊创业团队的凝聚力，如何高效管理运营和选品人员，从而充分调动其积极性，以及如何提高团队的运营能力等，这些都是卖家在这个阶段需要重点思考的。同时也是卖家和其在亚马逊的业务慢慢走向成熟的标志。

瓶颈期。当企业发展到一定阶段后，销售会遇到不同程度的瓶颈。这时就需要开始做两个方面的准备了：一方面，实现内部财务正规化，力求吸引一些资本进入，获取进一步发展资金，毕竟突破销售瓶颈是需要资金投入的；另一方面，要在业务端寻求突破，是否扩充品类，例如，你是做家居的，是不是要考虑引入电子类目；是否去扩充市场，例如，你是做美国站的，是不是考虑去欧洲站、日本站开展业务。总之，卖家企业需要通过"扩充品类"和"扩充市场"两种方式来突破销售瓶颈。

4.3 亚马逊团队的高效搭建方法

一般来说，亚马逊团队分为两种类型：一种是初创团队（创业团队）；另一种是经历了创业阶段，步入正规化运营的团队。在整个团队搭建和结构设计上，这两种团队的模式是完全不一样的，这也是由各自处于不同的发展阶段决定的。

4.3.1 创业团队

雷军曾经说过，创业公司有 60% 的时间都在招募人才。对于创业团队来说，整个团队搭建的核心工作就是找到合适的人才，人才是团队成功的关键。

从吸引优质人才方面来讲，亚马逊创业团队是处于劣势的，优质人才大多会被大中型公司挑走。虽说这种情况是常态，但是也不尽然，创业团队在吸引人才方面有两大突破点：一是优秀的供应链，二是老板的格局。

先来说一说优秀的供应链。随着亚马逊平台各项规章制度愈发完善，运营方法越来越公开透明，各位卖家拼到最后拼的是产品和供应链。最近我遇到不少卖家，一两年就完成几亿元的年销售额，他们在运营方法和策略上都很普通，能取得这么辉煌的战绩依靠的是强大的供应链优势。因此，现在很多资深运营人员找工作，都会优先选择有供应链优势的公司。

再来说一说老板的格局，对于创业团队来说，老板的个人素质和格局在吸引人才方面发挥了重要的作用。那么老板的格局体现在哪几个方面呢？

1. 建立薪酬标准和晋升通道

很多小公司的管理层都是老板的亲戚或者朋友，这种架构是不利于人才引进和公司长期发展的。创业团队一定要建立薪酬标准和晋升通道，老板切莫任人唯亲，只有完善薪酬标准和晋升通道才能给人才希望，从而留住人才。

2. 鼓励核心人才共同出资、共同投入、共同创业

老板不要吝惜公司的股份，如果创业失败，股份是没有任何意义的。如果遇到特别优秀的人才，可以考虑直接将其吸纳为合伙人，共同创业。这种共同创业的模式对人才还是有很大吸引力的。很多公司采用阿米巴模式也是基于这样的考虑。

关于亚马逊创业团队组织架构设计，其要点如下。

① 面向未来，结构影响行为。

② 立足当前的组织现状。

③ 尽量扁平化管理。

为了方便各位读者直观地理解组织架构设计的要点，我们可以看一张基本的亚马逊创业团队组织架构图。亚马逊创业团队组织架构如图4-1所示。

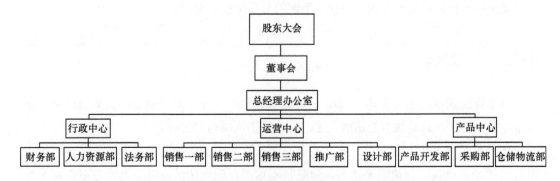

图4-1 亚马逊创业团队组织架构

我建议，亚马逊创业团队有十几个人的时候就可以按照这个组织架构来设计公司的架构，前期可以做一个精简版或有一个雏形，一人可以身兼数职，后续随着公司业绩不断增长，招聘人才直接填充相应的模块就好了。

另外，设计好团队的组织架构后，我们还需要为每个岗位设计相应的岗位说明书。岗位说明书主要是根据具体的工作内容和职责要求制订的，新员工在完成入职培训的第一时间就要熟知自己的岗位职责，这样才能保证整个团队尽快运转起来。岗位说明书如图4-2所示。

各位读者看到这里，应该对亚马逊创业团队的搭建有了不少的心得体会。在这节最后，我再补充一点权限管理的内容。在我看来，权限管理是非常重要的，是亚马逊创业团队能够安全高效运营的基础。很多创业团队由于这点做得不够好，导致公司的内部销售数据、供应商联系方式等宝贵资源，被一些离职员工轻松带走，给公司造成了无法挽回的巨大损失。

为了防止这一行为的发生，公司一定要做好权限管理工作，同时数据与操作鉴权分离将更好地保护平台账号、仓库、供应商等资源数据，对于异常操作也能关联到责任人，从记录中追溯到每位用户的操作行为。

××××有限公司

岗位说明书			
从事岗位名称	经营会计	有无兼职	无
我的上级岗位名称		我的部门名称	行政中心—财务部
下级岗位名称			
岗位任职资格要求			
一、每月必做报表	1. 各SKU利润表：分站点、分组、分人，数据准确及时，每月10号前完成并发送给各销售人员和主管做绩效管理 2. 销售员、开发员提成表：依据FBA利润表数据和FBM数据汇总计算 3. 自发货利润表：分销售员、开发员、站点统计数据，要求数据准确，月初3天完成 4. 费用分摊表：各项目费用填写准确，依据银行日记账和行政开支费用填写，每月8号完成		
二、采购付款	每日，下午4点前		
三、银行日记账	每日，及时登记		
四、销量与库存	一个月至少统计一次，并放在对应的文件夹		
五、仓库盘点	每月4号		
六、库存货值	库存数据月初发送给各销售主管填写，待完成FBA利润表后加入库销比数据		
七、物流核对	各物流账单发到邮箱后准确核对数据并在账单截止日期前申请付款		
八、信用卡核对	在信用卡账单日详细核对每笔费用，并在最后还款日的前一两天申请还款		
九、社保	每月与代理公司核对社保明细后，申请存钱进对公账户，通知代理公司扣款		
十、欧洲税务	及时提供数据		
十一、工资表	每月12号前完成		

图 4-2　岗位说明书

如果仅依靠亚马逊原本的平台系统是无法实现权限管理的。我们可以借助市面上一些不错的 ERP 工具，例如通途 ERP，就可以完全实现基于操作与数据分别鉴权的设计原则，自定义创建角色，为角色分配用户，在公司真正实施根据系统设置的安全规则或者安全策略，用户可以访问而且只能访问自己被授权的资源。按照岗位自定义创建角色如图4-3所示。

图 4-3　按照岗位自定义创建角色

4.3.2　步入正规化运营的团队

与创业团队相比，针对步入正规化运营的团队要讲的内容会很少。这是因为已经步入正规化运营的团队在整个初创期就积累了不少的实践经验，摸索出一条适合自己公司的发展道路，在团队搭建及结构设计上已经有了合适的思路和方法，只要坚持下去并不断优化调整就会取得不错的成绩。因此我在这里只提出一些方向和建议，方便各位读者参考借鉴。

① 打造人才孵化器，完善团队内部培训体系。

② 不断完善团队内部的晋升通道和绩效考核制度。

③ 建立人才梯队，降低人力成本，将运营中心设置在优质应届毕业生较多，且人力成本较低的城市，例如，西安、成都、武汉、长沙等。

除了上述建议外，不断扩大且逐渐步入正规化运营的团队还会面临一个技术性问题——关于亚马逊卖家账号操作的问题。

跨境卖家管理店铺正常需要一个团队。随着团队愈发壮大，管理人员会越来越多，甚至需要多个部门的人员参与店铺管理。由于两个店铺在同一个网络环境下登录，可能会造成账号关联从而被封号，所以单个店铺登录账号越多，风险越大。虽然说使用虚拟专用服务器能够解决这个问题，但是多人登录容易掉线，协同办公是非常麻烦的。

为了解决上述问题，这里推荐各位读者使用"紫鸟超级浏览器"，可以实现一个店铺同时被十几个人管理，解决了上述问题。账号分级管理功能使团队中的管理人员操作起来更为方便快捷，分工更为明晰，工作效率更高。每个员工操作日志能够备份、自动填充且规避风险。

4.4　亚马逊团队 KPI 设置指南

要想让亚马逊团队高效运转，还有重要的一步，即设置关键考核指标（Key Performance Indicator，KPI）。现在也很流行目标与关键成果法（Objectives and Key Result，OKR）。

但无论采取何种考核方式，都有一个关键参考指标。在设置指标的过程中，我们要先寻找关键因素，再进行合理设置。

4.4.1 不同岗位的关键考核因素

在亚马逊团队中，针对不同的岗位，其 KPI 的设置也不同。接下来我会带各位读者详细分析团队中不同岗位的关键考核因素。

1. 账号运营岗的关键考核因素

做精品模式的卖家和做铺货模式的卖家在考核运营人员时的指导思路和方法是不一样的。做铺货模式的卖家只需要看产品上架的数量及产品动销率两个指标即可。相比之下，做精品模式的卖家需要考虑的东西会更多一些。本书不建议做铺货模式，因此主要围绕精品模式展开叙述，接下来我分析一下精品模式下卖家账号运营岗的关键指标。

（1）毛利额

毛利额是衡量运营工作最关键的因素之一，毛利额是指销售回款减掉支持回款的各项支出后的余额。

（2）投资回报率（Return On Investment，ROI）

ROI= 毛利额 /（产品成本 + 国内运费 + 头程运费）

ROI 是指企业从一项投资性商业活动中得到的经济回报，是衡量一家企业盈利状况所使用的比率，也是衡量一个团队经营效果和效率的一项综合性指标。

另外，根据本品类的历史数据制订 ROI 的具体目标会更加科学，因为 ROI 是可以持续优化的，例如，采购价格的降低和头程运费的降低都会使 ROI 提升。

（3）库销比

由于 FBA 卖家需要大量压货到目的国，一旦滞销会带来极大的经济损失，所以库销比是一个非常重要的指标。库销比是指库存量与销售额的比率，是一个检测库存量是否合理的指标，库销比包括月库销比、年平均库销比等。

计算方法如下。

月库销比 = 月平均库存量 / 月销售额

年平均库销比 = 年平均库存量 / 年销售额

比率高说明库存量过大，销售不畅，比率过低则可能是因为生产跟不上。

以上就是账号运营岗的关键考核因素。虽然不多，但是计算的时候涉及的各项店铺数据却非常庞杂，如果要精确计算这些关键因素的具体数值，需要运营人员每日做好各项店铺数据记录和统计。

掌握店铺的销售、库存、广告等数据，并做好记录，是属于一个运营人员的日常基本工作。由于亚马逊后台数据模板设计得并不合理，很难看到所有的店铺数据。所以每天导出各项店铺数据就要花费运营人员很长时间，这样工作效率低且太过于浪费时间。

我向各位读者推荐一个常用的工具：ShopReport 功能（属于紫鸟超级浏览器的一个功能插件），店铺后台所有的数据（包括结算一览、交易一览、所有结算、日期范围报告、亚马逊库存、亚马逊每日库存历史记录、亚马逊每月库存历史记录、亚马逊货龄、广告报告等核心店铺数据）都可以一键导出。

2. 产品开发岗的关键考核因素

在一个亚马逊团队中，产品开发岗位和账号运营岗位不一样，有其特殊性。有的公司属于贸易型公司，有的公司属于工厂型公司，不同公司的产品开发岗位所承担的职能和具体工作内容不太一样，而且与公司主营品类和整体运营策略相关，有的公司可能更强调产品开发的数量，有的公司会更强调产品开发的品质。

考虑到各种复杂的情况，各位读者还是要从自己公司的实际情况出发来设计。为了帮助各位更好地给自己的产品开发设计 KPI 考核指标，我提供一份针对某产品开发专门设计的 KPI 考核指标，供各位读者参考借鉴。KPI 考核指标见表 4-1。

表4-1　KPI考核指标

分数：100		分值：20	合计分值：2000	考核岗位：开发部主管 / 品类专员			被考核人：	
序	KPI 指标	项目	考核标准	数据来源	分数	分值 / 元	最终考核 /%	最终得分
1	业绩指标	销售	实际销售（订单数）/预计数 = 考核百分比	财务部	20	400	75.00	300.00
2	任务指标	开发数量	（实际完成款数 / 计划款数 + 实际完成 SKU 数 / 计划数）/ 2 = 考核百分比	总监	40	800	75.00	600.00
3	服务指标	公司满足率	对公司交给任务的完成情况，以及各部门间的配合	总经办	10	200	75.00	150.00
4	部门指标	任务总量	部门整体任务完成情况	总经办	30	600	83.33	500.00
总计					100	2000		1550.00

4.4.2　KPI 设置的注意点

了解考核指标只是第一步，接下来我们需要知道如何设置 KPI 指标。关于 KPI 指标及相应的参数，团队必须根据各自的实际情况制订。在 KPI 指标设置方面有以下 3 点注意事项。

1. 考虑行业的实际情况

根据行业实际情况合理设置 KPI 指标，即根据目前的行业及自身情况设置 KPI 指标。例如，公司在设置 KPI 指标时，比行业平均标准高太多或者低太多都是不合理的；再例如，初创公司设置的 KPI 指标和成熟大公司一样，也是不合理的。

2. 考虑季节等时间因素

KPI 考核周期通常分为三类，即年度、季度和月度。但同时也要依据所属行业的实际情况灵活设定。例如，在每年的第四季度，亚马逊平台进入销售旺季，日销售额可能是平时的好几倍，特别是在"黑色星期五""圣诞节"等几个时间节点，会出现销售高峰。因此针对第四季度的销售旺季，整体的 KPI 指标要设置得相对高一些。

3. 考虑人员资源因素

企业设置 KPI 指标时同样要考虑人员资源因素，例如，在一些亚马逊初创团队中，可能一个人既要负责账号运营工作，又要负责产品开发工作。如果对他同时进行多个 KPI 指标考核，就会导致他抓不到工作重点，从而分散精力。

这时要分配好每个人的重点工作，严格遵循"二八原则"，即考核其关键业务的产出。如果员工主管账号运营工作，那么对他主要从设置账号运营方面进行 KPI 指标考核，辅助以其他方面的 KPI 考核。

4.4.3　实现亚马逊团队成长和业务增速的 KPI 设置要领

实现亚马逊团队成长和业务增速的 KPI 设置有以下 3 个特点。

1. 注重过程的考核

对团队人员的考核应该更注重过程而非结果，这有点像国外流行的 OKR 制度设置理念——设定一个可行的目标，这个目标可能需要更加努力才能实现。作为团队领导者，除了关心指标有没有达标外，还需要掌控员工的执行过程。例如，有些运营人员通过折扣促销的方式在站外大规模放量，取得了不错的销售业绩，但是实际上是亏本的，这样即使完成了 KPI 指标，意义也不大。

2. 灵活调整 KPI

如之前所说的，团队的 KPI 指标并非一成不变，而是需要根据具体发展阶段的目标灵活调整。例如，在团队初创时期，通常更重视"量"，也就是把店铺整体销售额的增长视作重要因素。等到后来团队发展到一定的阶段，更注重"质"，销售额慢慢变得不重要，就会把毛利额及 ROI 视作关键因素。

3. 杜绝"虚荣指标"

好的数据指标是一个比率，要简单，可比较。团队设置的 KPI 指标最好不是单纯的数值，因为它可能是"虚荣指标"。"虚荣指标"只是一个单调增函数，不能反映结果和运营方法间的因果关系。它除了让自己感觉良好之外，对做出明智的商业决定和采取行动没有任何的指导意义。

举个例子，就运营岗位来说，店铺的整体销售额属于典型的"虚荣指标"，而相对应的"利润率""ROI""毛利额""库销比"则是关键指标。

4.5 亚马逊团队的薪酬体系设计

亚马逊运营岗位和传统的互联网运营岗位是不一样的，亚马逊运营人员的工作性质严格来说算是线上销售或是电商销售，亚马逊运营人员的工资是与销售业绩挂钩的，销售业绩越高，运营人员的工资相对越高。

一个亚马逊运营人员的每月收入构成通常是基本工资加上提成（有的公司会按照季度来提成，有的公司会按照月度来提成，具体的提成核算周期需要根据不同的公司情况来定）。如果团队一年业绩不错还会有额外分红，这个我们暂且不计算在内。亚马逊运营人员的基本工资可以根据行业的实际情况，以及所在城市的消费水平来定。薪酬体系设计的核心还是在提成这部分，也是亚马逊团队的薪酬体系设计的关键所在。

4.5.1 提成的计算方式

亚马逊团队针对运营人员有两种提成方式：一种是按照账号回款（扣除亚马逊平台佣金及广告费用）来计算提成，行业标准通常是计提 1%～2%；另一种是按照最后的利润来计算提成，行业标准通常是计提 3%～5%。当然，为公司创造的利润越多，提成比例也会相应提高。

既然两种提成方式比较流行，那么到底是应该按账号回款还是按利润来计算提成呢？哪种方式更合理？严格来说，两种方式各有利弊。

按照账号回款来计算提成的理由如下。

原因1：回款已经扣除了平台的各种成本，只包含了采购成本、头程运费和毛利润，所以按照账号回款计算提成原则上没有问题。

毛利润＝回款－采购成本－头程运费

原因2：很多公司采用账号回款计算提成的方式，这是因为其采购成本不愿意对运营人员公开，属于商业机密。

按照利润来计算提成的理由如下。

原因1：我们在大量的实践中发现，按照账号回款计算提成，会出现提成有好几百元，毛利润却是负数的情况。

原因2：我们在大量的实践中发现，如果按照利润计算提成，那么运营人员会因关心利润而更加优化配置货物，能走海派就不会走空派，能走空派就不会走快递，省下的运费就是利润。

虽然两种提成方式各有利弊，但是我建议公司按照利润来计算提成，这样是更合理的，长远来看对整个亚马逊团队的发展来说也是极好的，具体理由如下。

原因1：对团队来说，让运营人员了解并学会把控利润是非常重要的，不仅要让经营会计提供销售员利润表，更要让运营人员了解利润，了解怎样增加利润，减少成本，运营人员负责的SKU利润率怎么样，从哪些地方着手优化SKU。

原因2：提升效率，让一线员工动起来。

① 团队不断增加在促销、PPC广告、秒杀、寻找测评人、站外秒杀等方面的投入，让运营人员可以自行估算利润，反推费用预算。

② 拥有定价权，让定价灵活。定价固化容易错过销售旺季，产生滞销库存。

原因3：要有统一的目标，这样才能统一行动，要制造一种归属感，让员工把公司作为个人发展的平台。

原因4：提升老板自身的格局。

① 不要纠结员工知道了采购价格会怎样，而要想办法提升员工的能力，把平台的配套服务做好。

② 完善内部培训体系，健全晋升通道，用好裂变创业、合伙人制度、股权激励等方法，让员工和公司互相成就。

4.5.2 存量提成和增量提成

每个亚马逊团队都会根据自身的具体情况，制订相应的提成制度和KPI考核体系，很多新员工一入职都会被告知相应的情况，然后大家朝着共同的目标努力。短时间来看不会有什么问题，但是随着时间的流逝，问题就逐渐显现了。

为了方便各位读者更好地理解这个问题，我拿我们公司举个例子。我们卖家团队做亚马逊多年了，公司一开始就制订了比较符合公司实际情况的考核与激励制度，早期整个团队都很拼，加班到深夜是常有的事情，因此团队也取得了不错的业绩。但是时间久了，就出现了一个严峻的问题，但凡在公司工作超过两年的运营员工，手里都会有几个爆款产品，靠爆款产品每个月也可以拿到至少五位数的提成，特别是旺季的时候拿到的提成更多。甚至有时候会出现一些极端的情况，个别运营员工比较满足现状，对打造新品也不上心，就守着自己的一亩三分地，年终奖提成比那些旺季没睡一个好觉的新运营员工要多得多。很多新运营员工嘴上不说，但是心里是不服气的，严格来说这样是非常不合理的，也不利于团队的发展和扩大。

那么这种情况是如何造成的呢？简单来说有以下 3 个原因。

原因 1：亚马逊现在越来越难做了，新品打造爆款的成功率在这两年急速下降，老运营员工凭借早些年的红利，手中都会有几个爆款产品，但是新运营员工这两年想要打造同样销售额的爆款产品可能要难得多，付出的努力和心血也要更多。

原因 2：很多做精品模式的亚马逊团队人数较少且扁平化管理，很少愿意尝试"阿米巴"模式。因此，除了那些有名的大公司外，基本上中小公司的老运营员工很难有晋升通道。另外，销售业绩高并不代表团队负责人有管理能力且能够带好团队。

原因 3：人都是有惰性的，现在打造一个新品会花不少的推广运营费用，而且成功率不高，老运营员工不太愿意做这种费力不讨好的事情。而且，那种特别愿意拼搏的老运营员工要么成为公司合伙人，要么就自己创业了，留下来的相对都是比较保守的人。

这种情况长此以往下去是不利于公司整体发展的，因为老运营员工相对来说经验更丰富，公司培养的时间较长且倾注了大量心血，这样的人更适合去推新品、打硬战，如果老运营员工对推新品不够上心，那么新品以新运营员工打造为主，这势必会极大影响公司整体的业绩增长。

上述这种情况一定不止我们一家公司遇到了，对此我们公司对现有的提成制度做了一些修订。当然每家公司的情况不同，我们的方法可能并不适合你们公司，仅供各位读者参考借鉴。

简单来说，就是把所有运营人员的提成分为"存量提成"和"增量提成"两个部分。对于能长时间一直盈利的爆款产品，可以把过去的一年作为存量，也就是说当这个产品上线日期满一年以后，提成点数降低，这就是所谓的存量提成；对于新产品，一旦爆款打造成功能够实现正常盈利，我们就可以定一个较高点数的提成，这就是所谓的增量提成。这么做的目的就是要不断地刺激老运营员工去打造新产品，为公司的销售额做贡献，这对老运营员工也有好处，可以不断地激励其去学习新东西及提高自身的运营能力。

这么调整会不会有问题呢？当然会有。最容易发生的就是老运营员工出走问题，很多老运营员工因为受不了这种调整而离职。我认为这不一定是件坏事，如果这个运营员工有价值，公司的确离开他就无法运转了，这类运营员工就必须特殊对待，对于这类运营员工我建议老板完全可以大度一点，让出股份给他，让他成为合伙人，或者学习"阿米巴"模式投资让他创业。但是有些老运营员工受不了这种新的提成方式，把位置让出来给新人，对团队是有很大好处的。

4.6　通过两大方法找到合适的亚马逊人才

在本章的最后一节，我们探讨一下人才招聘。招聘一直是各类企业比较头疼的问题，招募优秀的人才更是难上加难。亚马逊初创团队也不例外。如何为自己的团队找到优秀的人才呢？这里我和各位读者分享两点经验。

4.6.1　企业找亚马逊运营人才的方法

首先我们需要对岗位有充分的预判。这里的预判是指知道新人入职后负责哪些工作，能够给新人提供哪些资源，需要新人实现什么目标，这些在招聘前就要想清楚。

企业有了充分的预判后，就可以开始招人了。有些资深的亚马逊运营人员已经扎根在大公司，很少会主动跳槽；也有些潜力极大的新人，非常抢手。那怎样提前发现合适的人才呢？这就需要招聘负责人主动出击，寻找这些潜力股。

在哪些地方可以找到优秀的人才呢？除了智联招聘、前程无忧、Boss 直聘等有名的招聘网站，以及行业猎头公司外，建议公司的招聘负责人去一些亚马逊的垂直论坛逛一逛，多加入一些线上行业社群，多参加一些线下行业大会和沙龙，在这些地方寻找人才。

4.6.2　企业应提问的面试题

有了备选人才以后，怎样才能确定其是否合适呢？虽然不同的岗位有不同的需求，但是以下几个面试的考察点是可以参考的。

1. 亚马逊运营专业度

亚马逊运营专业度和具体的工作事项相关，如果是面试执行岗位的人，那么可以向其多问些流程及细节问题，提醒对方回答时一定要涉及具体的案例。以下是面向亚马逊运营岗位和产品开发岗位的面试者时，可以提出的一些问题。

（1）亚马逊运营岗位

①选一个你之前打造过的新品案例，讲一讲新品的完整打造流程。

②面对产品差评，你一般是怎么处理的？

③简单聊一聊你的亚马逊广告投放策略。

（2）亚马逊产品开发岗位

①选取之前一个成功的案例，讲一讲产品开发的全流程。

②在产品开发时，你是如何规避各种潜在风险的？

③在产品开发时，你是如何做竞品市场调研的？

2. 数据＋产品思维

数据＋产品思维是一种高阶的运营能力，如果你想要成长为运营操盘手，数据＋产品思维属于必备的选项。

（1）亚马逊运营岗位

①如何优化产品的有效点击率，请给出几种可行性建议。

②针对产品"曝光—点击—加购—转化"的全流程，如何有效提高各个环节的转化率？

（2）亚马逊产品开发岗位

①亚马逊店铺里面的产品，如何进行合理的产品分级？

②针对目前一些热销爆款，请给出一些微创新改造的想法。

3. 拓展能力

拓展能力是指求职者对部门、业务、商业的宏观理解，以下这些适合面向亚马逊运营操盘级别的面试者提问。

①你如何看待亚马逊平台的发展趋势？你觉得哪个新平台最有可能崭露头角？

②怎样制订亚马逊团队的架构，如何进行人员配置？

③在打造爆款的过程中，运营部门和选品部门应该如何高效配合？

第 5 章
亚马逊从业者的个人成长法则

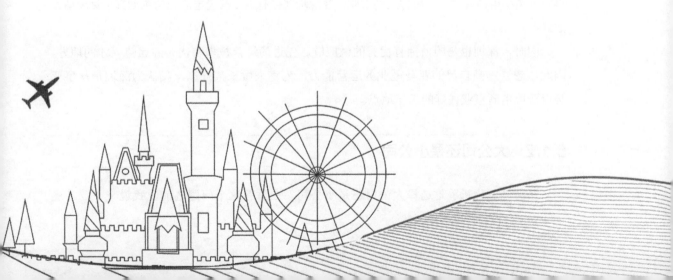

5.1 四步找到值得信赖的公司

各位读者阅读本书是为了更好地在亚马逊从事跨境电商行业，而且对这个行业抱有无限憧憬。虽然我不否认跨境电商如今是朝阳行业，是值得我们挥洒青春的，但是这个行业也不一定有你想象得那么美好。我认为进入一个自己不懂的行业前，"打半年工"有助于快速认识到自己的不足。无论你是奔着"打工"还是创业去的，先从"打工"开始是最为明智的选择。

既然说到了找工作，那么我就从如何找到一家值得信赖的亚马逊卖家公司开始说起。

5.1.1 工作的城市如何选

要问起中国亚马逊卖家最多的地方在哪里？估计各位读者都会脱口而出——深圳。深圳是当之无愧的中国亚马逊卖家的聚集地。深圳海关数据显示，2017年前11个月，深圳市进出口总额为2.48万亿元。其中，出口额为1.47万亿元，居于全国大中城市外贸出口首位。而早在2015年，在全国排名前十的跨境电商卖家中，来自深圳的跨境电商卖家已经占据半壁江山。《2018年深圳电子商务发展白皮书》显示，深圳市2018年跨境电商交易额约为4000亿元，位居全国前列；其中出口额约占59%，增长迅速。所以说深圳是中国亚马逊卖家最多的城市一点也不为过，基于这么庞大的卖家基数，深圳跨境电商公司的数量也是全国最多的。求职者可以挑选的范围也是相当广泛，应当可以筛选出比较优秀的公司。而且，如果是个人条件比较好的人才，例如，拥有一定的电商运营经验，或者名牌大学毕业，再或者是小语种人才，不用你主动求职，在深圳就会有很多跨境电商公司主动打电话邀请你面试。

同时，深圳也是国内拥有优秀的供应链、先进的运营技术和优秀的运营人才的地方。因此，想要提高自己的亚马逊业务运营能力，为将来做长久打算，我认为深圳是从事亚马逊跨境电商事业最好的工作地点。

5.1.2 大公司还是小公司

亚马逊运营新手是选择大公司还是小公司？在解答这个问题之前，我说一下亚马逊行业和其他行业的不同之处，如果你曾在百度、阿里巴巴、腾讯、字节跳动这类行业先进公司工作过，不管你是自主创业，还是重新找工作，这段大公司工作的经历都会对你有很大的帮助。原因很简单，无论是校招还是社招，这些互联网先进企业的准入门槛还是挺高的，再者在大公司工作过一段时间，已经具备了相当强的工作能力。

近几年，亚马逊中的大卖家都在扩张，准入门槛也不算很高，欠缺相对完善的管培体系和新人培训机制。即使你在某个大卖家公司工作几年，这段工作经历并不能够给你的职业生涯增添太多的光环。依我的经验来看，小公司也有非常不错的，重要的是我们评判和选择的标准。

首先就小的亚马逊卖家公司来看，如果其具备以下两个条件，那么求职者是可以选择的。第一，看老板，如果老板是值得信赖的，也非常擅长亚马逊运营和选品工作，还特别喜欢分享，那么这种小公司是可以考虑的。第二，求职者在小公司负责的工作职责范围大小如何？进入一家小公司的优势之一是求职者能够负责更多的工作，例如，能够参与整个爆款打造的全流程，甚至能够管理新人。不瞒大家，我当年找的第一份亚马逊运营工作，是在一家只有 5 个人的小公司，这家小公司完全满足上述两个条件，这段在小公司当运营主管的工作经历对我后来的帮助非常大，到现在我还是非常庆幸地选择了这家小公司作为我亚马逊卖家职业生涯的开端。

再来说一下亚马逊大卖家公司，如果你要去大卖家公司，我建议主要看这家公司的各项制度是否完善合理，有没有健全透明的晋升通道。如果公司整体管理制度混乱，求职者还是趁早离开比较好。另外，这些亚马逊大卖家公司声名在外，求职者也可以去百度或者知乎搜索一下公司名称，基本上能够找到一些有价值的参考意见。

5.1.3　铺货型卖家公司还是精品型卖家公司

亚马逊卖家通常分为两种类型：铺货型卖家公司和精品型卖家公司，求职者也常会遇到这两种类型的卖家公司。从我的经验来看，各位亚马逊卖家还是尽量选择精品型卖家公司更为合适。试想一下，如果你全部的工作只是日复一日地上架各种产品，那么你迟早会被 ERP 工具取代。所以我建议求职者尽量选择精品型卖家公司，这样才能最大限度地提高自己的运营能力。

这里有人会说，铺货也是有技巧的，并不像你说得那么简单。我当然承认铺货是有技巧的，只是我认为相对于铺货型卖家公司这种粗放式运营模式，强调精细化运营模式的精品型卖家对一个运营人员的长期成长和能力提高来说帮助更大。

5.1.4　公司做什么产品重要吗

亚马逊运营人员在求职时，人力资源管理者都会为其介绍公司的基本情况，其中最重要的部分就是公司主要卖的是什么产品。很多人看到这里可能会好奇，公司做什么产品很重要吗？做什么产品也是我们求职者需要考虑的要点吗？说实话，公司做什么产品的确很重要！因为这将决定你后续的发展方向。

就产品来看，亚马逊卖家公司有两种基本模式：营销驱动型卖家和供应链驱动型卖家。所谓的营销驱动型卖家，基本上所卖的产品以标品普货为主，常见的特征为需求量大，货值较低，体积较小，产品以空运为主，产品准入门槛低。这类卖家通常在"红海"市场搏杀，产品竞争非常激烈，以数据线、手机壳、手机贴膜等电子产品为代表。这类卖家公司赖以生存的法宝就是亚马逊运营技巧，其产品本身已经很难有所突破了，市场竞争又那么激烈，想要在这么多同质化产品中脱颖而出，那么只能全力拼运营了。如果你想要提高自己亚马逊运营的方法和技巧，这类营销驱动型卖家公司绝对是你求职的首选。

所谓的供应链驱动型卖家，基本上所卖的产品都有一定的门槛，大多数是之前从事传统外贸生意，在某一个产业已有深厚资源积累的贸易型卖家，或者直接是工厂型卖家。这类卖家产品的常见特征为体积大，以海运为主，货值较高，目标消费者比较垂直，且有微创新的空间。他们所在的市场属于"蓝海"市场，竞争不激烈，产品相对而言比较好推广，运营新手入职几个月大多能够打造几个爆款产品。2019 年，一款羽绒服在北美爆红，这位老板在分享成功经验的时候认为运营不是他们的核心竞争力，成功是因为其属于供应链驱动型卖家。如果求职者准备去这一类型的公司，这对自身的运营能力提升是非常有限的。如果求职者是为了在一个产业带深耕，想要把某一个类目的产品做深做透，想要往产品开发和供应链方向发展，这类卖家公司是最佳的求职选择。

5.2　亚马逊人的 5 个工作习惯

衡量亚马逊高级运营与初级运营，除了工作年限外，是否有良好的工作习惯也是区分的标准。

有些运营人员工作一两年就晋升到管理岗；有些运营人员工作四五年，依然在做基础性工作。之所以有如此大的差距，与工作习惯有一定的关系。

我接触了一些优秀的运营人员后发现，他们或多或少都有一些良好的工作习惯，以下是我根据观察他们的日常工作行为总结出来的 5 个良好的工作习惯，希望各位读者能够有所领悟，并引以为鉴，培养自己的工作习惯，这样在运营工作上就能够做到游刃有余。

5.2.1 提高自主学习能力，掌握核心竞争力

我的一个卖家朋友因为深圳成本太高再加上其他地方有更优惠的创业政策，所以将公司搬到了他省，除了核心管理层，员工都是重新招聘的，而且大多是没有工作经验的应届大学生。按照他的说法，当地有一所外国语大学，除了英语人才外，小语种人才也非常多。他以合适的人力成本招到亚马逊各个站点需要的人，然后这些人经过为期一周的入职培训，就可以上手了。据他评估，这所大学的毕业生经过 3 个月的时间，就能够达到非常熟练的运营水平。

现在大多数有过几年运营经验，所谓的亚马逊资深运营人员，很有可能被应届毕业生上岗 3 个月后取代。那么亚马逊运营人员的价值体现在什么地方呢？在深圳，很多亚马逊公司的运营人员每天的工作都是机械化的，而且没有技术含量，可以形容为"搬砖"，运营人员始终都在重复以往的工作。

作为亚马逊运营人员，请扪心自问一下：从你入行亚马逊到现在，你的运营和能力是不是一成不变的？在自我提升的路上，我们应该如何提高自己的核心竞争力呢？下面我简单给各位读者列举几个可以努力提高的方向。

1. 提高自己的语言能力

不管你是英语运营，还是其他小语种运营，提高你的第二外语能力尤为重要。一个没有语法错误，专业化的文案能够提高不少的转化率；遇到紧急情况时，你直接用精确的语言与消费者或者亚马逊官方沟通，能够大幅降低差评率及加快项目的处理效率，这些都是一个运营人员的核心竞争力。

2. 提高自己的数据分析能力

如果一个运营人员具备大数据分析能力，能够通过各种报告中的流量、销量、关键词、转化率等数据指标发现推广运营和广告中存在的种种问题，这种运营人员肯定是不会被取代的。

3. 提高自己掌控全局把握节奏的能力

做过几年运营工作的人员一般对打造爆款的每一个环节和细节都是非常熟悉的，但

让他自己制作一个爆款打造计划或者流程表格，你会发现他并不具备这个能力。很多运营人员知道其中的每一个细节，但是缺乏把所有的细节连接成一张网的能力。这也是为什么很多人搬了很多年的砖，最后也只是一个搬砖小能手，永远成为不了操盘手，就是因为缺乏全局把控能力！

5.2.2　要学会更聪明地"加班"

成就感来自项目的完成和业绩的达标，绝不是加班本身这个行为。我曾经系统地梳理过我们公司亚马逊运营人员的每日工作内容，在旺季，有时候需要通宵加班。但是过了旺季事情就很少，如果一天高效工作 8 小时，是完全不需要加班的。

我认为，盲目加班的意义不大，最后只能感动自己。与其说拼命加班，倒不如说如何更高效地利用好白天的 8 小时。在这里我想问一下各位运营人员，当你变得习惯性低效时，不会感到恐惧吗？

5.2.3　不要浪费时间在无效社交上

2020 年年初的时候，我们和亚马逊官方招商团队一起组建了一个全球开店的 QQ 群。在 QQ 群中，很多人喜欢聊天，聊的是一些"行业八卦"等内容，经常一聊就是一下午。有一次我细心观察，发现聊天的分为两类人：一类是各种服务商，另一类就是亚马逊运营人员。服务商在线上聊天是工作的一部分，他们需要通过这种方式获取客源，这点我觉得无可厚非。但是亚马逊运营人员经常在 QQ 群中聊天交朋友，而且是在工作时间，那真是浪费时间的无效社交了。重点是大部分和你一唱一和的朋友都是亚马逊服务商，很多运营人员在聊天时总喜欢暗示自己，认为这是在学习运营知识的同时扩展同行业人际关系。仔细思考一下，能没事和你闲聊的人算得上优质资源吗？这种行为只是在浪费你的时间。希望各位读者不要在工作时去做一些无效社交而浪费时间。

5.2.4　正确认识自己，制订科学合理的职业规划

之前有媒体指出，一些小的亚马逊运营公司以超过市场薪资 2 ～ 3 倍的标准去招聘一些资深运营人员，等这个运营人员来公司后会想尽一切办法去汲取他的运营知识和技巧，等到 2 ～ 3 个月这个运营人员的知识和技巧被完全汲取后，再以种种理由将其辞退，

从而通过这种特殊的招聘模式，实现低价企业内训，这种做法是应该被谴责的。但是反过来想，能被所谓的高工资吸引，选择并不适合自己的小公司或刚入行的新公司，说明这些运营人员完全没有科学合理的职业规划，哪里薪水高就去哪里，到头来吃亏的还是自己。

除此之外，亚马逊行业内还普遍存在一种现象：一些运营人员打造过几个爆款之后，认为自己应该出去创业，自己当老板一定比现在赚得多。结果这些所谓的金牌操盘手一旦自主创业，大多以失败告终。他们忽略了一个要点：之前在公司的时候，每一个爆款产品的成功打造，后面都有产品、物流、财务等部门，以及公司资金链和供应链的强大支持，如果缺少这些支持，一个人是不可能做好的。因此希望各位新人都能够正确认识自己，制订科学合理的职业规划，不要因为受到各种诱惑冲动地做出任何影响职业生涯的错误决定。

5.2.5　认识到沟通的重要性，学会高效沟通

沟通技能是职场中的一个非常重要的技能，很多亚马逊运营人员吃亏都是吃在不会沟通上，而且很多时候甚至拒绝沟通。某些亚马逊运营人员认为自己是公司赚钱的主力，公司其他部门都要围着自己转，认为自己不需要主动去和其他部门做好沟通，只要把货卖出去就是最厉害的。这种思路特别容易引发团队不和谐的情况，从而影响运营效率。

举个例子，运营端和产品端的沟通尤为重要，我们公司经常会遇到两个部门闹矛盾的情况：产品端认为这个产品可以做，但是运营端认为做不了，直接拒绝了产品端。产品端觉得很委屈，自己好不容易开发一款产品，结果被运营端直接拒绝，这样一来二去难免会产生矛盾。但是，在整个推广过程中，运营端和产品端需要紧密配合，一旦发生不愉快或者产生矛盾，就会对整个新品的打造带来负面影响，最后受损失的是整个公司。

这时，运营人员如何与产品人员进行高效沟通就显得尤为重要了。运营端和产品端本应该是一个完整的链条，只有二者紧密合作，才能增加引爆新品的概率。另外，我建议运营人员可以申请去产品中心轮岗，或者尽可能地去了解产品端的工作流程和工作内容，只有在互相了解的情况下才能够实现高效充分的交流，提升沟通技能才能保证产品端和运营端之间协同合作。在同一家公司，运营人员想要成功打造一个爆款需要产品人员、物流部门、美工设计、财务会计部门的支持，也需要广告投放部门的支持，还需要站外引流部门的支持。亚马逊运营人员与各个部门高效沟通，通力合作才是打造爆款产品的不二法门！

5.3 亚马逊人的三层境界

从一个运营新手快速进阶到运营操盘手，是每一个亚马逊运营人员的梦想，也是其一直努力为之奋斗的目标！王国维论学，三层境界之说已被人们熟知。在我看来，亚马逊运营人员的成长蜕变或许也要经历三层境界。

5.3.1 运营精细化

第一层境界主要体现在运营精细化上。我认为这是一个优秀的运营人员必须要具备的能力和素质。为什么需要精细化运营呢？在亚马逊全球开店初期，一批搭乘亚马逊红利期快车的卖家曾经快速崛起，随着亚马逊流量红利逐渐消失，流量价格越来越贵，获取越来越难，如何通过精细化运营提高流量的利用率成为亚马逊卖家思考的重点，也是新时代亚马逊运营人员所需要具备的基本能力。

我们在这里要记住一点：转化是精细化运营的核心思路。精细化运营讲究的是将每一个运营步骤流程化，并提高每个步骤到达下个步骤的转化率，要求运营人员善于通过细抠每一项运营工作的细节来提高每一个流量的转化率。举个例子，我们之前对于站内广告定下来一种推广方法以后基本上就不会变动了，这就是典型的粗放式运营模式。但是按照精细化运营思路，我们要实现广告流量转化的最大化，就提出了广告在一天之内分时段调整的方法，大致做法就是我们先通过数据分析比对，得出一份一天之内广告销售情况报告，然后根据这份报告在一天中的热门时间段提高广告的竞价，等到冷门时间段降低广告的竞价，这样就能够保证每一个广告流量都尽可能地做到最大的转化，这就是精细化运营的最佳体现。

5.3.2 模式流程化

第二层境界体现在模式流程化上。据我所知，一个成熟的亚马逊运营公司或者团队，对于打造一个爆款产品都会有一套完整的打造流程和管理制度。管理者会要求手下的运营人员按照这个流程一步一步地去运营每一个新品，同时用精细化运营的思路把整个流程中的每一个细节尽量细化并做到极致，从而尽可能地发挥出这一套爆款打造方法的威力。把运营新品的整体过程彻底流程化的好处在于能够最大化地保证成功率：如果遇到优秀的运营人员那么成功率可能有八成以上；如果遇到资质比较平庸的运营人员按照流程操作也会有五六成的成功率，整体成功率还是会维持在一个较高的水准。因此新品打造流程彻底模式化、例行化也是一个亚马逊运营团队成熟的标志。如果每个运营人员都按照自己的运营思路去打造新品，在亚马逊运营竞争越来越激烈的现状下，失败率一定会非常高。

大家都懂这些道理，但是很多公司和团队很难做到，因为不是每一个运营人员都具备制订打造爆款产品流程的能力，这才是真正的关键所在。要拥有这个能力不但需要具有成功打造爆款的实战经验，同时还要具有超强的总结分析复盘能力，以及卓越的项目管理能力。所以，一旦亚马逊运营人员具备了第二层境界，那么他距离一个优秀的运营操盘手就不远了。

5.3.3　问题解决者

第三层境界是亚马逊运营人员需要达到的终极境界，也是成为一个优秀的运营操盘手的必备技能。在这里我们回到一个基本的问题上："亚马逊运营工作的本质是什么？"在我看来，以"运营工作的本质就是分析和解决问题"来定义，更能够包含多种多样的细分运营工作。这个视角能够让你把不同的运营工作串联起来，找到其真正需要的核心能力项，形成完整的能力体系——运营人员能够分析和解决不同种类的问题。所以，一个优秀的运营操盘手必定是一个优秀的问题解决者，小到能够解决某个运营细节出现的问题，大到能够解决困扰整个公司发展方向的难题。拥有具备问题解决能力的运营操盘手，那么这个亚马逊运营团队不管遇到任何困难和问题都不会被轻易打败！

问题解决者是如何解决具体问题的呢？所谓分析和解决问题的过程，也就是"明确问题—搜集信息—组合答案"的过程。这 3 个部分也是运营问题解决者需要具备的 3 个技能。

1. 问题分析

如何保证分析问题的有效性，正确剥离无效信息，抓住真正的本质，同时保证全面思考，不遗漏关键因素。

2. 信息检索

如何保证信息检索的有效性，在正确的范畴内检索信息，在合适的渠道内搜集信息，同时保证信息全面不遗漏（有效的信息检索框架）。

3. 组合答案

如何保证组合答案的有效性，以正确的方式组合答案，在合适的答案中找到最近似正确答案的解，在多种可能的答案中合理组织验证优先级。

为了方便各位读者更好地理解以上内容，我来举一个实例。前段时间我们公司运营人员通过 Facebook 广告做亚马逊测评时发现，一个产品评价的获取成本太高，Facebook 的广告费用一直降不下来，也没有找到好的解决办法。当运营主管把这个问题上报给我以后，我首先对问题做了一个分析，这个问题的本质是 Facebook 广告单次点击成本太高，而且高于行业平均水准。然后，基于这个情况我做了一系列的信息查询检索，调动一切可以调动的资源来获取信息，包括用浏览器搜索，请教 Facebook 专家等，找到了导致这个问题的几个可能性因素。最后，再通过和具体负责广告投放人员讨论以后，我们对所有可能的因素先做了一个排除法，把剩余因素做一个组合，在多种答案中找到最近似的正确答案，最终得出的结论是由于 Facebook 和 Instagram 共享一个广告平台，当人点击一个广告的时候默认是同时在 Facebook 和 Instagram 两个平台投放，但是我们所有的广告图片、文案及后期的转化流程都是针对 Facebook 设计的，并没有把 Instagram 考虑进去，因此很多来自 Instagram 的流量都被浪费了，最终导致整体的广告费用严重超标。像上面这种案例在整个亚马逊运营的过程中还有很多，再成功、再完美的爆款打造流程在每一次的实践中都会遇到各种各样的问题，因此具备解决问题的能力是一个亚马逊团队能够持续走下去的不竭动力！

第三部分
术：从0到1，亚马逊爆款打造进阶实操术

第 6 章
打造爆款第一步：优秀的选品

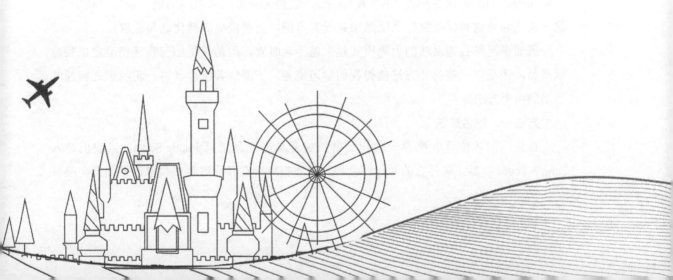

6.1 亚马逊选品的逻辑和思维模式解析

一个好产品不需要怎么运营也可以销售得很好，一个不好的产品就算金牌操盘手亲自运营，也很难取得佳绩。我见过太多这类案例，因此选品可以说是亚马逊卖家最重要的工作之一，直接决定了后面运营工作的成败。除了工厂型卖家在选品方面可能会受到很大的限制外，贸易型卖家还是有很大的操作空间的。目前市面上流行的选品逻辑和思维模式基本上分为两种：第一种属于投机性的泛类目选品法，简单来说就是什么好卖卖什么，没有一个明确的类目范围，店铺中的产品可能横跨几个类目，产品之间也没有任何联系；第二种属于品牌化选品法，基本上店铺产品都是在一个类目下面的，并且彼此之间存在着一定的关联性。下面我为各位读者详细介绍一下这两种不同的选品方法。

6.1.1 泛类目选品法

泛类目选品法在行业发展早期是非常流行的，很多亚马逊卖家都是这么起步的。因为那个时候平台上的流量非常便宜且很容易推广，再加上没有太多品牌的概念，所以，卖家大多是在寻找热销爆款，什么产品能赚钱就卖什么，选品不去看类目，也不管产品之间的联系，只评判产品本身有没有成为爆款的潜质，完全没有品牌化运营的概念。但是近些年，随着平台流量越来越贵，平台监管规则日益完善，品牌流量和关联流量变得越来越重要，再加上亚马逊推出了一项关于品牌的新政策：如果你销售的产品不属于任何品牌，则品牌属性应为"N / A"（无）。这些无品牌产品以后的推广会越来越困难。这一变化导致这种泛类目选品法越来越没有市场，会慢慢被品牌化选品法取代。

虽然说泛类目选品法的思维模式越来越不合时宜，但是关于如何直接精准定位到爆款产品，还是有一些具体方法值得我们学习借鉴。下面给各位读者讲一讲我们之前经常使用的两个方法。

方法一：挖金矿法

首先，向各位读者推荐一款我们常用的亚马逊选品工具 Jungle Scout。当我们进入 Jungle Scout 以后，选择它的数据库功能，在数据库中有其通过爬虫爬取的亚马逊全类目产品的所有数据情况。然后我们可以按照各种条件进行筛选，例如，价格、评价数量和星级等，最后筛选出自己想要的目标产品清单。具体筛选条件设置如图6-1所示。

图6-1　具体筛选条件设置

从图6-1得知，我们可以按照3个条件进行筛选。

第一个筛选条件是价格。产品单价在20美元以上，这个价格的设定为了保证利润率，在站内广告和FBA仓储费用越来越高的情况下，单价低的产品相对来说是处于劣势的。

第二个筛选条件是月销量。产品月销量400件以上可以算是达到及格线，虽然没有日出千单，但是每天有15～20单的销量也算是合格的。

第三个筛选条件是星级评价。评价整体星级在3.7以下的单品可以被排选出来，这么做的目的是找出那些评价不好，但是销量依然有一定保证的产品。

按照这3个条件筛选出来的产品，一般都是消费者刚需，而且是有基础销量，还有巨大提升空间的产品。

方法二：小而美挖掘法

市面上有很多小卖家或是小而美的店铺。这些店铺的特点如下：产品数量不多，但是个个都是精品爆款，产品类目以蓝海为主。这类店铺如果可以通过数据挖掘被发现，那么它们的产品及选品思路就可以作为我们借鉴、学习的榜样。

我们可以通过Jungle Scout的数据筛选功能挖掘到这些目标店铺和产品，价格还是设置在20美元以上，月销量也设置在400件以上，卖家数量设置为1个。也就是说这个产品项下只有1个卖家，不会有任何跟卖情况。Jungle Scout的数据筛选功能如图6-2所示。

图 6-2　Jungle Scout 的数据筛选功能

关于亚马逊的跟卖制度，可能很多新手卖家不太了解，我在这里做一个简单的介绍。跟卖是亚马逊特有的制度，亚马逊不希望每当消费者一搜索，搜索结果页面会出现很多一模一样的产品，这样看起来很乱。消费者点开都是一样的产品，对于产品的丰富度也有所打击。例如，一款产品卖得很好，卖家都会销售这款产品。亚马逊希望每款产品只有一个页面。可是一家独大会把别人挤出去，也会垄断价格，因此亚马逊就推出了跟卖制度。当卖家能拿到跟上传过的产品一样的货源时，卖家可以用同一个详情页挂在下面跟着一同售卖，不需要再挂一个新的详情页去描述你的产品信息、图片等。

产品的卖家数量这个筛选条件是找到小而美店铺的关键。其中的原因很简单。第一，没人跟卖说明这个产品的竞争不算特别激烈，虽然有一定的销量但是不会被轻易注意，因为跟卖卖家更喜欢那些热销爆款。第二，这些产品可能就是小而美店铺的售卖重点，因为它们本来上传的产品就不多。

找到了这些店铺以后，我们就可以点击进入店铺前台进行查看，大致知道这些小而美的店铺中有哪些产品，看看哪些可以做，哪些可以借鉴，这些产品应该可以给我们的选品工作提供很多建设性的意见和方向。

6.1.2　品牌化选品法

我个人比较推荐品牌化选品法，品牌化选品法就是先确定一个垂直细分的市场领域，然后通过筛选，在该类目下找到几个目标产品并开始打造，同时根据这个类目和产品的特性，注册与之符合的海外品牌商标。等到前面几款产品打造成功以后，后续的选品范围还是集中在这个垂直类目，从而保证品牌下的所有产品都是有关联且在同一个类目下的。这种选品方法虽然不能保证每一款产品都是爆款，但是会使产品生命周期更长，而且后续新品的推广成本是递减的，也有利于自有品牌的打造和私域流量的积累，比较符合亚马逊要求的卖家品牌化的大趋势。品牌化展示如图 6-3 所示。

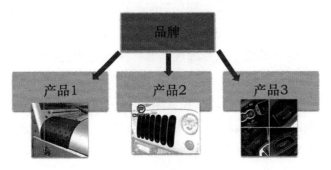

图 6-3　品牌化展示

6.2　如何确定一个目标产品市场

按照品牌化选品法，我们第一步需要做的是确定一个垂直细分的产品市场，也就是说我们准备在哪一个类目下深耕，开展品牌化运营。这项工作我们一般称为选品初筛。

6.2.1　目标市场挖掘方法

关于目标市场的挖掘方法有很多，比较流行的就是数据挖掘模式，通过观测数据的变化来寻找哪些类目值得我们去深耕。最近随着各种各样的亚马逊选品工具涌入市场，卖家只要动一动手指就能知道亚马逊哪些类目卖得好，哪些类目有潜力，哪些类目的增长势头良好。卖家越来越多地使用各种各样的选品工具，在带来方便的同时也会造成一个不好的后果，一旦有一些不错的产品或者不错的类目出现，就会形成聚集效应，由于数据挖掘的结论通常是一样的，所以它很容易让蓝海一夜之间变成红海。最近这种趋势特别明显，慢慢到最后就变成了拼运营的工作了，新手卖家和实力较弱的中小卖家就会败下阵来。针对上述情况，我更推荐新手卖家采取另外一种市场挖掘方法，也就是通过自己身边的各种需求顺藤摸瓜找到具体的产品类目，而不是通过数据告诉你哪一个才是热门产品。

具体怎么去挖掘市场需求呢？一般来说有两种方法。

第一种就是根据自己的兴趣爱好。举个例子，如果卖家很喜欢小动物而且也养了宠物，那么宠物类目是不是这类卖家优先考虑的呢？再例如有些男性卖家特别喜欢车，对各种车如数家珍，那么汽车配件、摩托车配件这些类目是不是其备选目标呢？这种根据兴趣爱好来选择目标市场的好处就是卖家对自己的产品及产品的目标消费者会很了解，而且对后期最终产品的确认及改进也能够提出很多建设性意见，同时也可以更好地打造品牌，与消费者互动。

第二种就是根据需要解决的问题选择目标市场，我们在生活中总会遇到各种各样的问题，常常被这些问题弄得焦头烂额，不知道如何处理。但是，很多人没有认识到这些问题带来的不仅仅是麻烦，还有我们选品的灵感。举个例子，如果我们家中经常受到害虫的侵扰，那么这个时候害虫灭杀类的产品是不是可以重点关注一下呢？以解决问题为导向找到产品类目的好处是转化率比较高，因为消费者是为了解决问题才购买产品的，例如，消费者买灭蚊灯是为了杀灭蚊虫，所以购买这类产品的意愿比其他的产品更为强烈。

6.2.2 10×10×1 法则

很多亚马逊卖家看完目标市场挖掘方法后，可能会有所担心。一般来说，一个类目可能就只有 1～2 款爆款产品，比较小众的类目可能连一款传统意义上的爆款产品都没有，如果按照上面的方法进行头脑风暴，选出来的产品类目大多是偏小众市场的，例如，宠物类目和害虫灭杀类目，这样会不会和亚马逊平台追求的爆款模式背道而驰呢？

就我个人而言，建议卖家不要盲目追求所谓的爆款，特别是新手卖家。爆款意味着日出千单，但是千万不要忽略了打造一个爆款产品可能需要花费大量的时间和资金，这些是很多小型卖家无法承受的。这也是为什么我在前面讲目标市场挖掘方法的时候，并没有把追求爆款产品作为我们的考量标准。小类目也可以赚很多钱并且竞争力度相对较小。下面向各位读者介绍一下"10×10×1 法则"，了解蓝海类目的"另类"盈利模式。

"10×10×1 法则"非常好理解，就是在一个蓝海类目或者一个垂直细分市场，我们不去追求单品的高利润、大销量，我们只需要保证一个产品一天能卖 10 个，每个产品能有 10 美元左右的利润即可，这样一个产品一天就能够赚 100 美元左右。如果这个类目中有 3 个这样的产品，那么一天的盈利就是 300 美元，这个利润已经非常可观了。

按照这个标准在一个垂直细分类目中找到 3 ～ 5 个这样的产品是不难的，比起打造爆款产品后续的推广难度容易很多，失败率也会有所降低。另外，要是深入挖掘一个类目，能够用"10×10×1 法则"衡量的肯定不止 3 ～ 5 个产品，随着拓展新的类目和创建新的品牌，积累一段时间后，整体的长尾效应就会慢慢地显现出来，这些产品也可以做到很大的销售规模，而且转化率会更高。

6.2.3　目标市场的核查清单

挖掘初期的目标市场，我们可以通过"兴趣导向"和"解决问题导向"获取很多待选产品市场。但是这些市场并不是每一个都合适。因此，我们需要一套标准做筛选，从中找到比较适合的目标市场。我在这里总共列出 5 个标准。

标准 1：该类目在亚马逊上能否售卖

并不是所有的产品都可以在亚马逊上售卖，一些类目想要售卖需要通过类目审核。有的类目审核比较简单，有的类目审核却非常艰难。卖家在初筛时要保证待选类目能在亚马逊平台上正常售卖，如果无法通过，建议早点放弃。

为了方便各位读者，我列举一些亚马逊美国站常见的需要分类审核的类目。

Automotive Parts（汽车零部件）。

Motorcycle & ATV（摩托车和沙滩车）。

Clothing、Accessories & Luggage（服饰、箱包周边产品）。

Collectible Books（书籍收藏）。

Entertainment Collectibles（娱乐收藏品）。

Gift Cards（礼品卡）。

Industrial & Scientific（工业和科技品）。

Jewelry（珠宝）。

Shoes、Handbags & Sunglasses（鞋子、手提包和墨镜等）。

Sports Collectibles（体育收藏品）。

Toys & Games（additional holiday approval may apply）[玩具和游戏制品（节假日专用产品类目需要额外申请）]。

Video Games（游戏）。

Camera & Photo（相机和照片）。

DVD。

Electronics（电子产品）。

Software（软件）。

上述需要审核的类目每年都会有一些变化，亚马逊可能会取消一些类目的审核，目的也是方便卖家简化流程。亚马逊账号后台操作步骤如图 6-4 所示，亚马逊账号后台"类目选择"如图 6-5 所示。

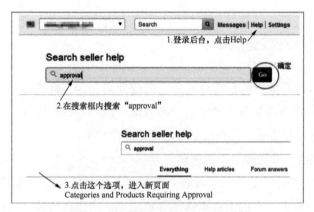

图 6-4　亚马逊账号后台操作步骤

图 6-5　亚马逊账号后台　"类目选择"

标准 2：市场容量大小的考量

根据不同的产品市场，亚马逊把站内所有的产品划分成不同的类目，每个一级类目下还会有按照层级划分的子类目。那么目标市场的容量应该有多大呢？我们先从亚马逊站内的类目树分级开始说起。

我们先从任意类目选择"鞋服珠宝"。"鞋服珠宝"是亚马逊站内最高级别的类目。那么相应的，"男性的鞋服珠宝"就是属于一级类目下的二级子类目，接下来的"男性服装"就属于三级类目，最后的"男性袜子"就属于四级类目了，四级完整的类目树应该是"Clothing, Shoes & Jewelry-Boys-Clothing-Socks"。其中一级类目的市场容量是最大的，四级类目的市场容量是最小的，从一级到四级属于层层囊括的关系。

一般一级类目下有四级子类目是比较正常的，但是各类产品的具体情况不同，有的一级类目下可能会有五级类目甚至更多，当然也只有三级类目的，具体不同的类目情况我们可以通过亚马逊账号后台的"Browse Tree Guide（类目树指南）"进行查询。就我们初筛来说，建议从三级类目或三级以下类目开始选择。如果待选类目中有属于一级或者二级的类目，这不管对后期的深耕还是对品牌化运营来说都太宽泛了，而且打造品牌的难度很大，目标消费者也不太精准。

标准3：是否有明确的目标受众群体

垂直细分市场是未来选品的一大趋势，不管是对于短期卖货还是长期打造品牌来说，都会相对简单很多，特别是在亚马逊运营竞争尤为激烈的今天，垂直细分市场的价值显得愈发重要。所谓的垂直细分市场是指在较大的消费市场中具有相似兴趣或需求的一小群消费者所占有的市场空间。例如，"Pet Supplies for cats（猫的宠物用品）"就是一个典型的垂直细分类目，它的受众就是一群家里养了猫的消费者。蓝牙系列电子产品却不属于垂直细分市场，它属于大众市场，因为人人都有可能会用到。起初火起来的大都是面向大众市场的产品，但是随着竞争日趋白热化，大众市场慢慢被一些大卖家公司垄断，未来为数不多的机会是属于垂直细分市场的。

那么如何判断待选类目是否属于垂直细分市场呢？看这个类目是不是有明确的目标受众群体，一个简单的办法就是去Facebook上搜索相应的产品关键词，看看Facebook上有没有与之相关的兴趣小组，以及相关推荐小组。

另外，我们也可以找一找有没有深耕这个垂直细分市场的网络红人和KOL。如果这个市场是垂直细分市场，那么一定会存在这个领域的网络红人和KOL，这些人的粉丝基本上就是这个类目产品的目标消费者。例如，我选择的垂直细分市场是珠宝首饰，那么我就会在谷歌上搜索关键词：Jewelry Influencers（"Influencer"就等同于中文语境下的网络红人）。用这种模式去寻找垂直细分市场的网络红人是比较简单的，也很高效。

Instagram上的网络红人有很多。这里我们可以利用Instagram的Hashtag功能，看看能不能找到属于待选类目这个领域内的网络红人。Hashtag 的中文解释是推文话题（例如，微博上用前带＃的字词表示推文的话题）。我们把 Hashtag 可以点击、关注的特点充分利用起来。例如，专做饰品的卖家，我们可以直接搜索产品主要关键词：Jewlery，看到下面会出现很多类似的 Hashtag。

我们还可以把这些 Hashtag 当作线索，从而找到很多在 Instagram 上有关饰品的推广帖子，根据这些帖子找到佩戴过饰品的网络红人及推广饰品的博主。

上述这些寻找兴趣小组、网络红人和 KOL 的方法除了可以用来判断这个市场是否为垂直细分市场外，还可以帮助我们为后续运营阶段的推广测评工作积累可用的资源，而且这些本身对产品就很感兴趣的人，测评意愿及回评率都会比其他的测评人要高很多。

标准 4：是否是流行类产品

曾经流行的产品类目，例如，指尖陀螺、自拍杆等有一段时间的需求量特别大，随后很快走了下坡路。卖家在选择市场时还是要注意，那些已经过时，需求大幅减退的市场最好不要去碰了。而且相较于爆红的产品市场来说，我们更倾向于选择需求比较平稳且没有大幅波动的产品市场，这种市场相对来说更加安全和平稳。

那么怎样去查看这个产品类目一个大致的趋势走向呢？这里为各位读者推荐一款谷歌出品的免费工具"Google Trend（谷歌趋势）"。我们在"Google Trend"中搜索一个产品类目的核心关键词，就能够看到这个产品类目在一定时间内在海外市场的整体需求走势情况。另外，除了可以看到单一的产品市场需求走势外，还可以用两个不同的产品市场进行比较，一比较就可以看出哪一个更受市场欢迎。热度随时间变化的趋势如图 6-6 所示。

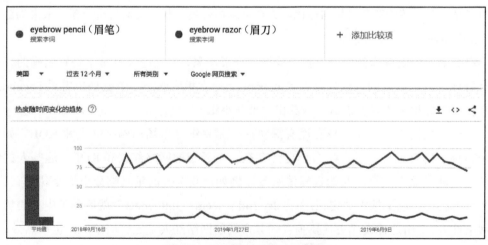

图 6-6　热度随时间变化的趋势

标准 5：是否具备季节性

带有季节性特点的产品市场更适合从中挖掘单品去打造而不适合作为一个类目去深耕，我可以在夏天销售泳衣、沙滩巾等，也可以在冬天销售滑雪手套。但是让我选择泳衣这个类目并且按照上面所讲的进行品牌化运营，肯定是不合适的，除非你经营一家生产泳衣的工厂。季节性产品更适合我之前说的泛类目选品法，并不适合品牌化选品法。原因很简单，季节性产品对运营要求非常高，特别是对于新手卖家来说，稍有不慎就容易导致库存积压或者销售旺季还没过完就早早售罄，不确定性和风险性都比较大，单品还可以考虑，但是做整个产品类目就容易出现问题。

6.3 产品最终的筛选和确认方法

经过前面的初筛流程，我们应该能够确定一个比较适合我们的产品类目，接下来我们要做的就是进行二次或者深度筛选，确定我们需要继续深挖的产品类目，进一步缩小范围，从中选出 3 ～ 5 款比较心仪的产品进行打造。最终产品的筛选标准是什么呢？我列举了 8 条筛选标准，方便各位读者参考学习。

6.3.1 销售价格最好在 20 ～ 50 美元

我先解释一下为什么将销售价格下限设在 20 美元。根据"10×10×1 法则"，如果要实现 10 美元的毛利润，售价在 20 美元以下的产品是很难办到的。如果产品毛利润太低，销量又上不去，工作的价值就无法显现。

销售价格上限设在 50 美元主要是考虑到一个资金成本的问题，高货值产品不是说不能卖，如果你的资金实力比较雄厚而且供应链强大也是可以考虑的，但是相应的风险系数会高很多。而且在后期运营的时候，做一些产品的测评也会比较麻烦，获取评价和排名的成本过于高昂，不利于开展推广测评工作。

6.3.2 月销量最好在 300 ～ 900 个

月销量是根据之前所讲的"10×10×1 法则"来设计的。如今亚马逊已经过了发展初期，红利期逐渐消退并慢慢走向成熟期。一个电商平台在成熟期，只有垂直细分市场，也就是长尾市场才有机会。

长尾理论是指，只要产品的存储和流通的渠道足够大，需求不旺或销量不佳的产品共同占据的市场份额可以和那些少数热销产品所占据的市场份额相匹敌甚至更大，即众多小市场汇聚可以产生与主流市场相匹敌的能量。也就是说，企业的销售量不在于传统需求曲线上那个代表"畅销产品"的头部，而是那条代表"冷门产品"经常被人遗忘的长尾。长尾理论图示如图6-7所示。

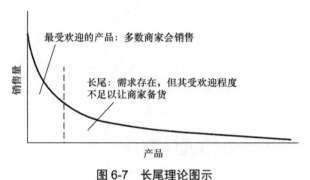

图 6-7　长尾理论图示

6.3.3　大多数竞品的评价数量最好在 10000 个以内

这个筛选条件很好理解，亚马逊对评价管控非常严格，连赠送产品换取评价这种行为都被严厉禁止，而且亚马逊每个月都会定时删除可疑评价。亚马逊卖家获取评价的成本越来越高，难度越来越大。对比一下，如果竞品评价数量都是成千上万的，那就说明这个品类非常饱和，竞争压力非常大，新手卖家很难分一杯羹。

6.3.4　FBA 产品要注意重量和尺寸的限定要求

这里关于产品尺寸和重量的限定，主要考虑两个方面。

一方面考虑到 FBA 头程运输（从中国运到目的国的亚马逊仓库）主要分为海运和空运两种方式，建议刚入行的新手卖家以空运为主，那些体积较大走空运不划算，只能做海运的产品前期最好不要去做。原因很简单，虽然说空运比海运贵，但是周转比较快，有利于资金快速回笼及制订库存计划，海运时间太长不确定因素多，而且不好做库存计划，新手卖家一上来就做海运产品还是存在很大风险的。

另一方面要考虑亚马逊的仓储和配送费用，亚马逊会根据卖家运送到仓库的产品尺寸和重量不同将收费情况分为 6 个等级，将产品情况分为 6 个等级，从而收取不一样的费用。

对于选品来说，最好把尺寸和重量控制在较大的标准尺寸（Large Standard-Size）以下，产品一旦超过这个尺寸，其仓储和配送费用就会非常昂贵了。

6.3.5 品牌集中度分析

品牌集中度分析是指当我们选中某款产品时，需要注意这个产品市场中有没有大品牌垄断的情况出现。具体怎么调查呢？首先，我们可以找到待选产品的几个核心关键词，再将关键词放到亚马逊搜索框内进行搜索，下面出现的产品如果大部分属于几个大品牌，那么这个产品就要慎重考虑了。

举个例子，我们在亚马逊站内搜索"Electric Toothbrush（电动牙刷头）"时，你会发现搜索首页出现的产品中，很多都是飞利浦、高露洁。另外，有些品牌可能在海外是大品牌，只是你不一定知道，因此你在搜索时如果发现搜索首页前几位的产品都是同一个品牌的，那么最好去谷歌搜索一下这个品牌。如果产品搜索结果页面多次出现亚马逊自营产品（Sold By Amazon），也需要谨慎选择。

6.3.6 产品市场深度分析

我们在选品时，肯定更倾向于有一定深度的产品市场，这样对卖家是有利的。如何判断一个产品的市场深度呢？很简单，首先找出待选产品的所有核心关键词，把它们分别放到亚马逊搜索框内搜索，然后记录一下搜索首页出现的所有产品的销量情况，最后做一个比较分析。如果排名前三的产品基本上占据了首页销量总和的六七成以上，那么该待选产品的市场深度是不够的，也就意味着如果你不能把自己的产品的核心关键词推到首页靠前的位置，这基本上是很难出单的。但是，如果排名前三的产品总销量只占了首页销量总和的一半或者更低的比例，这种产品的市场深度就是足够的，是值得考虑的。因为这意味着我们就算无法将自己的产品推到首页靠前的位置，处于首页末尾的位置也有可能分到一定的销量，这对我们来说就有了一个保底。

讲到这里，很多人可能会问亚马逊平台上面的产品月销量应该如何看呢？亚马逊平台是看不了月销量的，因此我们只能通过第三方选品工具来看。虽然用第三方选品工具看到的月销量不可能百分百精准（准确率也就六到八成），但是我们查看市场深度只需要看数据的相对值而不是绝对值，绝对值不够精准对于我们做出市场深度判断不会有太大的影响。

关于第三方选品工具的选择，推荐各位读者使用 Jungle Scout 浏览器插件功能，只要打开亚马逊前台页面，搜索相应关键词，然后打开浏览器插件，就可以自动获取搜索结果页面所有产品的月销量、品牌、价格、评价数量和星级等详细数据，在这个浏览器插件的帮助下，我们可以快速完成品牌集中度和市场深度分析的工作。亚马逊前台搜索结果页面如图 6-8 所示。

图 6-8　亚马逊前台搜索结果页面

6.3.7　产品预期利润率的要求

在选品时，我们需要针对产品的毛利率做出一个大致的预估，毕竟毛利率太低的产品是没有价值的。凭借我的经验判断，亚马逊产品毛利率的红线应该在 30% 左右，如果毛利率低于 30%，建议放弃这个产品。那么毛利率应该如何核算呢？我给各位读者看一看我们曾经在做产品调研时，做过的毛利率数据核算。毛利率数据核算见表 6-1。

表6-1　毛利率数据核算

品牌	ASIN	售价	采购成本	平台佣金	头程（空运）	头程（海运）	配送费	毛利（空运）	毛利（海运）	毛利率（空运）	毛利率（海运）
七分裤中腰	单品1	29.99	5.04	5.10	1.30	0.40	3.74	14.81	15.71	49.38%	52.38%
	单品2	15.98	2.90	2.72.	0.80	0.30	3.73	5.83	6.33	36.48%	39.61%
七分裤高腰	单品3	18.98	3.47	2.85	1.04	0.30	2.49	9.13	9.87	48.10%	52.00%
	单品4	28.8	6.08	4.9	1	0.30	3.70	13.12	13.82	45.56%	47.99%
九分裤中腰	单品5	18.99	3.62	3.23	1	0.30	3.72	7.42	8.12	39.07%	42.76%
	单品6	11.99	2.17	2.04	1	0.30	3.75	3.03	3.73	25.27%	31.11%
九分裤高腰	单品7	22.99	4.34	3.91	0.87	0.30	3.71	10.16	10.73	44.19%	46.67%
	单品8	26.99	5.80	4.59	1.30	0.40	3.73	11.57	12.47	42.87%	46.20%
全裤中腰	单品9	28.99	6.52	4.93	1.30	0.40	3.72	12.52	13.42	43.19%	46.29%

附：

单位：美元

汇率：6.90

佣金＝售价×15%

头程：海运 / 空运，空运运费：30 美元 /kg；海运：600 美元 /m²；10 美元 /kg

毛利＝售价−采购成本−平台佣金−头程−配送费

评估结论：1.单品毛利保持在 41% 以上，符合服装品类 38% 毛利标准

2.客单价不高于 30 美元，毛利不低于 15%，产品用料参差不齐，如果投产，要重点分析材质用料

3.实重基本在 300g 以内，海运结余利润有 0.5 美元浮动，加持成本价升高空间较小

为了方便卖家计算产品的预期毛利率，这里给各位读者推荐一款工具：FBA费用计算器，直接用谷歌搜索"Amazon FBA Calculator"。记得选官方计算器来用，第三方计算器可能会要求付费。

我们登录FBA费用计算器主页面后，可以选择国家和站点，如果卖家是做美国站的就选择美国。然后我们在亚马逊站内找到一款和我们想要做的产品重量和尺寸都类似的产品，把这个产品的名字输入搜索框内。FBA计算器主页面如图6-9所示。

图6-9　FBA计算器主页面

接下来有两个选项：一个是自配送模式，需要卖家自己负责物流配送；另一个是FBA模式，卖家只需要把货发到亚马逊指定仓库，然后亚马逊帮卖家把货送到消费者手中。卖家在确定好配送模式以后，按照要求填写相应的参数即可，填写完成以后FBA费用计算器会帮卖家自动计算出产品的利润率。FBA费用计算器页面如图6-10所示。

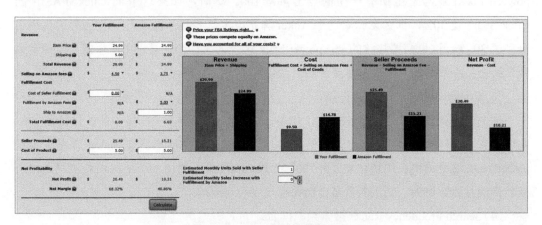

图6-10　FBA费用计算器页面

FBA费用计算器还有一个优点就是可以帮卖家自动计算出亚马逊的配送费用，由于亚马逊的配送费用是根据产品的尺寸和重量来计算的，只要卖家保证在第一步选择的产品尺寸和重量与自己的产品一致，那么FBA费用计算器计算出来的配送费用肯定是精准的。

6.3.8　市场竞争度分析

从产品关键词角度来看市场竞争情况也是一个非常重要的筛选方法，一旦市场竞争过于激烈或者市场被高度垄断，都不适合新手卖家再进入该市场。那么具体应该怎么分析？首先，这里给各位读者介绍一个亚马逊卖家账号后台的工具"Brand Analytics（品牌分析）"中的"Amazon Search Terms（亚马逊搜索词）"功能。

"Amazon Search Terms"是亚马逊官方出品的一个免费关键词工具，完成品牌备案后的卖家才可以使用该功能。在讲实际应用之前，各位读者先要明确下面几个概念，不然很难理解这个数据的关键作用。

（1）#1 Clicked ASIN

#1就是排名第一的意思，后面2、3就是排名第二、第三，亚马逊标准产品编号（Amazon Standard Identification Number，ASIN）代指产品；#1 Clicked ASIN就是基于这个Search Term（搜索词）的搜索结果下面，被点击最多的产品，#2 Clicked ASIN就是点击量排名第二的产品。具体的点击量是多少，这个数据是无从知晓的。

（2）Click Share（点击量份额）

以power bank（充电宝）为例，假设#1 Clicked ASIN是一个Anker牌充电宝，且power bank在亚马逊上所有产生的点击量是100。这时，如果这个#1 Clicked ASIN的Click Share是30%，那么意味着这个Anker牌充电宝从power bank这个词所有的点击中分到了30次。这里需要注意的是，power bank这个词在整个亚马逊中产生的点击的具体数量我们是不知道的，所有都是基于相对数量的考虑。

（3）Conversion Share（转化份额）

这个概念我也用上述例子来阐述，如果power bank在整个亚马逊中的转化量是100，这时，如果#1 Clicked ASIN的转化份额是30%，那么就意味着这个Anker牌充电宝从power bank这个词所有的转化里面分到了30次。我们是不知道power bank在亚马逊中所有转化的具体数量的，知道的只是比例关系。

（4）Search Frequency Rank（搜索频率排名）

这个数据体现的是关键词在亚马逊全站的搜索频率排名，这里的排名并不是具体的数值，它只是一个相对的数据指标，例如，你排第一，你可以是100分，也可以是50分。所以说，亚马逊只是告诉你这个关键词搜索量的排名，并没有告诉你具体的搜索量。你只能做比较分析，而无法获取绝对的数据。

理解了上述的数据指标含义后，各位已经注意到"Amazon Search Terms"数据有一个很明显的特点：它是相对数据，而不是绝对数据。这样难免会有所遗憾，毕竟绝对数据更具有说服力，但是我认为即使是相对数据，也具有较大的参考价值。

那么我们应该如何利用亚马逊后台这个"品牌分析"工具来做市场竞争度分析呢？操作起来非常容易：如果你想去调研一款产品的市场竞争度，可以先找到这个产品流量最大的核心关键词，把这个关键词放到"Amazon Search Terms"数据库里面进行搜索，然后把排名前三产品的 Click Share 和 Conversion Share 占比分别加总，如果比例总和均大于 60%，这就从侧面说明这个产品已经被头部卖家垄断了，整个市场已经趋近于饱和，新卖家再想进来机会已经比较少了。

6.4 产品的各项未来风险性评估

我们经过初筛和二次筛选确定产品后，就可以开始联系工厂采购样品，安排生产吗？各位读者先不要着急，亚马逊选品是一个慢工出细活的过程，如果过程中稍有不慎，出现了任何差错，就会对未来的推广运营工作产生很大的影响。因此，我们需要特别注意产品未来可能会遇到的两个风险：产品知识产权风险和产品合规认证风险，一旦遇到这两个风险中的任何一个，轻则产品被亚马逊强制下架，重则被亚马逊直接封号。

6.4.1 产品知识产权风险

严格划分产品知识产权，有商标权、专利权和版权 3 个部分。如果侵犯了其他卖家的商标权、专利权和版权，那么都会被统称为侵犯他人的产品知识产权。产品知识产权侵权案件在亚马逊平台屡见不鲜，那么商标权、专利权和版权具体是指什么呢？什么样的行为可能会侵犯知识产权呢？

1. 商标侵权

商标是一个品牌的标志，其具有独立的显著性，是消费者对产品或服务的来源最直观的识别和区分，一个好的品牌易于赢得消费者的信任，例如，绝大多数人只会买可口可乐和百事可乐，这就是品牌商标的价值。因此，很多卖家会选择跟卖有品牌的产品，或者在自建详情页的标题、描述、关键词各处盗用他人品牌，借此来提升自身店铺的销售量，或分摊其他卖家的流量，例如，很多卖数据线的卖家喜欢把苹果（Apple）这个词放到产品详情页中。此举一旦被亚马逊查到，或被品牌方起诉，或被买家投诉山寨仿品，产品会被立刻下架，情节严重的还可能会被封店处理。

2. 专利侵权

商标保护的是品牌名称或设计，而专利保护的是产品本身。相比商标而言，专利保护范围小，但保护力度非常强，专利权是一种专有权，这种权利具有独占的绝对排他性。另外，通过在各个国家商标局检索名称，卖家可以得知品牌是否被注册商标，主观上可以规避侵权风险，但专利保护力度是极强的，同时保密性也是极强的，申请中的专利是无法被检索到的，即使授权公告后的专利，如果没有专利号，也很难被检索到。因此，专利侵权是极难防范的，风险很高，很多卖家甚至不明不白地就被关停店铺。此外，亚马逊专利侵权大多是产品外观设计侵权。

3. 版权侵权

版权也称著作权，是指作者及其他权利人对文学、艺术和科学作品享有的人身权和财产权的总称。前段时间，印有某种卡通动漫形象的产品异常火爆，例如，服装鞋帽、箱包皮具等时尚类产品，但同时大量的店铺也因此被查封，因为动漫卡通人物都是受版权保护的，亚马逊对此方面的审查力度十分大。另外还有一种是产品展示图片的版权，如果某一卖家有产品拍摄原图，并且详情页上的图片比其他卖家先上架，其余卖家盗用其图片也属于侵权，因为版权侵权被封号的卖家也不在少数。

既然我们知道了知识产权的重要性，那么我们在选品时应该如何避免知识产权侵权呢？我建议卖家可以自行去美国专利及商标局（USPTO）和欧洲知识产权局（EUIPO）查询。

同时为了方便各位读者更好地检索，这里向各位推荐两个免费的知识产权查询工具：Google Patent 和 INNOJOY，可以直接通过谷歌或者百度搜索工具名即可获取，如果经过查询发现存在可能侵权的风险，那么这个产品最好就不要做了。

另外，关于版权和外观设计专利部分，我们不是专业的知识产权律师，就算用工具查询一遍也很难判断是否真正侵权，如果有一些我们准备重点打造的产品，在前期查询后不能确认其是否侵权，那么我建议可以找知识产权机构做咨询和专业判定，这样才能将风险降到最低。

6.4.2 产品合规认证风险

除了知识产权外，我们还需要注意的是产品的合规认证。中国出口的产品，如果没有相关的认证证书，是无法在线上平台出售的，即使侥幸没被发现，一旦被亚马逊查出来，且卖家无法提供认证证书，产品也会被强制下架。不同的产品在不同的国家都会有相应的认证要求，如果你无法提供相应的认证证书就不可以在这个国家进行线上销售。各个国家的认证证书如图 6-11 所示。

CPC——儿童产品　　　　　　　CE——欧盟强制认证

FCC——电子产品　　　　　　　WEEE——报废电子电气设备指令

FDA——药妆产品医疗器械　　　 PSE——日本强制安全认证

UL——电子产品　　　　　　　 MSDS/ROHS/ETL/DOC……

图 6-11　各个国家的认证证书

我们应该如何去获取产品认证证书呢？一般来说有两种方法。第一种方法是供货工厂自己就有相应的认证证书。我们在寻找供应商时可以优先选择那些做过传统外贸 B2B 的工厂，它们通常会有相应的认证证书。第二种方法相对来说比较麻烦，如果供应商无法提供认证证书，卖家就必须自己找认证公司去申请了。不是每家认证公司出具的结果都会得到亚马逊的认可，卖家最好去官方推荐的认证公司进行认证，这样才能保证百分百通过。卖家可以去亚马逊官方服务商商城搜索相关的认证公司，进入亚马逊卖家后台后，在右上角搜索框内搜索应用商店（App Store），即可找到官方服务商商城。

综上所述，我们确定一款目标产品后，一定要针对这个产品的知识产权和安全认证两个方面进行仔细核查和调研，确认没有任何问题后再开展下一步的工作，各位读者可以看看这个风险评估案例。风险性评估如图 6-12 所示。

专利评估	
外观专利	服饰类标品，线缝工艺、图案有区别，查询后无外观侵权风险，纯色、混色排除图案侵权
技术性专利	车缝工艺产品，无技术性侵权风险
品牌 / 商标	主词未商标化，查询后无品牌 / 商标侵权抗力
认证评估	
认证项目	儿童类可能涉及 CPSIA 铅含量、CFR 织物燃烧等 CPC 检测，成人类不需要，无检测需求
认证描述	——

图 6-12　风险性评估

6.5　如何科学筛选产品供应商

最终确定想要打造的产品后，我们接下来的工作就是选择一个合适的产品供应商来进行下单采购。通常会有线下线上两种寻找货源的方式，线下方式比较传统，即参加行业展会或者直接去相关产业带寻找工厂；线上方式相对方便，如果采购量不大比较推荐去阿里巴巴1688上面寻找供应商。不管是线下还是线上，我们在选择供应商时都需要有一套标准才行，结合我们团队的选品经验，为各位读者提供一套供应商选择参考标准。

1. 专业

生产的产品足够专业，能达到有价值的差异化要求，供应商能够解释产品设计的市场原因和技术原因，产品代表未来的发展趋势和消费者需求。

2. 电商背景

了解跨境电商卖家产品"少量多批次"采购需求，同时愿意在包装改进、物流配送上进行配合，愿意与跨境电商卖家合作。

3. 改进意愿

对于产品的创新和改进富有热情，愿意和卖家共同改进产品。

4. 产品布局

产品品类丰富，布局合理，有助于卖家形成产品的系列化与品牌化。

5. 成长背景

如果是小工厂，老板的成长背景是非常重要的，有技术或者工程师背景的老板在产品工艺和产品创新上更愿意投入精力；营销出身的老板可能在消费者需求和市场调研上比较擅长。切忌找那些对产品质量把关不严，追求短期利润的工厂合作。

为了更好地筛选产品供应商，找到优质的产品供应商合作，我提供我们团队常用的一个标准细则。标准细则见表6-2。

表6-2　标准细则

序号	调查项目	具体问题
1	电商背景	是否与亚马逊客户有合作 是否与跨境电商客户有合作 是否了解跨境电商订货特点（少量多批次、产品尺寸和包装对物流成本影响大）
2	款式与功能	该类产品的最新款式是什么样的；与旧款相比，卖点或者升级改进的地方在哪里（材质、功能、结构、外观）
3	重量与尺寸	产品带包装重量、产品带包装尺寸、内盒包装材质和尺寸（OPP、彩盒）、外箱尺寸情况、装箱数量、装箱毛重

序号	调查项目	具体问题
4	订货生产情况	是否有现货 是否可以少批量拿货测试市场 后期订货起订量是多少，价格多少 批量进货的生产周期是多久
5	定制情况	是否可以开模定制，开模价格，开模工期 产品是否可以进行微改进（换尺寸、调颜色、换包装、加 Logo 等）

各位读者可以结合上面所讲内容及自身的实际情况，做一个全面的考量，筛选出适合自己的产品供应商。

同时，我为各位读者准备了一个更为方便快捷的解决方案，就是利用选品工具 Jungle Scout 的 ASIN 反查供应商功能，一键找出适合我们的产品供应商。

第一步，找到竞品的 ASIN，或者说和我们要做的产品类似的 ASIN，然后打开 Jungle Scout 的供应商数据库，输入 ASIN 并搜索。

第二步，点击搜索后进入潜在供应商搜索结果页面。点开潜在供应商名单之后查看供应商的产品，排除产品不相关的供应商，剩下相关目标选项。

第三步，点击相关目标选项，进一步查看这个供应商的供货数据，包括进货批次、进货时间、进货重量、消费者数量、消费者名称等详细信息。

第四步，确定供应商之后，我们可以一键链接到"谷歌搜索"，轻松获取供应商的联系方式；也可以复制供应商名称到百度搜索栏搜索，找到供应商的中国官网，并在官网中找到联系方式。

通过上述 ASIN 反查供应商功能找出来的供应商生产的产品基本上就是你的目标产品，这些供应商有和亚马逊卖家合作过的经验，而且产品质量已经经受过亚马逊的考验，这样会降低前期的沟通成本，有助于我们快速找到合适的产品供应商。我们找到合适的产品供应商后，后面的采购流程就非常简单了，毕竟只需要针对一家供应商的某几款产品大批量采购即可。另外，在长期合作之后，我们还可以和供应商谈一谈账期或者联合运营，进一步缓解资金压力。

讲完以精品模式为主的 FBA 卖家的供应商筛选及采购方法后，我们再来看看 FBM（自发货）卖家的供应商筛选及采购方法。对于亚马逊 FBM 卖家来说，产品的供应商是比较好筛选的，不需要像 FBA 卖家设置那么多的筛选条件。

与 FBA 卖家相反，FBM 卖家面临的最大的问题在于采购，因为每天出的单来自不同的供应商，FBM 卖家在阿里巴巴 1688 上至少有几千个供应商，而且基本上每天需要找这几千个供应商来采购，在每个供应商处平均采购 3 ～ 5 个产品。如果整个采购流程全部由人工来做，简直是不敢想象。

那么有没有好的工具可以提高整个采购流程的效率呢？我建议各位自发货卖家可以了解一下通途 ERP：通过与阿里巴巴 1688 平台直接对接，通途 ERP 可以帮助自发货卖家实现批量下单采购和批量付款的需求，让整个采购流程实现自动化，节约了自发货卖家的人力成本和时间成本。

6.6 产品的改造和微创新

针对选出来的最终产品，要么直接从亚马逊上买回样品，看看能不能找到类似的货源，直接下单采购即可；要么根据消费者的反馈意见及产品的自身缺陷有针对性地做一些改造和微创新，让产品变得更完美，到时候和竞品竞争也会更有优势。除非无法对产品进行改造，不然我还是建议各位读者尽量针对目标产品进行微创新，让我们的产品和竞品有一些区别，这样对后期的运营工作也会提供很大的帮助。那么具体应该怎么去做呢？从哪里开始改造和微创新呢？我建议从以下两个方面出发去寻找可以改造的要点。

6.6.1 买家问答的提取

各位读者在浏览亚马逊产品详情页时，会发现一个叫作"Customer questions & answers（消费者问答）"版块。"Customer questions & answers"页面如图 6-13 所示。

图 6-13 "Customer questions & answers"页面

这就是消费者问答版块，买家如果对产品有任何疑问，都可以在这个版块提问，一旦提问完成后，卖家及买过这个产品的买家都有可能收到邮件提醒。如果你遇到一个"热心肠"买家,他还会回答你的问题,会对你的最终购买决策提供更多的参考意见。淘宝上也有类似的问答版块,与亚马逊的"Customer questions & answers"版块是类似的。

各位读者可以打开亚马逊站点去看一看产品的问答版块,从问题中我们可以了解消费者的真正关注点在哪里,从答案中我们可以了解很多关于产品的使用感受及建议。我们可以搜索同类竞品,通过这些竞品详情页的问答版块,仔细收集有价值的问题和答案,最后把它们归纳整理出来,之后就可以给我们做产品的微创新和改造提供非常好的方向和建议,另外记得把一些产品问题做一个优先级排序,排名前列的问题就是我们后续需要重点关注的整改方向。Q&A反馈问题汇总一见表6-3所示,Q&A反馈问题汇总二见表6-4。

表6-3　Q&A反馈问题汇总一

题号	关键词	汇总	问题
1	尺寸	188	尺寸 / 长短 / 适合什么尺码 / 不同体重和身高适合什么尺码 / 尺寸表 / 小腿处尺寸 / 腰围尺寸 / 内缝尺寸 / 小孩适合什么
2	面料	30	面料 / 面料成分 / 面料是否有光泽 / 不同颜色面料成分是否相同
3	是否下滑	20	能否深蹲 / 运动会不会下滑 / 跑步和排球运动是否适合 / 运动是否舒适
4	是否透明	18	是否透 / 弯腰时是否透 / 白色是否透
5	如何清洗	15	如何清洗 / 能否漂白 / 清洗时会坏吗 / 洗后会不会缩水 / 洗涤说明 / 能否烘干
6	是否有口袋	15	是否有口袋 / 能否放手机 / 口袋有多大 / 运动时能否放手机 / 口袋能放下什么东西
7	颜色	10	是否有色差 / 颜色
8	是否吸干	6	是否吸汗 / 是否防汗 / 是否透气
9	生产地址	6	是否美国制造 / 卖家在哪里 / 生产地在哪里
10	适合天气	6	适合什么天气 / 适合什么温度
11	补货	6	何时补货 / 补货时间
12	伸展性如何	5	伸展性如何 / 是否压缩 / 弹力如何
13	是否有腰带	5	是否有腰带
14	能否游泳	4	是否可以游泳

表6-4　Q&A反馈问题汇总二

序号	提问次数	关键字	问题
1	20	尺寸	鞋架实际尺寸多少 / 实际宽度有多少
2	19	叠加	3套可以组装在一起吗 /2套可以组装在一起吗 / 是否可以多套组装在一起,怎么组装,能够叠加多少层
3	14	配件购买	如何获得更换杆,可以单独购买其他配件吗 / 可以单独买一层吗
4	10	层间距离	每层间距有多少 / 间距可以调整吗
5	10	容量	能放多少双鞋 / 每层能放多少双鞋 / 每层能放 4 双 7 码女鞋吗 /13 码男鞋能放多少双 / 能放 12 码男鞋吗
6	9	防水生锈	可以放在室外使用吗 / 会生锈吗 / 防水吗
7	6	层数	单套包含多少层,是包含 3 层吗
8	5	拆分	每层是否能单独拆分 / 组装
9	5	平 / 斜	隔层可以倾斜吗 / 可以在厨房使用吗 / 是否能放罐头、汽水吗

序号	提问次数	关键字	问题
10	5	重量	鞋架有多重
11	4	承重	承受重量有多重
12	4	高跟鞋	中间层是否能放高跟鞋 / 底层能放高跟鞋吗
13	4	材质	是金属的吗 / 是木质的吗 / 腿和架子是什么材质
14	3	放衣柜	可以放进普通衣柜里吗
15	3	靴子	可以放靴子吗
16	2	灰尘	如果把鞋子放在这个架子上，可能会有灰尘，有办法解决吗
17	2	底层下面	鞋子能够放在鞋柜最低一层的下面吗
18	2	存放	存放的时候是否可以只移除隔层而不整体拆除 / 是否容易存储
19	2	轮子	可以安装轮子吗
20	1	拆分	可以把一个 4 层拆为 2 套 2 层吗
21	1	安放地址	可以挂墙上吗

6.6.2 评价的提取

产品的评价是影响买家购买的关键因素，同时也是买家对产品客观的反馈建议。竞品的评价对卖家做微创新和改造是至关重要的，特别是竞品的差评需要被重点关注。按照我们的经验来看，我们在整理归纳竞品评价时，应该基于"三星首选，一二星次之，四星补足"的准则，同时我们也要尽可能多地搜集竞品及类似产品的评价，扩大评价采集的基数。

我们在搜集整理完毕后，按照反映的问题情况做一个频度优先级排序，反映最多的问题排第一，后面的依次排开。排行第一的问题就是我们后面针对产品进行微创新和改造的首选方向。反映问题汇总一见表 6-5，反映问题汇总二见表 6-6。

表6-5 反映问题汇总一

内容汇总	频度	关键词
尺寸不合身（小）	912	尺寸
薄 / 透	874	薄透
破损 / 易撕裂	760	易撕裂
不是高腰 / 弯腰时易露	589	弯腰易露
质量差	380	质量差
腰部处做工不合适（松）	285	腰部
运动时下滑	190	下滑
不吸汗 / 不透气 / 热	171	吸汗性
不舒适	171	舒适度

内容汇总	频度	关键词
掉色	152	掉色
易磨损	133	磨损度
假货	114	假货
变宽松	95	变松
长度不合适	95	长度
气味	76	气味
裤裆处易坏	76	裆处
拉伸力小	57	拉伸力
起球	57	起球
接缝太厚	57	厚
发货错误	57	发货
口袋装手机太沉	38	口袋
致痒	38	痒
二手产品	38	次品

表6-6　反映问题汇总二

内容汇总	频度	关键词
腰围过大	1689	腰围
腰围过小	1023	腰围
侧袋过小	987	侧袋
裤长过长	682	裤长
裤口过大	456	裤口
纽扣打开操作时间长	298	固定方式
裆深过大	251	裆深
掉色	196	材质
面料过硬	136	材质
色彩不正（过浅）	96	印染工艺
厚度薄	79	材质/厚度
附赠皮带质量差	69	赠品

腰围数据不足，以制造商通用的数据为准，购买在售产品进行对比；侧袋宽度和深度能容纳大型手机和钱包，数量双侧四袋即可；裤长设定在膝盖以上 3 ～ 5cm 处，直筒裤裤口不能过大，不必具有收缩性；盖袋为主，固定方式以魔术贴或按扣为宜，不附赠皮带等

第 7 章
打造爆款第二步：备货与库存计划

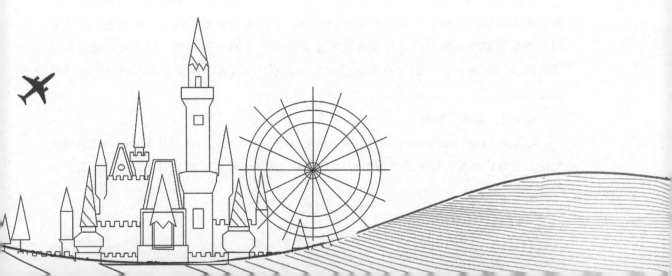

7.1 FBA 与 FBM

选好产品，找到供应商下单生产以后，我们下一个需要解决的就是与物流相关的问题。一旦出单，我们应该采用哪种物流配送方式将产品配送到目的国的消费者手中呢？一般来说，亚马逊平台支持两种物流配送方式：FBA 和 FBM。

7.1.1 什么是 FBM

FBM 全称 Fulfilled By Merchant，即商家自配送，也就是说一旦出单后，卖家在国内直接发货到国外买家手中，这种发货模式可以降低库存压货的风险，操作手续相对简单方便，费用也比亚马逊物流服务（Fulfilled By Amazon，FBA）低很多，是一种不占用流动资金、现金流会更健康的方式。上文谈到的采用多 SKU 铺货模式的卖家，大多会采用这种 FBM 自发货模式。

自发货模式也有很多缺点。自发货虽然由卖家掌控，但是由于产品没有亚马逊配送专属的 Prime 蓝色标志，在亚马逊上的曝光度和转化率会直线下降，不能被大多数买家接受；而且由于是从中国发货，买家拿到产品的等待时间较长，经常需要等待两周左右（如果卖家采用海外仓自发货，时效问题就可以解决了）；另外，亚马逊 Prime 会员购买 FBA 产品是免邮的，但是购买自发货的产品还需要支付邮费。以上这些因素导致自发货产品的出单量在多数情况下并不理想，所以做精品爆款模式的卖家基本上不会选择采用 FBM 自发货模式。

除此之外，自发货模式还会带来一些账号隐患。例如，一些物流配送考核指标，自发货卖家必须要达标，不然会有封号的风险。下面我们先来了解一下亚马逊运营人员对自发货卖家物流的硬性考核指标及卖家必须要注意的一些细节。我们可以通过登录亚马逊卖家平台，在"绩效→账户状况"中查看针对 FBM 自发货卖家的三大硬性指标要求。

指标 1：订单迟发率

迟发率（Late Shipment Rate，LSR）是在 10 天或 30 天内，在预计配送时间之后确认配送的所有订单数占订单总数的百分比。LSR 仅适用于卖家自配送订单。在预计发货日期之前确认订单发货是十分重要的，这样买家才能在线查看他们已发货订单的物流状态。延迟确认订单发货可能会导致索赔、负面反馈（Negative Feedback）和买家联系次数的增加，并对买家体验产生负面影响。亚马逊政策规定，自发货卖家需要维持低于 4% 的 LSR，才能在亚马逊上销售产品。高于 4% 的 LSR 可能会导致账号被停用。

指标 2：配送前取消率

取消率（Cancel Rate，CR）是在给定的 7 天时间内，卖家取消的所有订单占订单总数的百分比。CR 仅适用于卖家自配送订单。此指标包括所有由卖家取消的订单，但买家使用其亚马逊账号中的订单取消选项请求取消的订单和买家在亚马逊上直接取消的等待中订单不包括在内。亚马逊政策规定，自发货卖家需要维持低于 2.5% 的 CR，才能在亚马逊上销售产品。高于 2.5% 的 CR 可能会导致账号被停用。

指标 3：订单缺陷率

订单缺陷率（Order Defect Rate，ODR）是衡量卖家提供卓越的买家体验能力的主要指标。ODR 是在给定的 60 天时间内，存在缺陷的所有订单数占订单总数的百分比。如果某笔订单存在负面反馈、亚马逊交易保障索赔（未被拒绝）或信用卡拒付，则该订单存在缺陷。亚马逊政策规定，自发货卖家需要维持低于 1% 的 ODR，才能在亚马逊上销售商品；高于 1% 的 ODR 可能会导致账号被停用。

对于自发货卖家而言，如果以上指标都未达标，或是其中一项或几项不达标，都有引起产品页面被审核或账号被停用的风险。可以这么说，这三大指标就像是悬在 FBM 自发货卖家头上的"达摩克利斯之剑"。如果你觉得自发货模式限制因素需要注意的地方太多，那么还是选择 FBA 物流配送模式。

综上所述，虽然亚马逊 FBM 自发货卖家有比 FBA 卖家更健康的现金流，同时规避了库存压货的风险，但是在亚马逊如此严格的平台政策下做自发货，其实是一个巨大的挑战！你想一想，一天可能有几千单的货物需要采购、打包，而且要发往几千个不同的海外地址，万一发错了货，或者发错了地址，或者填错了订单跟踪号，在严格的亚马逊平台政策下，这些情况都有可能带来大量的投诉，从而导致店铺被亚马逊封掉。

对于自发货卖家而言，如果采购、调货、打包、发货、物流配送整个流程都靠自己去完成，那么出错概率是非常高的。所以在这里建议自发货卖家可以考虑使用一些专业的 ERP 工具，例如，业内比较知名的通途 ERP 能够直接与亚马逊平台无缝对接，帮助自发货卖家实现整个自发货流程的自动化，根据预设的订单自动规则走完发货全流程，从而提高工作效率，降低出错率。订单在通途 ERP 内的处理流程（自发货模式）如图 7-1 所示。

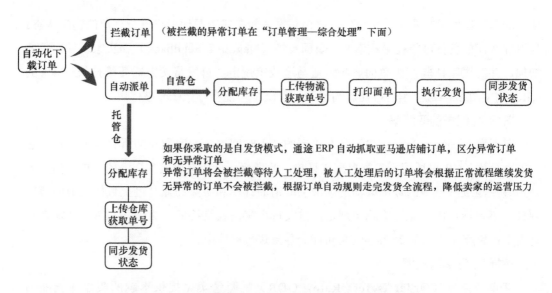

图 7-1　订单在通途 ERP 内的处理流程（自发货模式）

7.1.2　什么是 FBA

FBA 的全称为 Fulfilled By Amazon，即亚马逊物流服务，亚马逊平台第三方卖家把产品批量发送到亚马逊仓库，由亚马逊负责帮助卖家存储产品，以及在卖家收到订单时，完成订单分拣、配送和订单的退货等消费者服务操作，节省了卖家的精力，让卖家可以专心地在亚马逊上做好销售服务。亚马逊 FBA 物流体系覆盖了北美洲、欧洲、日本等 17 个全球站点，在全球拥有 175 多个运营中心。FBA 的四大优势如图 7-2 所示。

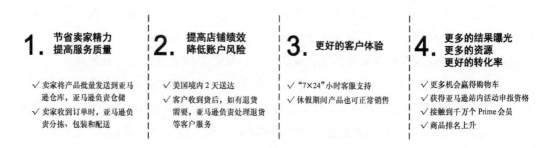

图 7-2　FBA 的四大优势

7.1.3　决定哪些商品使用 FBA

很多卖家在第一次做 FBA 的时候，都会选择一些卖得比较好或者有爆款潜力的产品，毕竟 FBA 需要压货，有一定的风险性，把全店铺所有产品都拿去做 FBA 也不太现实。那么如何从众多自发货的产品里面挑选出能够发 FBA 的产品呢？卖家可以重点关注一下下面几个指标。

① 按照销量选择：可以优先选择销量比较高的产品。

② 按照页面浏览量选择：可以优先选择页面浏览量比较高的产品。

③ 关注黄金购物车百分比（Buy Box Percentage）：可以优先选择黄金购物车百分比比较高的产品。

④ 查看后台销售指导（Selling Coach），里面有智能推荐，可以直接参考。

除此之外，有一些类别的产品是禁止进入 FBA 仓库的，还有一些类别的产品是需要经过批准才可以进入 FBA 仓库的。这些都需要我们在发 FBA 之前了解清楚。

禁止进入 FBA 仓库产品包括以下几类。

- 含酒精的饮料（含 / 不含酒精的啤酒）。
- 天空灯笼或浮动灯笼。
- 车辆轮胎。
- 礼品卡和其他具有存储功能的工具。
- 未经授权的营销材料或产品（例如，小册子、价格标签或其他非亚马逊贴纸），亚马逊将不接受预先定价的标签或产品。
- 商品尺寸大于 365cm×244cm×244cm（约 144 英寸×96 英寸×96 英寸），或重量超过 68kg（约 150 磅）。
- 需要包装却并没有按照亚马逊物流的包装和准备要求进行包装的商品。
- 松散包装的电池。
- 残损或有瑕疵的产品。
- 不符合亚马逊和卖家之间协议的产品。
- 非法复制、转载或制造的产品。
- 其他不适合在亚马逊销售的产品。

需要经过批准才能进入 FBA 仓库的产品包括以下几类。

- 锂电池或含锂电池的产品。
- 含有磁性材料的产品。

- 美妆。

- 珠宝首饰。

- 鞋子、手提包和太阳眼镜。

- 食品。

- 体育收藏品。

- 视频、DVD 和蓝光光盘。

- 加入亚马逊手工艺品市场的产品。

- 收藏书籍。

- 硬币收藏品。

- 服务。

- 非危险品产品（亚马逊认为是危险品，但卖家能提供非危险品证明的产品）。

了解了 FBA 是什么，以及选定哪些产品可以使用 FBA 以后，接下来我们该如何正确使用 FBA 亚马逊配送服务呢？下面的章节将详细介绍整体流程。

7.1.4 在卖家后台把产品转化为亚马逊配送

选定产品去做 FBA 以后，我们需要在亚马逊卖家后台，把准备做 FBA 的产品链接从 FBM 自发货模式转成 FBA 亚马逊配送模式，同时在卖家后台生成相应的产品标签、货件标签，以及托盘标签（关于标签的具体生成方法，各位读者可以参考亚马逊后台卖家大学里面的教学视频）。

产品标签。产品标签又叫 FNSKU，是 ×00 开头的标签，必须覆盖产品的原始条形码。产品标签是亚马逊 FBA 仓库识别产品，允许产品入仓上架的标识。

货件标签。货件标签是指张贴在包裹外箱上的标签，标注一个货件编号（Shipment ID：FBA××××××），如果一个货件有多个包裹外箱，则会在货件编号的 U001、U002 体现出来。货件标签是亚马逊仓库收货时确认货物的包裹外箱的标识。

托盘标签。托盘标签是指一个托盘的四面都要张贴的标签，托盘标签共有 4 个，和货件标签相似。值得一提的是，托盘标签在海运过程中使用较多，特别是销售大件产品的卖家会经常使用。关于需不需要使用托盘标签，如果你是做大货、重货的卖家，那么我建议在发货之前咨询亚马逊后台客服，与你的 FBA 头程物流商沟通清楚。

产品标签、货件标签和托盘标签如图 7-3 所示。

产品标签

Bluedio Turbine T2s ...otary Folding (Black)
New

货件标签

托盘标签

图 7-3　产品标签、货件标签和托盘标签

7.1.5　为产品和箱子贴标签

标签生成以后，我们需要将它打印出来，贴到正确的位置，这样才能保证产品能够顺利到达 FBA 仓库。产品进入亚马逊仓库必须通过 FBA 标签扫描检查，标签通过不了扫描，产品就完成不了入库操作。FBA 标签打印有以下 5 种方法。

方法 1：用 A4 纸打印出来，裁纸机一裁，再用透明胶纸贴到产品上即可。

方法 2：用自粘 A4 纸打印出来，裁纸机一裁，直接贴到产品上。

方法 3：用已经裁好的一格一格的自粘 A4 纸打印出来后，拉出来就能够直接贴到产品上。

方法 4：用标签打印机（在这里推荐斑马标签打印机）打印，但需要将标签处理后才能使用，也可以自制标签。

方法 5：用热敏打印机打印，下载好 FBA 标签后，用 Photoshop 软件裁切，再移到 Word 文档里直接打印。

打印 FBA 标签时建议使用碳带 + 铜版纸，因为热敏纸标签放置时间过长或者受潮后，标签上的字可能会褪色直至完全消失。

另外，我列举了几个常见的与亚马逊 FBA 标签相关的问题。

问：如果发货到亚马逊，但是忘记在包裹外箱上贴货件标签，怎么办？

答：没有货件标签是入不了仓库的，建议卖家先联系一下自己的货代公司，看能不能暂

停，补贴一下货件标签，或者只能等货物到达目的地后联系海外仓帮忙贴一下货件标签再入FBA仓库。注意：忘贴标签不会影响亚马逊卖家账号正常使用，但你的货物会受到一定的影响。

问：对于送亚马逊仓库的货件，FBA货件标签上的起运地可以不打印吗？如果一定要有起运地，在创建货件完成后，可以更改吗？

答：起运地都会出现在货件标签上，这是亚马逊系统自动生成的。如果货件已经创建完成，标签已经生成了，是无法更改的。

问：我有两个亚马逊卖家账号，工厂发货时，把货件标签贴错成另外一个卖家账号产品的贴纸了，怎么办？

答：分两种情况：如果产品还没进入仓库，让货代公司帮你重新贴标签再入库；如果标签贴成另外一个账号的产品，很有可能会在入库时被亚马逊检测到，会有关联风险。

最后再补充一点，FBA的货件标签打印出来以后，可以自己贴，也可以选择由亚马逊来贴，亚马逊贴标签是要收费的（0.2 美元 / 个），建议还是自己贴更好。

7.1.6　FBA 的预包装

我们贴完产品标签和货件标签以后，接下来就要面临FBA预包装的问题了。如果预包装出现问题，那么很有可能影响产品入库的速度，还有可能遇到拒收的情况。以下是产品包装的具体要求和注意事项。

① 成套产品：必须标明不可拆分。

② 盒装产品：必须保证其不会自动打开盒盖，包装盒在施压情况下不会坍塌；若无法保证，则产品必须用塑料袋包装好。

③ 塑料袋包装产品：塑料袋必须透明、有可扫的产品条形码，塑料袋厚度至少有1.5mm、彻底密封，塑料袋或收缩包装纸不得超出产品尺寸8cm以上。开口大于12.7cm（约5英寸）的塑料袋上必须有窒息警告（例如，"警告：为避免窒息危险，请避免婴儿和儿童接触此塑料袋。请勿在婴儿车、婴儿床、手推车或婴儿护栏中使用此塑料袋。此塑料袋不是玩具。"）

④ 标明有效期：对于存在有效期的产品，我们必须在包裹外箱上标明有效期，且必须在单件产品上标明有效期。仅标有印刷批号是不够的。

⑤ 禁止营销材料：亚马逊不接受营销材料（例如，预先确定价格的标签、小册子、产品价格标签或其他非亚马逊标签）。

⑥ 安全包装：我们在包装产品时，必须使用刀片被覆盖的安全刀，以防刀片等锋利

物品意外遗落在箱内，进而对亚马逊员工或亚马逊买家造成潜在的伤害。

下面看一看一些正确和错误的产品包装实例图片。产品包装示例一如图 7-4 所示，产品包装示例二如图 7-5 所示。

图 7-4　产品包装示例一

图 7-5　产品包装示例二

看完了产品包装的具体要求，我们再来看一看货件包装的具体要求和注意事项。

1. 纸箱尺寸

纸箱的任意一边尺寸不得超过 63.5cm，纸箱的任意一边尺寸若超过此范围，则需要被放置在 1m×1.25m 的托盘上，除非单件销售的产品纸箱尺寸本身超出了标准托盘的尺寸。

2. 纸箱叠放

卖家不能用打包带、松紧带、胶带附加打包带来捆绑纸箱。卖家不能用大型订书钉或尼龙纤维胶带，不能有铁钉或者木刺，因为它们会给亚马逊仓库工作人员带来安全隐患。另外，纸箱必须达到标准托盘堆叠要求。

3. 纸箱重量

重量大于45kg的被确定为一起销售的多个纸箱（例如，套装）必须被分开放置在一个独立的托盘上。另外，如果美国纸箱重量大于 22.5kg（约 50 磅），则需要贴"Team Lift"标签，表明需要团队搬运；如果美国纸箱重量大于 45kg（约 100 磅），则需要贴"Mech Lift"标签，表明需要机器搬运；如果欧洲纸箱重量大于 15kg，则需要贴"Heavy Package"标签，表明货物超重，而且需要打包托运。

如上文所述，如果你是做大件产品，那么可能需要用到托盘，你除了需要托盘标签外，还需要和你的 FBA 头程物流商做好沟通，严格按照亚马逊的打托要求来制作托盘。托盘示例如图 7-6 所示。托盘标准如图 7-7 所示。下面分别是美国、欧洲和日本的打托要求，可以作为参考。

图 7-6 托盘示例

美国打托要求如下所述。

- 标准托盘：木质托盘，1m×1.25m。

- 托盘高度：≤1.8m（含托盘底座）。

- 托盘重量：≤680kg（1500 磅）。

- 叠加托盘：单层高度≤127cm，双层高度≤254 cm，最小空隙 8cm。

欧洲打托要求如下所述。

- 托盘尺寸：木质托盘，英国尺寸为 1m×1.2m，其他国家尺寸为 0.8m×1.2m。

- 托盘高度：≤1.8m。

- 托盘重量：≤1000kg。

- 标签：若托盘有多个 SKU，则需要贴"Mixed SKU"警示标签。

托盘需要是标准的四项叉进托盘		尺寸规格：1200mm×1000mm×1500mm 托盘需要符合国际标准 ISPM-15（热处理托盘，需要提供熏蒸证书）	破损的托盘将被拒绝接收	
满载托盘的尺寸和重量		高度：不要超过1.8m（包含托盘本身的高度） 重量：不要超过1000kg		

图 7-7 托盘标准

日本打托要求如下所述。

- 托盘尺寸：1.1m×1.1m，不接受木质托盘。
- 托盘高度：≤1.5m（含托盘底座）。
- 托盘重量：≤1000kg。
- 卸货：不接受整箱入库的方式。
- 只接受产品以打托的方式入库，送货人员需要负责卸货。

另外，如果一个托盘上有多种亚马逊标准产品编号（Amazon Standard Identification Number，ASIN），那么贴标签以及从托盘上卸货的操作方法和流程与一个托盘上面只装有一个 ASIN 是完全不一样的。多 ASIN 和单 ASIN 托盘贴标签和卸货的区别如图 7-8 所示。

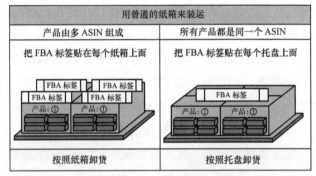

图 7-8　多 ASIN 和单 ASIN 托盘贴标签和卸货的区别

7.1.7　通过头程物流将货件配送到亚马逊仓库

一切准备就绪以后，我们接下来就需要把产品送到目的站点的亚马逊 FBA 仓库了，这个过程我们统称为"亚马逊 FBA 头程物流"。一般来说，亚马逊 FBA 头程物流有 3 种比较流行的发货方式。

1. 直发快递

DHL、UPS、FedEx 之类的公司，通常 20kg 以上货件的快递价格合适，时效快，适合紧急补货，并且快递都是免预约入库的，但是亚马逊不作为清关主体，不负责清关和缴税，我们一定要做好申报和关税预付并且提前准备对接当地清关进口商。大多数跨境物流公司是可以提供税号借用服务的。

2. FBA 空运 + 派送

我们使用 FBA 空运先将产品运到当地，再使用当地快递派送至亚马逊仓库。这种方法的时效快，略比直发快递慢一些，也是免预约入库的。现在市面上的 FBA 空运 + 派送是"双清包税"的，不需要支付关税预付费用等，费用比直发快递便宜。

3. FBA 海运头程

FBA 海运头程是指海运 + 当地清关 + 目的国派送，时效略微长些。这种海运头程方式时效长，需要一个多月时间，产品到达目的站点以后需要用拖车送去亚马逊仓库，需要入库预约，操作手续比快递麻烦些。FBA 海运头程的优点是价格比空运便宜。海运适合不紧急的补货，以及做大货和重货的卖家。体积至少在 $1m^3$ 以上的货物建议发海运，运费比较划算。另外，发海运需要提前计划，淡季提前 7 ~ 10 天、旺季提前 2 周订舱。

上述 3 种发货方式就价格来说：FBA 海运头程 < FBA 空运 + 派送 < 直发快递；就派送时间来说：直发快递 < FBA 空运 + 派送 < FBA 海运头程。具体如何选择发货方式，建议各位卖家可以从自己店铺的实际情况考虑。另外，针对欧洲的 FBA 头程物流，我们还可以选择中欧卡车航班和铁路，后续的 FBA 头程物流方式应该会越来越多元化。

最后再补充一点，对于各位 FBA 新手卖家而言，第一次做 FBA 发货时，要多品种小批量，之后要低频率多积货，但是也不建议积太多货，以免造成库存滞销，要知道最理想的状态应该是"货永远在路上"。同时，卖家一定要注重改善产品包装和打托尺寸，如果卖家把这部分优化好，能够节省 10% ~ 30% 的成本。

FBA 整个发货流程还是很复杂的，再加上亚马逊卖家后台的实际操作比较烦琐，特别是多店铺创建多个产品 FBA 货件标签的时候。针对这个问题，这里给各位读者推荐一个相对简单的解决方案，建议各位读者尝试使用通途 ERP 里面的亚马逊 FBA 发货功能，可以"一站式"操作亚马逊 FBA 全流程，节省时间和精力。亚马逊 FBA 在通途 ERP 中的中转流程如图 7-9 所示。

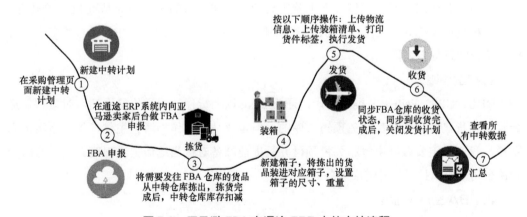

图 7-9　亚马逊 FBA 在通途 ERP 中的中转流程

7.1.8　FBA 仓储限制要求

合理的库存是亚马逊物流高效率运转的基础。亚马逊不会让卖家无限制压货，就算卖家愿意这么去做，亚马逊也不会允许的，这是因为一旦出现大量滞销库存，就会极大地影响库存周转率，出现热销产品入不了仓库，滞销产品又占着位置的情况。亚马逊针对每一个FBA 卖家都会给出一个相应的季度库存绩效指标（Inventory Performance Index，IPI）分数，我们可以登录亚马逊卖家后台，在"库存→库存规划→绩效"中查看 IPI 分数及各项库存绩效指标。IPI 分数保持在 350 分或更高分数的卖家将能够在标准尺寸产品、大件产品、服装和鞋靴类目享受无限制的库存容量。IPI 分数高的卖家可享受的库存优惠如图 7-10 所示，库存绩效页面如图 7-11 所示。

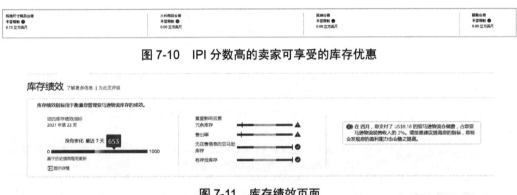

图 7-10　IPI 分数高的卖家可享受的库存优惠

图 7-11　库存绩效页面

如果 IPI 分数低于 350 分，卖家就会受到 FBA 库存的限制。具体来说，亚马逊会在每个季度进行两次 IPI 分数的审查：（a）当前季度的倒数第 6 周和（b）当前季度的最后一周。如果卖家的 IPI 分数在（a）当前季度的倒数第 6 周审查时，低于 350 分，亚马逊将发送邮件提醒该卖家可能会面临哪些仓储限制。卖家可以利用当前季度剩余的 6 周时间来调整库存状况，提高 IPI 分数。如果卖家的 IPI 分数得到了改善，在（b）当前季度的最后一周审查时，高于 350分，那么卖家不会受到仓储限制。但是如果卖家的 IPI 分数在（b）当前季度的最后一周审查时，仍低于 350 分，那么亚马逊会再次发送邮件告知该卖家下一个季度会受到哪些仓储限制。具体的检查时间见表 7-1。

IPI 分数的 4 个影响因素包括冗余库存百分比、亚马逊物流售出率、无在售信息的亚马逊库存百分比和亚马逊物流存货率。IPI 分数的 4 个影响因素见表 7-2。

IPI 分数将根据卖家的日常库存管理情况，每周更新一次。提高 IPI 分数的方法有以下 3 种。

1. 减少冗余库存

冗余库存百分比是对过去 90 天的冗余库存情况的考核，库存过多会影响卖家的利润。采取"管理冗余库存"页面上提供的措施，以降低仓储费用和保管成本。

表7-1　具体的检查时间

首次检查 如果分数在本季度的倒数第 6 周低于 350 分，将发送邮件	季度的最后一两周	仓储限制有效期限
第 7 周	2020 年第 13 周	4 月 2 日～6 月 30 日
第 20 周	2020 年第 26 周	7 月 1 日～9 月 30 日
第 33 周	2020 年第 39 周	10 月 1 日～12 月 31 日
第 46 周	2020 年第 52 周	1 月 1 日～3 月 31 日

表7-2　IPI分数的4个影响因素

主要影响因素	定义
冗余库存百分比	被确定为冗余库存的亚马逊物流库存产品所占的百分比
亚马逊物流售出率	过去 90 天内售出并配送的产品数量除以该时间段内在亚马逊运营中心的平均可售产品数量
无在售信息的亚马逊库存百分比	当前无法供购买的亚马逊物流库存产品所占的百分比（即无在售信息的库存百分比）
亚马逊物流存货率	可补货亚马逊物流 ASIN 在过去 30 天有货的时间所占百分比，按每个 SKU 在过去 60 天售出的产品数量计算

2. 提高售出率

销售量是对过去 90 天内售出库存的考核，产品量和销售量需要达到平衡，避免库存冗余。卖家可以采取"库龄"页面上提供的措施，以提高低流量和低转化率产品的亚马逊物流（FBA）产品的售出率。

3. 修复产品信息

无在售信息的滞销库存百分比是对因亚马逊前台页面产品信息有问题而无法售卖的产品库存的考核。我们需要修复产品信息问题，使产品可供销售，采取"修复无在售信息的亚马逊库存"页面上提供的措施，确保卖家的库存处于可购买状态。

提高 IPI 分数和最大限度降低亚马逊物流仓储费用的最佳方法是减少冗余或滞销库存，并将库存周转率保持在精益水平，同时保证有足够的 FBA 产品库存以将销售损失降至最低。除此之外，卖家还可以通过开展促销活动、创建移除订单、做广告推广产品、改进搜索关键字、优化产品信息等方式提高 IPI 分数。

2020 年，亚马逊美国站为了加快库存周转和提高效率，已经把 IPI 的门槛分数从 350

分提高到了400分，新政策在 2020 年 1 月 1 日正式生效。亚马逊美国站颁发的新政策页面如图 7-12 所示。

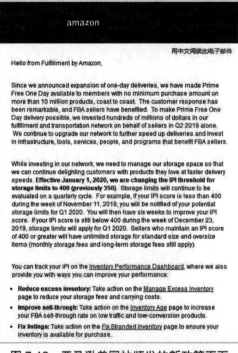

图 7-12　亚马逊美国站颁发的新政策页面

在我看来，IPI 的门槛分数肯定不会是一个恒定值，亚马逊一定会根据 FBA 仓库的实际情况，随时调整 IPI 的门槛分数。例如，2020 年 7 月，受新冠肺炎疫情加重的影响，亚马逊美国站的物流运力紧张，为了减少库存和配送压力，亚马逊美国站将 IPI 的门槛分数提高到 500 分。只有达到 500 分的标准，卖家才能够享受无限制的库存容量。

另外，各位读者还需要注意的是，亚马逊 FBA 除了上面说的仓储限制以外，还有一个补货限制。补货限制与仓储限制是两个完全不同的概念，是独立于库存绩效指标的。具体来说，仓储限制以立方米为单位，表示卖家可以储存在亚马逊运营中心的库存总量，而补货限制则决定了卖家可以发往运营中心的库存商品数量，并针对不同的仓储类型（例如，可分类商品、大件商品、服装和鞋靴）进行设置，它们是基于卖家的历史销量和预测销量来确定的。举个例子来说，针对某个单品，只有卖得越好，销量速率越快，补货限制才会逐步放开，不然亚马逊会针对单个产品实行补货限制，针对一些动销差、有可能出现滞销的单品，通过补货限制可以防止卖家发太多数量的库存到亚马逊仓库，造成大量的库存积压。

7.1.9　卖家自配送计划

读者看完了上述内容应该会选择 FBA 作为自己亚马逊店铺的主流配送模式。很多做大件产品的卖家，很想选择 FBA 发货，但是由于产品体积太大，亚马逊 FBA 仓储和配送费用过于昂贵，所以在目前的售价情况下根本无法选择 FBA 发货，大件产品采用 FBA 发货模式一定是亏损的，卖家们不得不用海外仓来发货。虽然海外仓自发货能够保证一定的时效性，但是自发货的很多劣势是无法避免的，特别是在产品排名权重和转化率方面不占优势，在亚马逊站内，FBA 的产品在排名权重和转化率上均高于 FBM 的产品至少一倍，原因就是 FBA 的产品页面上有一个蓝色的 Prime（亚马逊会员）标志。FBA 产品页面如图 7-13 所示。

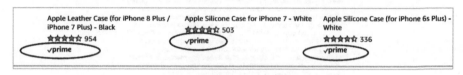

图 7-13　FBA 产品页面

亚马逊官方为帮助上述卖家解决此类问题，推出了一个卖家自配送（Seller Fulfilled Prime）计划，自发货的卖家可以通过 Seller Fulfilled Prime 计划取得 Prime 标志。这个项目的注册条件以及相关流程如下。

卖家账号需要满足以下几点要求。

① 卖家必须能够提供免费的 2 天内送达服务（2 Days Shipping），会员速递（Premium Shipping）就是这个服务。

② 卖家的 FBM 准时送达率要 ≥ 99%，订单取消率要 < 0.5%。

③ 使用亚马逊支持的运输公司来运输产品。

④ 严格遵守并执行亚马逊的退货政策。

⑤ 同意消费者服务由亚马逊来负责。

如果卖家账号满足以上几点要求，即可申请 Seller Fulfilled Prime 计划，但是在申请正式通过之前，卖家有一个为期 90 天的考核期，90 天考核期内卖家会接到很多 Prime 订单。

注意：在考核期内，虽然卖家可以接到 Prime 订单，但是卖家的产品页面是不会出现 Prime 标志的，只有在考核期内所有指标完全达标，通过考核期之后才会出现 Prime 标志。

另外，尽管加入 Seller Fulfilled Prime 计划的卖家可以节省 FBA 费用，还会有 Prime 标志，但是卖家需要负责包装、运输产品以及支付标签的费用。各位卖家可以权衡一下利弊再做决定。

7.2　FBA 库存计划和科学备货

根据前面章节对亚马逊 FBA 配送模式的介绍，我们了解了 FBA 配送模式的诸多便利，但是我们也需要认识 FBA 配送模式可能会带来的一些风险，例如滞销库存等。卖家需要提前把货物准备好发到目的站点的 FBA 仓库，这其中一旦产生了大量的滞销库存，会对卖家的资金和货物周转带来严重的影响。因此，FBA 库存计划和科学备货是非常重要的，只有在发货初期做到了科学备货，才能够将这些风险降到最低。

那么应该怎么做 FBA 库存计划呢？卖家又该如何实现科学备货呢？2018 年，侃侃网和美国选品工具 Jungle Scout 合作过一个"百万美元产品打造计划"，真实模拟了一个产品从 0 到 1 的打造过程。接下来我把当时"百万美元产品打造计划"中的产品 A 的真实备货计划拿出来，讲一讲到底应该如何科学备货。为了方便各位读者更好地理解，我把产品 A 的备货计划拆分为以下 6 个步骤。

7.2.1　计算交付周期

交付周期（Lead Time）是指从卖家下单订货到货物可在亚马逊平台上销售的时间段，对于 FBA 卖家来说，就是从下单订货到产品进入 FBA 仓库的周期。相应的交付周期的计算公式：

交付周期=生产周期+海运或空运的物流周期

假设产品 A 的生产周期为 30 天，FBA 海运头程的物流周期为 35 天，根据计算公式，可得出产品 A 的交付周期是 65 天。

这里的 65 天只是一个比较理想的情况，现实情况远比理想状态要复杂得多。因此，我们还需要考虑其他可能造成交付周期延迟的不确定因素。

① 交货延期的可能性。例如，由于受新冠肺炎疫情的影响，很多工厂不能复工，所以交货期无限延迟。

② 包装和头程物流的准备时间。贴标签是非常重要的，很多卖家都是让工厂帮忙贴标签，有贴错的可能，这样就会造成时间延迟。

③ 尾程物流。例如，遇到亚马逊爆仓，货物就需要排队等候入仓。

④ 货品的清关时间。例如，遇到海关突击检查，清关时间可能就会延迟一个多月。

7.2.2　确定安全库存量

安全库存是为防止因不确定性因素（例如，激增的订单量、交货意外中断、因疫情引起的工厂复工延迟导致交货延期等）出现断货而准备的缓冲库存。安全库存意味着卖家要投入资金来抵抗风险。就像有的人会买高额保险，看似前期投入多，但是万一出现突发状况，便可力挽狂澜。

关于安全库存的计算，有两种方式。第一种以"天数"为基点；第二种以"总库存量的百分比"为基点。就我个人来说比较倾向于第二种方式。当我们在做产品 A 的备货计划时，可以按照总库存的 25% 来计算产品 A 的安全库存。之所以定 25% 这个比例，是因为主要考虑到以下两个因素。

因素 1：产品 A 的交货周期非常长。由于产品 A 是走海运，补货周期较长，所以它的安全库存的数量不得不提高。

因素 2：产品 A 的销售历时短。产品 A 算是一个新品，销售历时较短，我们很难对未来销量做到相对精准的预估。

因此，保险起见，产品 A 的安全库存要设为总库存的 25%。千万不要完全照抄这个 25% 的比例，因为这个比例会牵涉卖家的现金流等问题，所以建议卖家最好根据自己的实际情况进行调整。例如，在疫情期间，如果卖家这次补货能够发出去，并预计未来疫情可能很难得到快速控制，工厂也很难快速恢复生产，那么可以提高这个比例。

安全库存是一个非常重要的概念，如果说 2020 年年前最后一次补货的卖家准备了充足的安全库存，好的情况下可维持到 2021 年 3 月，即便断货，相比竞争对手而言，断货时间也会缩短。安全库存并不是越多越保险。如果在这次疫情中卖家已经经历了断货，那么千万不要因此而过多备货。这不仅会导致现金流被压缩，还会导致 FBA 仓库的承载压力越来越大。2019 年第三季度，亚马逊把库存指标分数从 350 分提升到 400 分。一旦卖家的库存滞销，库存指标分数小于 400 分，不仅会产生高额的亚马逊仓储费，而且下一季度也将会受到仓储限制，影响店铺的正常运营。

7.2.3　跟进自己的销售速率

销售速率是指卖家的产品出单有多快，换言之就是卖家的这个产品每天能出多少单。我们继续以产品 A 为例。

产品A过去60天的销售速率=7.23件/天

产品A过去30天的销售速率=9.8件/天

各位读者可以仔细思考一下产品 A 每一周期的销售速率是怎么变化的。分析以上两组数据，我们能发现过去30天的销售速率明显上升了。为了提高我们后面计算的精准性，我们把过去30天的销售速率（9.8件/天），作为整个产品的最终销售速率。

如果要计算的产品种类太多，数据太繁杂，那么我们也可以借助 Jungle Scout 系统的库存管理功能，该系统能够自动帮助我们算出产品不同时间段的历史销售速率，这样会更简单方便。历史销售速率计算功能如图7-14所示。

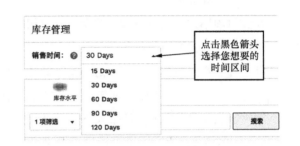

图 7-14　历史销售速率计算功能

7.2.4　统计自己的现有库存

现有库存统计是亚马逊运营人员的例行工作，企业会要求运营人员根据亚马逊卖家后台的数据，定时定期统计产品的现有库存量。当时产品 A 的现有库存是 537 件。

7.2.5　计算自己的补货点

"什么时候补货，比补多少更关键"。而决定"什么时候补货"的关键点在于确定"补货点（Reorder Point）"。补货点是一个数值，在理想状态下，一旦产品的库存水平低于补货点，就会触发该产品的采购。换句话说，补货点就是一个危险阈值，当库存水平低于这个阈值时，再不补货就会有断货的风险。

补货点的计算公式如下。

补货点=在交付周期预估的出货量+安全库存量

我们一步一步地计算。

第一步：计算在交付周期预估的出货量。

在交付周期预估的出货量=交付周期×销售速率

就产品 A 而言，过去 30 天的销售速率为 9.8 件/天，交付周期为 65 天。

带入公式，则产品 A 在交付周期预估的出货量 = 637 件。

第二步：计算安全库存量。

安全库存量=在交付周期预估的出货量×安全库存比例

就产品 A 而言，在交付周期预估的出货量为 637 件，安全库存比例为 25%。

带入公式，则产品 A 的安全库存量 =159 件。

第三步：计算补货点。

在交付周期预估的出货量和安全库存量相加，可得出补货点：637+159=796 件。

第四步：计算补货时间点。

有了补货点的数据，就可以进一步计算补货时间点。公式如下。

$$补货时间点=（现有库存-补货点）/销售速率$$

就产品 A 而言，以上数据带入公式得出：(537-796)/9.8=-26 天。最终的结果是负数，这意味着在备货时长为 65 天的前提下，早在 26 天前，产品 A 就应该补货了！我们已经错过了产品 A 的最佳补货时间。

如果各位读者觉得人工计算补货时间点、补货点、安全库存量太麻烦，也可以使用 Jungle Scout 系统的库存管理功能，系统能够帮助我们自动计算出这些数据。库存管理功能计算页面如图 7-15 所示。

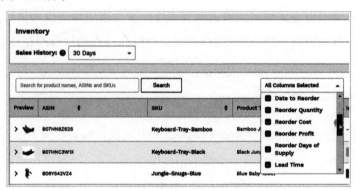

图 7-15　库存管理功能计算页面

7.2.6　计算自己的补货量

了解了"什么时候补货"，那么下一个重要问题就是补多少货？首先，我们假设这次一共要补 13 周左右的库存，再加上 65 天的交付周期，那么产品 A 的总天数为 156 天。其次，用总天数 × 销售速率 + 安全库存，就能得到最终的预估补货量。我们把相应的数值套用到上面的公式中。最后，我们得出产品 A 的补货量为 1688 件。

除了以上科学备货的六大关键步骤，我还列出了 5 条建议供各位读者参考。

1. 把控并提升投资回报率（Return On Investment，ROI）

库存会直接影响卖家的现金流、增长率、利润率。卖家要紧密结合库存数据，计算产品的 ROI，并不断优化库存管理提高 ROI。

2. 灵活切换物流方式

用海运还是用空运是经常困扰卖家的问题，这需要根据产品特征和外部环境因素进行平衡和调整。

3. 根据产品表现做区分

如果卖家上架了众多产品，那么需要考虑提高卖得最好的产品的安全库存。另外，热销品是库存管理的重点，要确保不能断货。

4. 未雨绸缪

永远想着下一步。例如，卖家要有备选供应商，万一工厂 A 供货出现问题，能立刻执行 B 计划。

5. 监测核心数据

库存预估的基础就是库存的核心影响因素：交付周期、销售速率、安全库存等。监控这些数据是至关重要的。我们可以登录亚马逊卖家平台，在"库存→库存规划"里面查看并随时监测具体数据。

7.3 FBA 成本控制方法

现阶段，亚马逊 FBA 已经成为亚马逊中国卖家最主要的物流配送模式，甚至有人认为开始做 FBA，才真正地代表亚马逊卖家生涯的开始。我们不否认 FBA 有非常多的优势，在诸多便利之后相应的各项成本开支也会比较高。作为 FBA 卖家，熟知并学会计算亚马逊 FBA 的各项成本开支，以及采取相应的措施努力去控制并降低 FBA 成本，已经成为一件非常重要的事情。

7.3.1 FBA 相关成本介绍

FBA 的成本可分为 4 个部分：第一部分是 FBA 头程物流成本，也就是从中国运到目的站点 FBA 仓库的物流成本；第二部分是 FBA 的尾程配送成本，也就是当卖家出单了，亚马逊帮卖家把产品从 FBA 仓库配送到消费者手中的成本；第三部分是 FBA 仓储费用，卖家把产品放在亚马逊仓库里面，亚马逊会征收仓储费，如果产品放置时间太长，超过了一定期限，亚马逊还会征收长期仓储费用；第四部分是其他费用，例如，FBA运送过程中的耗损、产品尺寸测量错误导致配送费用上涨、退换货损失等。

关于第一部分的FBA头程物流成本，卖家可以自己和合作的物流商洽谈，每一家的情况不同，但是大体都差不多，这一部分的价格已经非常透明了，网络上有很多FBA头程物流服务商，一问便知。我们重点来看第二部分的成本开支。这部分成本是根据产品尺寸和重量来计算的。亚马逊会根据产品尺寸和重量，把FBA产品分成"标准尺寸""大件"等6个等级。包装后的产品的最大重量和尺寸见表7-3，各位读者也可以看看具体的划分要求。FBA的配送费用也是根据产品的不同等级来收取的，对应不同的产品等级就会收取不同的配送费用。标准尺寸产品分段见表7-4，大件产品分段见表7-5。

表7-3　包装后的产品的最大重量和尺寸

产品尺寸分段	重量	最长边	次长边	最短边	长度＋围度
小号标准尺寸	12盎司	15英寸	12英寸	0.75英寸	不适用
大号标准尺寸	20磅	18英寸	14英寸	8英寸	不适用
小号大件	70磅	60英寸	30英寸	不适用	130英寸
中号大件	150磅	108英寸	不适用	不适用	130英寸
大号大件	150磅	108英寸	不适用	不适用	165英寸
特殊大件*	超过150磅	超过108英寸	不适用	不适用	超过165英寸

注：1英寸＝2.54厘米；1英尺＝30.48厘米；1磅＝453.59克；1盎司＝28.35克

表7-4　标准尺寸产品分段

标准尺寸产品分段						
非服装类产品（标准尺寸）的亚马逊物流费用/美元						
小号标准尺寸（不超过10盎司）	小号标准尺寸（10～16盎司）	大号标准尺寸（不超过10盎司）	大号标准尺寸（10～16盎司）	大号标准尺寸（1～2磅）	大号标准尺寸（2～3磅）	大号标准尺寸（3～21磅）
2.50	2.63	3.31	3.48	4.90	5.42	(5.42+0.38)/磅（超出首重3磅的部分）
服装类产品（标准尺寸）的亚马逊物流费用/美元						
小号标准尺寸（不超过10盎司）	小号标准尺寸（10～16盎司）	大号标准尺寸（不超过10盎司）	大号标准尺寸（10～16盎司）	大号标准尺寸（1～2磅）	大号标准尺寸（2～3磅）	大号标准尺寸（3～21磅）
2.92	3.11	3.70	3.81	5.35	5.95	(5.95+0.38)/磅（超出首重3磅的部分）

表7-5　大件产品分段

大件产品分段			
以下配送费用适用于核心亚马逊物流产品和服装产品			
亚马逊物流配送费用（大件，包括服装和非服装类产品）/美元			
小号大件 （不超过 71 磅）	中号大件 （不超过 151 磅）	大号大件 （不超过 151 磅）	特殊大件
配送费用 （8.26+0.38）/磅（超出首重 2 磅的部分）	（11.37+0.39）/磅（超出首重 2 磅的部分）	（75.78+0.79）/磅（超出首重 90 磅的部分）	（137.32+0.91）/磅（超出首重 90 磅的部分）

　　我们还可以使用上文提到的"Amazon FBA Calculator"这个免费的 FBA 费用计算器来获取这部分具体的收费标准和费用情况。首先，我们进入该工具页面，如果有卖家账号，那么可以直接登录，也可以不用登录直接以游客的身份进入。登录工具以后，我们需要在亚马逊站内选择一个目标 FBA 产品，这个目标 FBA 产品最好是和卖家的产品在尺寸和重量上面一致，不然计算出来的费用可能会存在偏差。等我们找到一个目标 FBA 产品以后，把产品链接放到方框里面进行下一步即可。

　　接下来，假设我们要做充电宝产品，其尺寸与重量和 Anker 品牌的某款充电宝差不多，那么我们可以把 Anker 那款充电宝的产品链接放进去，点击搜索，从搜索结果里面我们就可以看到 FBA 和 FBM 两种配送模式下的各项费用明细情况。FBA 和 FBM 利润核算如图 7-16 所示。

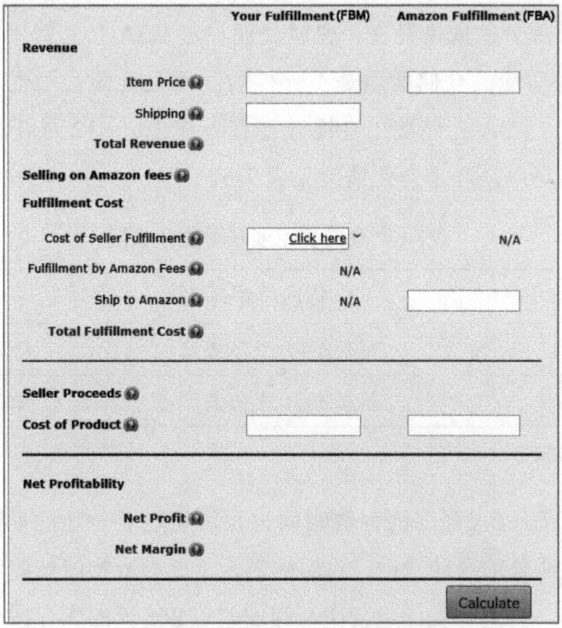

图 7-16　FBA 和 FBM 利润核算

这里我们主要讨论 FBA 配送模式，从 FBA 这栏往下看，我们需要先填写一个大概的产品预估价格和产品成本价格，然后填写一个预估的 FBA 头程运费，填写完以后点击计算（Calculate），计算器就能够帮我们生成目标 FBA 产品大概的成本情况以及利润率，另外 FBA 的配送费用也会出现在费用详情页面。费用详情页面如图 7-17 所示。

只要实际的产品与从亚马逊站内选择的相似产品在尺寸和重量上一致，基本上这里展现的 FBA 配送费用就不会有问题。

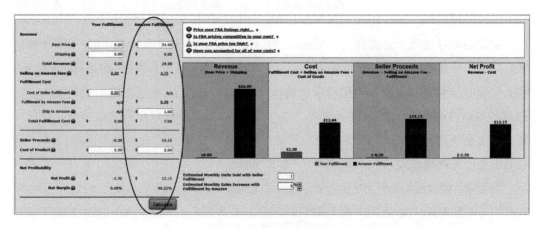

图 7-17　费用详情页面

我们再来看第三部分的成本开支，也就是亚马逊 FBA 仓储费用。上文提到过，标准尺寸产品和大件产品对应的仓储费用是不一样的。而且仓储费用也不是一成不变的，在 1～9 月淡季的时候，FBA 仓储费用会比较便宜。在 10～12 月旺季的时候，FBA 仓储费用会比较高。仓储费用淡旺季变化情况见表 7-6。

表7-6　仓储费用淡旺季变化情况

月份	标准尺寸	大件
1～9 月	每立方英尺 0.75 美元	每立方英尺 0.48 美元
10～12 月	每立方英尺 2.40 美元	每立方英尺 1.20 美元

注：1立方英尺=0.028立方米

另外，如果产品在 FBA 仓库的存放时间过长，超过了一定的期限，那么亚马逊会针对这类滞销产品征收额外的仓储费用，我们称之为"亚马逊物流长期仓储费"。每月 15 日，FBA 会进行库存清点，并对在美国运营中心存放超过 365 天的库存按每立方英尺 6.90 美元或每件产品 0.15 美元的标准（以较大值为准）收取长期仓储费。

长期仓储费用是月度库存仓储费之外的费用，而且此项费用会根据运营中心收到产品的日期进行评估。为了方便各位读者理解，各位可以看一看长期仓储费用征收的实际案例。长期仓储费用示例如图 7-18 所示。

长期仓储费用示例

以下示例说明了自 2019 年 2 月 15 日起生效的长期仓储费计算方式。

【库存清点日：2019 年 2 月 15 日（以及之后每月的 15 日）】

玩具：11 英寸 × 8 英寸 × 2 英寸	存放时间	每立方英尺所适用的长期仓储费	每件产品所适用的长期仓储费	收取的长期仓储费（以较大值为准）
1 件产品	超过 365 天	$0.70	$0.15	$0.70
2 件产品	超过 365 天	$1.41	$0.30	$1.41
10 件产品	超过 365 天	$7.03	$1.50	$7.03

图书：8 英寸 × 6 英寸 × 0.5 英寸	存放时间	每立方英尺所适用的长期仓储费	每件产品所适用的长期仓储费	收取的长期仓储费（以较大值为准）
1 件产品	超过 365 天	$0.10	$0.15	$0.15
2 件产品	超过 365 天	$0.19	$0.30	$0.30
10 件产品	超过 365 天	$0.96	$1.50	$1.50

图 7-18　长期仓储费用示例

相对而言，第四部分的其他费用比较复杂，这一块的费用构成主要体现在两个方面：一方面是由于亚马逊 FBA 仓库的错误计算导致的损失，例如，算错了产品的尺寸和重量，导致 FBA 仓储费和配送费莫名增加了很多；另一方面是产品退换货，因为亚马逊承诺买家可以在 30 天内无条件退换购买的任何产品，所以就有可能存在退回去的产品不能够重新销售的问题，这些退货就变成了滞销库存，卖家只能选择将货物移除到海外仓，或者让亚马逊帮忙就地销毁。

7.3.2　如何控制 FBA 成本

介绍完 FBA 的各项成本，下面我们来讲一讲 FBA 成本控制。我个人认为 FBA 成本控制对于每一个亚马逊卖家来说都是非常重要的。FBA 的成本并不是保持不变的，而是每年都会不断地上涨，亚马逊经常会根据当前的实际情况来调整各项 FBA 费用。因此就算目前卖家的 FBA 成本相对较低，也不能排除未来它可能会变得很高的情况。从现在开始，亚马逊卖家都需要重视 FBA 成本控制工作。

第一，产品尺寸和包装的改进

从上文得知，FBA 产品的头程物流、仓储以及尾程配送的费用都是根据产品的尺寸和重量决定的，而且一旦产品被划分成大件货，FBA 的各项费用就会成倍增加。因此亚马逊卖家需要开动脑筋，同时和自己的产品供应商保持沟通，了解产品在本身尺寸以及外包装上能不能做出进一步的优化，在保证不影响功能和美观的情况下，把产品或者外包装的尺寸压缩下来。如果能够实现尺寸优化，那么你的产品和竞品相比就有了非常大的成本优势，你的产品的 FBA 各项费用会比竞品少很多，这样对后期的运营工作会有很大的帮助。产品的微创新和改造，不一定要体现在功能和外观上，有时候在包装和产品尺寸上的创新，会让你的产品具备非常好的价格优势，也能够让你的产品在众多竞品里面脱颖而出！

除此之外，我们还需要在亚马逊卖家后台随时监测我们产品的尺寸和重量，以及 FBA 实际扣费情况。根据过往经验，亚马逊仓库在测量产品尺寸和重量时经常出错，这些测量错误可能会导致我们损失很多资金。很多卖家由于过于相信亚马逊的测量结果，再加上自己的疏忽，所以一直都没有察觉到这个问题，这些钱就白白地丢掉了。我建议各位卖家对于刚入库的新品，一定要留意 FBA 仓库的测量结果以及后面的 FBA 配送费用详情，一旦发现不对，就立刻向亚马逊申请重新测量。如果亚马逊确认之前的测量结果错误，那么它会如数归还多扣的费用。

第二，异常库存监控

亚马逊一直以来有 30 天内无条件退换货的规定，很多消费者收到产品以后会以各种各样的原因找亚马逊退换货，如果这些被退回来的产品和外包装完好无损，亚马逊会帮助卖家重新打包，这些产品又可以变成可销售的库存。但是如果产品本身有问题或者外包装已经破损，它们就会被 FBA 仓库自动归为不可销售的产品。按照经验来看，被退回来的产品有很大比例是无法二次销售的。因此，针对这部分不可售的退货，我们只能将其移除到海外仓再想办法处理，或者让亚马逊直接就地销毁。若因此退款率上升，则会对我们的整体利润产生很大的影响。我们需要随时在亚马逊卖家后台监测产品的退款率情况，保证其在一个合理的范围之内。关于如何看产品退款率，卖家可以进入亚马逊卖家后台，按照下面路径查看：数据报告→业务报告→左侧"卖家业绩"→已退款的商品数量 & 退款率，默认可查看区间是一天，也可以选择多天。退款率页面如图 7-19 所示。

图 7-19　退款率页面

卖家要想降低产品退款率，必须知道买家选择退款的真正原因。那么，消费者选择退换货都是基于什么原因呢？

原因1：产品与描述不符合

卖家在优化产品页面的关键词或描述的时候，要保证它们是基于真实情况，不要刻意地夸大事实。

原因2：产品的颜色、尺码、型号、规格等参数不符合

无论是在产品的介绍页面还是在发货的时候，卖家都要说清楚自己产品的参数，避免发生类似消费者原本想要购买iPhone7 plus的手机壳，结果你发过去却是iPhone7的手机壳的情况。另外，服装类卖家是最容易出现这种问题的，各个地区的情况各不相同，实在难以调节。

原因3：不知道如何使用产品

功能稍微复杂或者需要特定操作的产品，一定要有详细的使用说明书，并且卖家要对操作细节做出必要的提醒。

原因4：质量问题

不会有人想要买假冒产品，但是卖家的进货渠道不一定可靠，这就需要卖家自己严格把关，在发货前做好质量检查。

原因5：快递物流

卖家想解决因为快递物流而退货的问题，必须要让买家和自己都能够了解产品的物流行踪，并且确保在最短的时间内让产品送达消费者的手中。

上述原因中，除了第5点快递物流是我们无法掌控的（因为FBA产品是由亚马逊负责配送的），其他4点都是我们需要持续整改与提高的方向。而且我们可以从亚马逊卖家后台查看具体的退货原因，从而在降低产品退款率的时候真正实现有的放矢！我们登录亚马逊卖家后台后，可按照下面路径查询退货原因：数据报告→左侧"买家优惠"→亚马逊物流买家退货&换货，查询时间默认是一天，也可以选择多天。亚马逊物流买家退货页面如图7-20所示。

第三，FBA仓储费用的控制

一旦产品出现滞销，超过一定期限，亚马逊就会征收长期仓储费用。长期仓储费用会给卖家带来巨大的资金压力。有时候长期仓储费用甚至比货物的总成本还要高，因此卖家一定要重视长期仓储费用的问题。

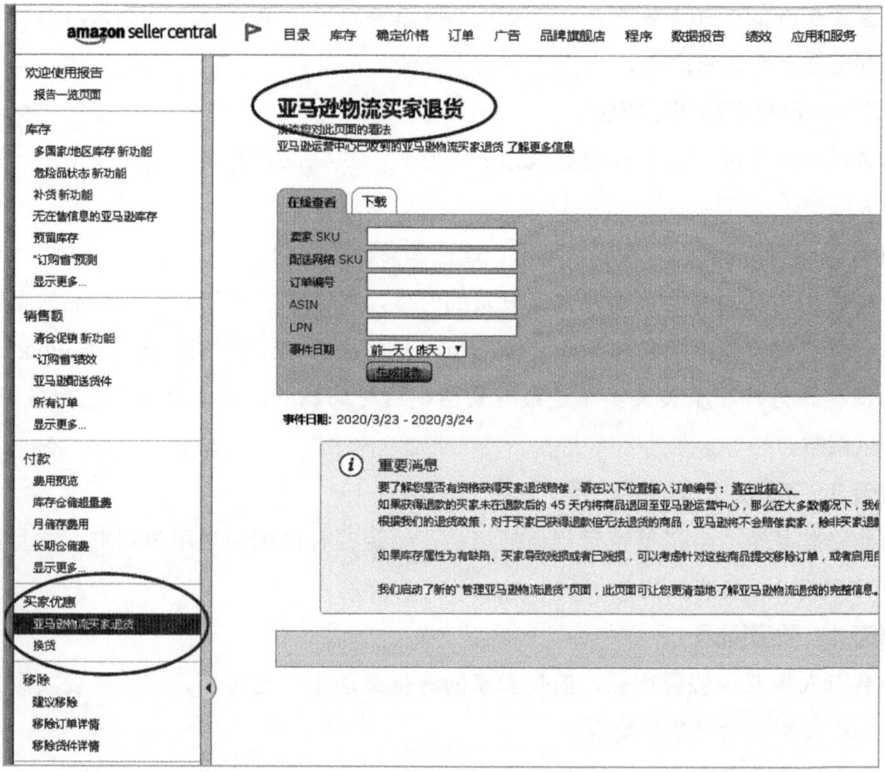

图 7-20　亚马逊物流买家退货页面

亚马逊为了方便卖家更好地应对长期仓储费用的问题，提供了卖家移除库存服务。卖家可以选择把自己的 FBA 库存移出亚马逊 FBA 仓库。移除方式一共有两种，卖家可以在亚马逊后台自行选择：一方面，我们可以将库存发送给指定的收件人，例如，海外仓等；另一方面，如果你不想要这个库存了，可以请求亚马逊回收库存或在运营中心将其弃置，这样等于就是将库存"送"给亚马逊了，当然你也不用再缴纳昂贵的仓储费用了。

就我个人经验来说，如果有产品面临要缴纳长期仓储费用，那么我建议立刻申请移除库存服务。至于具体的移除方法，如果是比较昂贵的产品，可以将它移除到海外仓，通过其他平台或者线下渠道继续售卖直到清完库存；如果是比较便宜的产品，建议直接在移除的时候选择让亚马逊就地销毁处理，做到及时止损即可。如果选择移除到海外仓，通常情况下，移除订单会在 14 个工作日内处理完毕。但是，在节假日或移除高峰期，处理移除订单可能需要 30 个工作日或更长的时间。

另外，如果产品太多，我建议卖家开启自动移除库存设置，卖家可以在亚马逊后台仅为不可售库存或需要支付长期仓储费用的库存启用自动移除库存设置，也可以同时为这两种类型的库存启用该设置。

第四，优化 FBA 发货计划

优化 FBA 发货计划也是控制 FBA 成本非常关键的环节之一。关于如何针对 FBA 产品科学备货，我在之前的章节已经详细讲解过了，这里就只说在 FBA 发货的时候需要注意的几个要点。在制订 FBA 发货计划的时候，我建议卖家第一次发货要多品种小批量，在扩大选择的同时把风险降到最低。完成测款工作之后，卖家针对热销产品要低频率多积货，因为断货对产品排名影响会非常大。另外，如果涉及一次性发货量比较大的情况，我建议卖家不要一下子将产品全部投入亚马逊 FBA 仓库，而是先入海外仓，然后从海外仓分批发送至亚马逊 FBA 仓库。这么安排一方面是海外仓的仓储费用比亚马逊要便宜很多，在销售前景不明朗的情况下将产品存放在海外仓可以节省一部分仓储费用，降低可能发生的 FBA 库存积压的风险；另一方面安全性更有保障，如果你的账号被封，那么在亚马逊 FBA 仓库的库存就必须被移除，但是在海外仓就不存在这个风险，而且海外仓还可以兼顾其他电商平台的销售，比用亚马逊 FBA 多渠道配送便宜很多。

第五，FBA 仓库的选择

选择亚马逊 FBA 仓库合仓还是分仓对 FBA 产品的整体成本来说影响较大。在使用亚马逊 FBA 的卖家将自己的产品设置为 FBA 发货后，亚马逊会给出对应的 FBA 仓库地址，一般情况下地址会有好几个，这是因为亚马逊 FBA 仓库是默认分仓的，为此，卖家的产品经常会被亚马逊分配到不同的仓库中进行存储。当然，对于亚马逊美国站的卖家来说，可以在后台通过缴纳额外的合仓费来实现产品合仓入库，也就是说所有的产品都只进入一个亚马逊 FBA 仓库。

亚马逊系统默认分仓，是因为通过分仓的方式，卖家的产品会被存储在不同的仓库中，当有消费者购买了卖家的产品后，亚马逊可以就近选择仓库进行配送，这样就能减少产品的配送时间，给消费者带来更好的配送服务。不仅如此，不同地域有不同的温度、湿度，而不同的产品在仓储环境上也有适合和不适合之分，分仓将卖家的产品存放在更加适合的仓储环境中，可以让产品得到更好的保护，这就是分仓的好处。

但是为什么有很多卖家不喜欢产品被分仓呢？产品被分仓，卖家在使用 FBA 头程物流的时候就需要分开发送产品，这无疑会增加卖家的物流费用，同时物流配送也有重量要求，如果卖家的产品本来是刚好满足重量要求的，结果由于分仓导致每个仓库产品的重量都不满足，这就又要增加物流费用了。为此，很多卖家并不希望自己的产品被分仓。

那么到底是合仓还是分仓？哪种方式更能够降低 FBA 成本呢？不同的产品，情况各有不同，我建议各位卖家可以根据自己产品的情况，包括数量、重量，以及采用两种方式的成本来进行对比选择，最终得出一个成本最优的方案。

第六，出口退税

如果你销售的产品是正规品牌，采购商可以开出正规的增值税发票，那么你可以考虑产品出口退税。而且现在国家为了鼓励出口跨境电商的发展，专门为 FBA 卖家增设了一个海关监管方式代码——9810，这方便了 FBA 卖家走合规的进出口流程，同时获得更多的补贴和政策支持。现在很多货代公司和物流公司都有这方面的代理业务，以帮助提高卖家的利润。例如，针对电子类产品，卖家可能只需要付给供货商 5% ～ 6% 的税，但是国家会退还给卖家 17% 的税。这虽然会短暂性地增加卖家的采购成本，但是在资金允许的情况下，后期利润还是比较可观的。

7.4　FBA 断货危机处理方法

虽然我们讲了如何正确选品与科学备货，但是在实际运营过程中，还是难以避免地会遭遇几次"滑铁卢"，就算对于很多有经验的大卖家来说，产品断货也是常见现象。亚马逊卖家谁没断过几次货呢？断货并不可怕，可怕的是断货以后卖家不知道该如何有效应对，及时处理，结果让断货带来的不利影响无限放大，最终造成了很大的损失。

一旦 FBA 产品断货，影响最大的就是产品页面的排名权重，断货时间越久对排名权重的影响也就越大。断货会引起排名下跌，到时候想要再回到原来的位置会非常难。这一点也好理解，你和你的竞争对手的比赛就像一场马拉松，你要是突然停下来了，你的对手自然就跑到前面去了，你停留的时间越长，后面想要超越竞争对手的难度也就越大。但是，有时候断货是不可避免的，我们应该怎么做才能把断货的影响降到最低呢？下面我分几个阶段给各位读者详细阐述针对产品断货的应急处理方案。

第一阶段，假设我们的库存可能还能支撑半个月左右，但是我们已经预估在半个月内肯定无法完成补货，断货已经成为定局。在这个阶段，我建议卖家可以暂时不要做任何的调整，之前怎么卖现在还怎么卖，以积极做好补货工作、尽可能缩短断货时间为第一要务。另外，一定要记住，千万不能提高价格。很多人觉得马上要断货了就想着提高价格减缓销售速度，希望现有库存能够多卖几天，这种做法是非常不明智的。

为什么不能够提高价格呢？提高价格的确能够减缓销售速度，缩短断货时间。但是销售速度的下降意味着排名权重的下跌，如果还没有断货，你的排名权重就下跌得很厉害，一旦真正断货了，那排名早就跌到九霄云外了。这就是我不建议提高价格的原因。

等到你的 FBA 库存只能支撑一周左右的时候，此时进入第二阶段。在这个阶段建议卖家开始降低产品价格，降低价格肯定会提高销售速度，可能一周能卖完的产品 3 天就卖完了。这么操作的目的就是让我们的产品在断货之前把排名权重再冲一冲，销售速度突然提升，一定会对排名权重有积极的促进作用。

等到产品彻底断货时，就进入了第三阶段。一旦产品断货以后，前台产品页面会显示红色字符"Currently Unavailable（不可售）"，用亚马逊搜索框搜索也找不到这个产品页面了。千万不要用自发货产品去跟卖，很多人看着 FBA 产品断货，就马上用 FBM 自发货产品去跟卖，想着能多赚一点是一点。这个想法本身是好的，但是忽略了一个非常严重的问题：如果盲目用 FBM 自发货产品去跟卖，产品的确能卖得出去，但是转化率和销售速度较之前会大幅降低，这样会使产品的排名权重受到很大的影响。

经由我们团队多次试验，只要你的断货时间不超过两周，采用以上方法后，断货对产品的排名权重几乎是没有影响的。即使断货时间超过两周甚至超过一个月，用了这套方法也能够帮助你把断货对产品排名权重的影响降到最低。

看到这里可能有一些亚马逊老卖家认为我有点小题大做了，之前面对产品断货的时候，卖家该涨价涨价，该跟卖跟卖，并没有发现有多大的影响，就算对排名权重有一些影响，等 FBA 产品重新上架以后做几个"秒杀"活动和广告，排名很快就回来了。这么做也没错，只是不太合时宜。之前亚马逊电商平台入驻卖家很少，竞争不激烈。但是，随着跨境电商亚马逊愈发火热，大批卖家入驻亚马逊，导致竞争也日趋白热化，我们需要的是更加精细化、流程化的运营方法，如果还使用之前的方法粗放式运营，你就会发现亚马逊会变得越来越难做，钱也越来越难赚了。这也是很多亚马逊老卖家都抱怨亚马逊不好做，做亚马逊亏钱的原因。粗放式管理、粗放式运营的时代已经过去了，你只有主动地转变之前固有的思维模式才能够不被时代淘汰！

7.5 FBA 滞销危机处理方法

无论 FBA 备货计划如何周密，都很难避免库存滞销和断货的发生，因此，我们也需要一套能够应对库存滞销的方法，尽可能以不亏、少亏为准则，把滞销库存抛售出去。而且从某种意义来说，库存滞销的损失比断货更大，因为断货无非就是少赚钱，滞销库存却可能会带来严重的亏损。

看到这里，有读者可能会说，前面章节不是讲过如果滞销库存实在处理不了，当面临高额的长期仓储费用的时候，卖家可以直接向亚马逊申请移除库存吗？昂贵的产品就移除到海外仓找线下渠道销售或者干脆运回国；便宜的产品就"送"给亚马逊让他们自行处理即可。这么做当然是没问题的，不过这是下下策，可用于使用过很多处理方法确实无法处理的库存。这么做会导致亏损巨大，不到万不得已不要这么做，而且并不是说只要遇到库存滞销，就只有移除库存这一条路可以走！

7.5.1 站内优惠券功能的用法

亚马逊后台给卖家提供了一个优惠券（Coupons）功能，所有卖家都可以使用。如果买家领取了优惠券并最终购买了产品，亚马逊会向卖家收取一定金额的"优惠券领取费"。优惠券页面如图 7-21 所示。简单来说，买家领取优惠券后就可以以较低的价格购买该产品。优惠券的折扣模式分为两种：一种是按照金额优惠，例如，产品价格降低 2 美元或者 3 美元；另一种是按照百分比优惠，例如，产品价格便宜 10% 或者 15%。

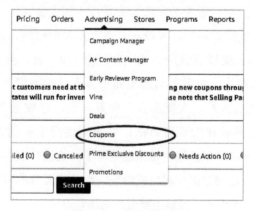

图 7-21　优惠券页面

优惠券在亚马逊平台是如何展示的呢？百分比优惠券展示页面如图 7-22 所示，金额优惠券展示页面如图 7-23 所示，从图中可以看出设置了百分比优惠券和金额优惠券的产品页面的区别。

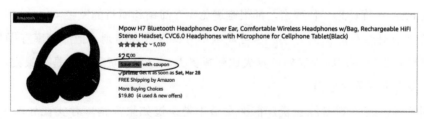

图 7-22　百分比优惠券展示页面

图 7-23　金额优惠券展示页面

相对于没有设置优惠券的产品页面，设置了优惠券的产品页面在搜索结果展示中显得格外亮眼，而对于设置了百分比优惠券和金额优惠券的产品页面，则会因为产品的单价变化而各自显示出其对消费者的吸引力。与此同时，如果是正在进行站内广告推广的产品页面，它既能被展示在搜索结果靠前的位置，又拥有优惠券标识，在双重加持下，产品页面被点击的可能性也会大大增加，设置优惠券和没有设置优惠券的产品页面对比如图 7-24 所示。

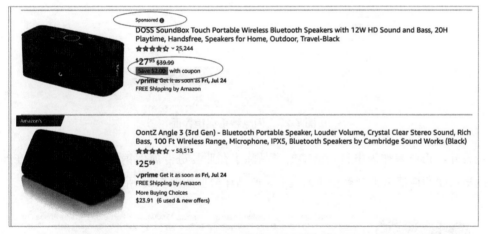

图 7-24　设置优惠券和没有设置优惠券的产品页面对比

针对一些库存滞销的产品，我们可以把优惠券优惠的百分比幅度放大一些，例如优惠 40%，再通过站内广告大曝光，一般情况下就能够实现清仓的目的。

7.5.2　站内秒杀活动的介绍和用法

除了通过优惠券加广告的模式实现清仓之外，站内 Deals（秒杀）也是一个非常好的方法。秒杀是在很短的时间内产品以较低的价格出售，一旦过了这个时间，产品就会恢复原价。秒杀相比于优惠券来说，更具有时间紧迫性，效果相对来说会更显著。

在亚马逊卖家后台，我们可以看到一共有两种秒杀可供选择：一种是 Lightning Deals，中文释义是闪电秒杀；另一种是 7-Days Deal，中文释义是七天秒杀。另外，不是任何卖家都可以报名秒杀活动的，条件必须满足是专业卖家，产品 FBA 配送，每月至少有 5 个买家反馈评级，且店铺整体评价评分至少为 3.5 星。

闪电秒杀的时间相对来说比较短，通常为 4 ~ 12 个小时，具体时间由亚马逊决定。闪电秒杀通常会出现在亚马逊专属促销界面，点击亚马逊首页搜索框下方菜单栏里面"Today's deals（今日秒杀）"按钮，即可进入促销专属页面。闪电秒杀促销界面如图 7-25 所示。

图 7-25　闪电秒杀促销界面

另外，正在参加闪电秒杀活动的产品除了在亚马逊专属促销界面有展示外，在产品的搜索页面和详情页也会有相应的展示。产品详情页如图 7-26 所示。

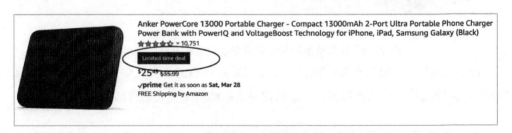

图 7-26　产品详情页

七天秒杀，顾名思义，是指秒杀活动可以持续一周。七天秒杀活动也会出现在亚马逊专属促销界面中，但是和闪电秒杀出现的位置不一样。七天秒杀促销界面如图 7-27 所示。

图 7-27　七天秒杀促销界面

　　亚马逊为站内秒杀活动设置了专属促销页面，同时也会在站外很多渠道去推广秒杀产品，而且活动期间的产品详情页也会显示秒杀的标志，这段时间秒杀产品的整体转化率也会大幅提升。因此，我们在秒杀期间可以提高站内广告的预算和竞价，以及通过其他站外广告渠道去做预热和推广，甚至可以为秒杀产品专门开一个广告组，尽可能实现秒杀效果的最大化，利用好这段时间的超高转化率。另外，亚马逊要求产品的秒杀价格必须在"近 30 天的产品最低售价"的基础上，至少打 8.5 折（实际情况往往是 7 折甚至更低），毕竟价格太高就失去了秒杀的意义，折扣越小销量越低，折扣越大销量越高。如果卖家愿意把秒杀产品的价格压得很低，再加上各种大流量的支持，那么是非常有可能处理掉滞销库存的。

　　除了可能会涉及亏本卖货的问题，亚马逊还会向卖家收取额外费用，只要卖家使用了秒杀功能，不管是亏本卖货还是怎样，都是必须缴纳费用的，具体费用明细在卖家报名秒杀活动时就能看到，这里就不多说了，希望卖家能够注意到秒杀活动的成本问题，不要遇到产品在亚马逊后台有秒杀活动推荐，不了解清楚就直接报名参加。

7.5.3　站外秒杀的介绍和用法

　　除了上面提到的站内秒杀清仓的方法外，专业的站外秒杀网站也是不错的选择。站外秒杀网站是聚集了各种打折促销产品信息的网站。买家访问此类网站主要就是为了购买打折产品。站外秒杀网站还有一个好处就是卖家参与活动门槛相对较低，这主要体现在两个方面：一方面，在很多站外秒杀网站，只要卖家的产品价格够低，产品够好，是不需要额外再缴纳上传费用的；另一方面，不是所有符合基本条件的产品都可以申报亚马逊站内秒杀活动，亚马逊内部有一个推荐算法，只有在它秒杀推荐栏里面的产品，才能够报名秒杀活动，而这些无法申报站内秒杀活动的产品都可以尝试去做站外秒杀。

既然站外秒杀也能够帮我们实现清仓清库存的目的，那么我们具体要怎么做站外秒杀网站的推广呢？

不是任何亚马逊卖家都可以在这些站外秒杀网站发帖的，这些网站对卖家店铺是有一定要求的。在发帖之前，卖家要详细地了解该网站对产品或者店铺的要求，避免帖子因为不符合网站要求而被删帖。不过北美的促销网站大多是和亚马逊合作的，当有访客通过这些促销网站上的促销帖点击进去购买，网站就会收到佣金，因此删帖现象较为少见。

促销网站对产品发布方式的要求主要包括价格和打折方式上的要求。如果卖家自己发帖，标题要求以产品名 + 优惠券的形式展示。内容是产品多少折扣，例如，60% off 就是 4 折，50% off 就是 5 折。

库存要求。很多时候，当库存还未准备充足时，促销帖子已经在站外大流量的促销网站上展示了，产品一下子供不应求对店铺的影响反而不好。卖家可以在进行促销计划之前根据之前站外引流的销量进行估算，提前做好库存准备。卖家可以提前将一部分产品存储到海外仓，万一出现产品供不应求的现象可以及时将 FBA 发货变为自发货，将产品直接从海外仓发出，辅助店铺做好此次促销计划。

发帖时间的要求。发帖时间也是有讲究的。一般情况下，站内周一周二的流量是最大的，对应到站外促销也是周一周二。周一周二去发帖，效果可能是最好的。另外，"黑色星期五"等特殊节日的流量也很大。

站外秒杀网站的选择。不同的产品要发在不同的促销网站上。促销网站的侧重点是不同的，建议卖家提前做好调研，选择适合自己产品的网站发帖才能达到效果。美国著名的秒杀站点 "Slickdeals" "Woot" "Deals Plus" "Kinja" 等都是卖家可以去尝试的秒杀网站。另外，找到卖家商品类目里面销量最多的产品（Best Seller），用它的品牌词加上类目核心关键词一起去谷歌上搜索，这样就能够找到它做过活动的站外秒杀网站。例如，我们可以在谷歌上面搜索 "Anker Power Bank"（Anker 品牌的充电宝），这样搜索结果里面肯定会出现 Anker 充电宝曾经做过活动的秒杀网站。

7.5.4　清仓促销详解

Outlet Deals 属于亚马逊站内促销活动的一种，中文名称叫作"清仓促销"。但是它和上面章节说的闪电秒杀以及七天秒杀的性质是完全不同的。闪电秒杀和七天秒杀的主要功能是提高产品销量。因为很多情况下产品价格就算打 7 折也是可以盈利的，所以卖家选择做闪电秒杀和七天秒杀大部分都是以提高产品销量和推广产品为主要目的的。当然，卖家也可以把秒杀价格定得很低去实现清除滞销库存的目的，不过这么做的卖家相对来说比较少。

相比于闪电秒杀和七天秒杀，Outlet Deals 属于以清仓促销为主要目的的秒杀，主要针对一些即将下架的产品进行清仓，这要求产品折扣要非常大，基本上就是"亏本大甩卖"，不过清仓的效果比闪电秒杀和七天秒杀都要好。而且 Outlet Deals 目前是免费的，卖家不需要为清仓支付额外费用，亚马逊只会收取标准配送费用和销售佣金。

卖家要获得参加 Outlet Deals 计划的资格，产品必须满足以下条件。

① 产品目前在亚马逊运营中心处于可售状态。

② 产品在亚马逊电商平台拥有销售历史记录且评级至少为 3 星。

③ 产品处于新品状态。

④ 产品遵守亚马逊的买家产品评价政策和价格政策。

⑤ 产品未注册加入"订购省"计划。

那么卖家应该如何创建 Outlet Deals 计划的申请呢？打开亚马逊卖家账号后台，参考以下步骤进行操作。

① 从卖家账号后台的"库存"下拉菜单中，选择"库存规划"，然后点击"管理冗余库存"选项。

② 从符合要求的产品右侧的下拉菜单中，选择"创建清仓促销"。

③ 在弹出窗口中，在"最高清仓促销价格"旁边的框内输入你设置的清仓促销价格。输入价格必须低于或等于"最高清仓促销价格"。这个"最高清仓促销价格"是亚马逊系统给的，通常都非常低。

④ 点击"提交"。

另外，并非提交的所有清仓促销申请都会获得批准。如果你的促销获得批准，亚马逊会向你发送电子邮件。你可以在提交促销申请后的第一个星期五查看你的清仓促销报告。你需要登录亚马逊卖家账号后台，从"报告"下拉菜单中选择"配送"，报告将会显示在页面左侧"销售"下方的列表中。你可以通过"管理冗余库存"页面访问该报告，方法是点击"已提交 ASIN 的价格"下的"在清仓促销报告中查看状态"。

第 8 章
打造爆款第三步：完美的上架

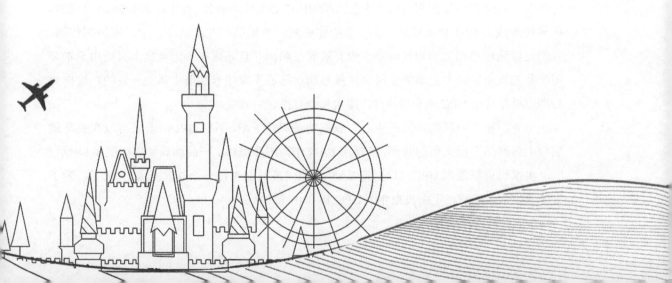

8.1　全球贸易项目代码与品牌备案

产品标识符（Product IDs）又称作全球贸易项目代码（Global Trade Item Numbers，GTINs），对亚马逊卖家来说，它与品牌备案都是非常重要的，也是卖家正式在亚马逊平台上架产品之前需要详细了解的重要概念。

8.1.1　全球贸易项目代码（GTINs）

卖家想要在亚马逊平台上架产品介绍页面，有一样东西是必不可少的，也是需要卖家在上传产品介绍页面之前必须准备好的，我们称之为产品标识符（Product IDs），或者全球贸易项目代码（GTINs）。一般来说，Product IDs（GTINs）又分为以下 4 种模式。

① 通用产品代码（Universal Product Code，UPC）。

② 国际标准书号（International Standard Book Number，ISBN）。

③ 欧洲商品条形码（European Article Number，EAN）。

④ 日本商品条形码（Japanese Article Number，JAN）。

以上这 4 种模式的代码都可以作为 Product IDs 来使用，但是我们最常用的是 UPC。UPC 是美国统一代码委员会制订的一种商品用条码，主要应用于美国和加拿大，由于其应用范围广泛，所以又被称为"万用条码"。那么卖家应该如何获取 UPC 呢？一般来说有两种购买渠道：一种是官方正规渠道，另一种是经销商渠道。

我们先来看看能够提供 UPC 的官方正规机构——国际物品编码组织（GS1），中国公司可以去 GS1 的分支授权机构"中国物品编码中心"注册会员，费用是 2 年 2600 元左右。在你注册成为 GS1 会员以后，GS1 会给你颁发一个证书，并且给予一个厂家识别代码，我们可以通过自己的识别代码来组成有限的条码，并且条码在一定意义上只能用于本公司产品的发布。证书上面的公司主体最好和亚马逊卖家账号注册主体是一致的，这样对后期应对亚马逊 UPC 抽查以及打击跟卖都会有很好的效果。

另外，在"中国物品编码中心"获取的条码是 EAN 不是 UPC，卖家可以在亚马逊后台上传产品介绍页面的时候，选择用 EAN 作为产品编码。产品编码要求如图 8-1 所示。

卖家也可以使用 UPC，只要把 EAN 的编码最前面去掉一个 0 就变成 UPC 了。为了方便各位读者理解，下面我来介绍 UPC 和 EAN 的区别。

UPC 是 12 位数字条码，我们可以在 UPC
最前面加 0 使之变成 13 位数字的 EAN，也就是
说每个 UPC 都有一个对应的 EAN，两者只能使
用其中一个（一个 UPC 被使用了，就不能在前
面加 0 作 EAN 使用）。

EAN 是 13 位数字条码，13 位数字的 EAN 不
一定有对应的 UPC（第一位数字是 0 的 EAN 才有对
应的 UPC）。

卖家在亚马逊后台上传产品介绍页面的时
候，填写"Product IDs"的选择不同，如果填写

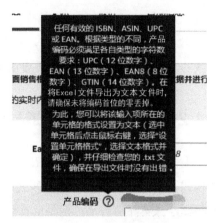

图 8-1　产品编码要求

13 位数字的 EAN，在"Product IDs"栏选择"EAN"；如果填写 12 位数字的 UPC，在
"Product IDs"栏选择"UPC"。

讲完了官方正规渠道，我们来说一下 UPC 的经销商渠道。这个渠道也是亚马逊卖家用
得最多的获取 UPC 的渠道，因为其相对更简单且前期投入较少。UPC 的经销商有很多，比
较知名的机构就是 Bar Codes Talk。当然了，你在淘宝上面搜索"亚马逊 UPC"也会发现很
多经销商，这些经销商本质上和 Bar Codes Talk 是一样的，都是先从 GS1 买到了 UPC，然
后转手卖给需要的亚马逊卖家，中间赚一个差价。这里要记住一点，卖家一定要找可以提
供 UPC 数字证书的经销商，如果经销商提供不了数字证书，那么它的 UPC 很有可能是用
生成器生成的，这类 UPC 非常便宜，但是使用以后隐患会非常大，不推荐各位读者使用。
Bar Codes Talk 提供的证书如图 8-2 所示。

图 8-2　Bar Codes Talk 提供的证书

另外，就算是有数字证书的 UPC，我们也需要多加注意，因为很多经销商可能会拿

经过 PS 以后的数字证书来哄骗你，之前就有此类事情发生过。因此，卖家可以把买到的 UPC 放到 GS1 官网上查询一下，看看网站上面的公司信息和证书上面的公司信息是不是一致的，如果不一致，那一定不要用了。

8.1.2 GS1 官方正规渠道与经销商渠道的区别

上面章节我们分别详细介绍了通过 GS1 官方正规渠道与经销商渠道获取 Product IDs 的模式，那么这两种模式哪一种更好呢？我更推荐 GS1 官方正规渠道，虽然前期注册比较烦琐，成本相对较高，但是从长远来看这种模式获取 UPC 的价格更便宜，而且安全性更高！

严格来说，按照亚马逊平台的规定，UPC 是不可以授权给他人使用的，卖家只能向 GS1 分支机构申请 UPC。但是，按照过往实践经验来说，亚马逊官方是默认第三方卖家在没有资格申请或是因其他因素无法取得正规 GS1 授权的 UPC 的情况下，是可以从厂家或是通过有主体资质的公司购买的（也就是经销商渠道）。前几年，亚马逊基本上默许了经销商渠道的存在，但是，近期在卖家上传产品或者修改产品信息的时候，亚马逊会要求卖家出示带有公司或者品牌信息的 UPC 数字证书，如果无法提供，产品页面就可能会面临无法修改或者无法上传的情况。

我建议各位亚马逊的新老卖家，从长远角度来看，对于主营账号品牌，还是要通过 GS1 官方正规渠道去获取 UPC；至于经销商渠道，可以将其作为临时的辅助获取方式。

8.1.3 品牌备案和 GTIN 豁免

完成了亚马逊品牌备案的卖家，是可以申请 GTIN 豁免的。所谓 GTIN 豁免，就是说以后卖家再上传新产品的产品页面时，不需要去购买 UPC 或 EAN 了，可以直接上传产品页面，既方便又节省了一笔获取 Product IDs（GTINs）的费用。

卖家想要申请 GTIN 豁免，就必须完成品牌备案。亚马逊品牌备案是指亚马逊的卖家在国外成功注册自己的品牌以后，向亚马逊提交资料申请品牌备案。注册海外品牌并完成亚马逊品牌备案有助于保护卖家的知识产权，给买家带来更好的购物体验。

那么，对亚马逊卖家来说亚马逊品牌备案有哪些价值，有哪些直接的好处呢？

① 投诉跟卖。品牌备案后，卖家可以运用品牌备案投诉系统有效打击跟卖和侵权行

为，且投诉系统比以往便捷不少！

② 锁定产品页面不被篡改。

③ 申请 GTIN 豁免，省去购买 UPC 的费用。

④ 开通 A+页面权限（产品介绍图文详情页）。

⑤ 开通头条搜索广告编辑权限，使关键词在头条搜索广告中获得优先排位，增加产品页面曝光率。

⑥ 创立品牌旗舰店。

⑦ 参加透明计划和零计划，打击假冒产品，从源头阻止跟卖。

⑧ 能够使用亚马逊后台"品牌分析"功能，而且享有后续平台新功能的优先使用权。

如何操作亚马逊品牌备案呢？首先卖家要在美国注册一个品牌，关于海外品牌注册，市面上有非常多的代理公司，而且很多地方政府对海外品牌注册都有相应的补贴政策。一旦品牌注册成功拿到受理书，此品牌就正式进入了"实习期"，等一年以后，如果没有人提出异议，品牌就会具有 R 标，R 是注册（Register）的意思。只有具有 R 标的品牌才真正具有品牌效力，亚马逊品牌备案也只接受 R 标品牌申请备案，在"实习期"的品牌是无法完成品牌备案的。那么我们怎么知道自己的品牌有 R 标了呢？我们可以在对应国家注册品牌的网站搜索自己的品牌，在品牌状态那里如果显示的是 Register，那么就说明成功了。

如果品牌已经有 R 标，那么我们就可以正式开始在亚马逊上面申请品牌备案。亚马逊的品牌备案入口在哪里呢？卖家可以先登录亚马逊账号后台，选择 STOREFRONT（店铺）→ Manage Stores（管理店铺），然后根据卖家账号信息创建一个品牌账号，品牌账号创建成功以后就可以进入亚马逊品牌注册专属页面。品牌注册专属页面如图 8-3 所示。

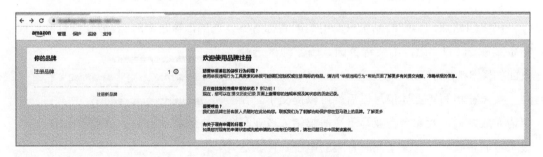

图 8-3 品牌注册专属页面

点击"注册新品牌"后，卖家就进入了品牌信息—知识产权—特点这 3 个部分的内容填写页面了。品牌资格页面如图 8-4 所示。

图 8-4　品牌资格页面

接下来我们只需要按照要求填写相关信息即可，操作非常简单，下面挑选几个各位读者可能会填错或者不知道怎么填写的地方重点讲解一下。

商标类型有文字商标和图文商标两种，没有任何图案设计的商标就是文字商标，其他的就选图文商标。商标示例如图 8-5 所示。

很多人会错把商标编号写成申请号，在这里要提醒各位读者，商标编号需要写的是注册号。商标编号如图 8-6 所示。

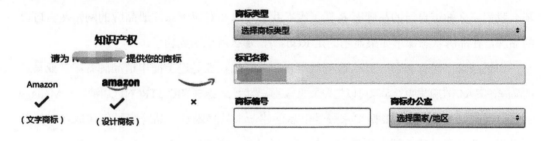

图 8-5　商标示例　　　　　　　　　　图 8-6　商标编号

在美国站点，卖家的品牌只能用美国商标备案，选的国家是 US，若需要进行欧盟商标备案就选 EU，记得不要选英国。国家地区选择页面如图 8-7 所示。

卖家在填写完上述信息以后就可以提交了。在申请完成之后，卖家会在亚马逊注册邮箱或者亚马逊账号后台收到一封关于品牌备案的电子邮件。这封电子邮件的意思是：亚马逊给你注册商标的代理企业发送了一个验证码到其注册邮箱，请尽快在

图 8-7　国家地区选择页面

30 天内获取验证码，并回复注册品牌备案的邮件。只有提供了验证码并回复之后，卖家才会收到表示已经成功进行品牌备案的邮件！直到这一步，品牌备案才算全部完成。

看到这里估计很多新手卖家会问，如果需要 R 标才可以完成品牌备案，岂不是要等一年的时间，在等待期如果被跟卖岂不是束手无策？其实，卖家可以选择加入亚马逊 IP 加速器计划，只要通过 IP 加速器注册好商标，就可以实现马上备案。目前提供 IP 加速器服务的服务商有很多，这里建议各位读者直接去亚马逊后台的应用商店找到相关能够提供知识产权加速器（IP Accelerator）的服务商即可。

等完成品牌备案以后，我们就可以开始申请 GTIN 豁免了。

首先，我们需要进入 GTIN 豁免的申请界面，可以直接在亚马逊后台搜索关键词"GTIN 豁免"，即可找到申请界面。

然后，我们进入申请页面后选择产品品类，并输入商标名。商标经过亚马逊系统检测合格，的确可以进行 UPC 豁免后，即可进入下一步 GTIN 豁免申请的最终页面。

如果你不是商标的所有者，但你获得了所有者的授权，则点选 Yes（是），并上传品牌授权书。如果你不知道品牌授权书如何书写，亚马逊会提供品牌授权书模板，你可以下载模板后填写好并上传。如果你是商标的所有者，则点选 No（否）。接下来则需要填写商标名以及一些简单的产品属性，同时上传至少 2 张相应的产品图和包装图，并且产品和包装上都需要显示你的商标。

最后，我们在以上步骤完成后点击下一步，即可完成 GTIN 豁免申请。从此以后上传产品介绍页面，你就再也不需要 UPC 了。

8.2　产品上传和翻新方法

卖家拿到亚马逊账号以后，第一步需要做的事情就是上传产品。上传产品看似简单，但是操作起来会遇到各种各样的问题，其中的细节也非常多，稍不留神，轻则产品页面流量曝光受到影响，重则产品有被亚马逊直接强制下架的可能。另外，在产品上架工作里面还有很多技巧值得我们去探索，从中可以延伸出很多新的思路，例如，产品页面的翻新方法。

8.2.1　产品的多种上传方法

在亚马逊平台上传产品通常有两种方法：第一种是直接在平台上一个一个地上传产品，

第二种就是通过表格一次性批量上传产品。添加产品页面如图 8-8 所示。两种产品上传方法本质上是一样的，需要填写的相关产品信息也是一样的。如果你是以铺货为主的卖家，建议使用表格对产品进行批量上传；如果你是做精品的卖家，建议可以在后台直接上传产品，这样做更快而且不容易出错，编辑起来也相对方便。关于如何直接在后台上传产品，以及如何用表格批量上传产品，这些属于基础操作，就不展开来讲了。

图 8-8　添加产品页面

我们在上传产品的过程中，需要填写很多与产品相关的信息。例如，产品图片、价格、标题、五点描述、产品描述、后台关键词等，这些都是非常重要的产品信息，是必须要填写的。但是看过亚马逊上传产品后台页面的读者应该会发现，可供填写的产品信息远远不止这些，很多卖家为了方便，只填写了一些必填项就直接上传，那些选填项大多是空着的。亚马逊上传产品后台页面如图 8-9 所示。

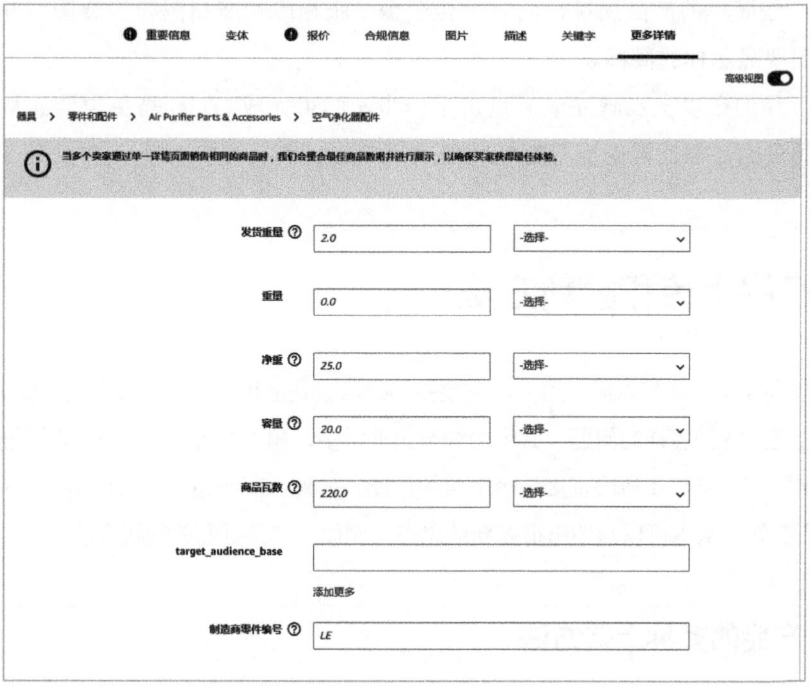

图 8-9　亚马逊上传产品后台页面

这么做是不对的，会让我们丢掉一些本来可以有的流量曝光。我们要尽可能地把产品的所有信息都填上，不管是必填项还是选填项，只要是我们能够填写的，建议都填写上，尽可能地触发一切搜索的可能性，不要漏掉任何可能进来的流量。很多人可能还是不以为然，下面我举一个例子，我们进入亚马逊前台搜索页面，搜索关键词："Bluetooth Headphones（蓝牙耳机）"，这个时候你会发现屏幕的左侧有一个筛选菜单栏，很多买家会根据这个属性来筛选展现出来的搜索结果，从而让搜索结果更加精准。筛选菜单栏如图 8-10 所示。

Headphone Feature

Wireless
Sports & Exercise
Microphone
Noise-Canceling
Foldable
Lightweight
Water-Resistant
Phone Control
Volume Control
Noise-Isolating

Headphone Wireless Type

☐ Bluetooth
☐ NFC
☐ RF

图 8-10　筛选菜单栏

例如，消费者有可能根据"Headphone Wireless Type（耳机连接类型）"或者"Headphone Feature（耳机特性）"这两个属性来筛选搜索结果，如果你在上传产品的时候，并没有填写关于"Headphone Wireless Type"或者"Headphone Feature"的内容，那么消费者根据这两个属性筛选以后，你的产品就不会出现在搜索结果页面，这样等于浪费了流量曝光的机会，是非常不划算的，特别是在流量越来越贵的今天。

8.2.2　多变体产品上架的注意事项

亚马逊站内有很多多变体产品，也就是大家常说的父子变体产品，看过亚马逊卖家大学视频的读者，应该对多变体产品的定义和上传方法一点儿也不陌生。所谓的多变体产品是指一些产品存在颜色、尺寸、型号等多种规格，为了方便展示，亚马逊就把它们分成很多个变体。多变体模式如图 8-11 所示。

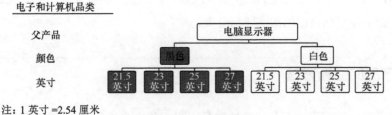

图 8-11　多变体模式

最近亚马逊不断打击变体滥用的力度，很多账号因为变体滥用违反了亚马逊的 ASIN 创建政策而被停用。账户停用通知截图示意如图 8-12 所示。

因此我们在创建父子变体产品页面时，一定要注意以下几个常见的错误，不然就会危及账号安全。

卖家创建多个辅助产品，每个产品都会带有一定数量的买家评价，然后把它们和主推产品合并成父子变体模式。接下来把其他的辅助产品库存调成 0，这样主推产品就共享了所有产品的评价和问答数据。这种做法严重违反了 ASIN 创建政策，轻则警告重则封号！

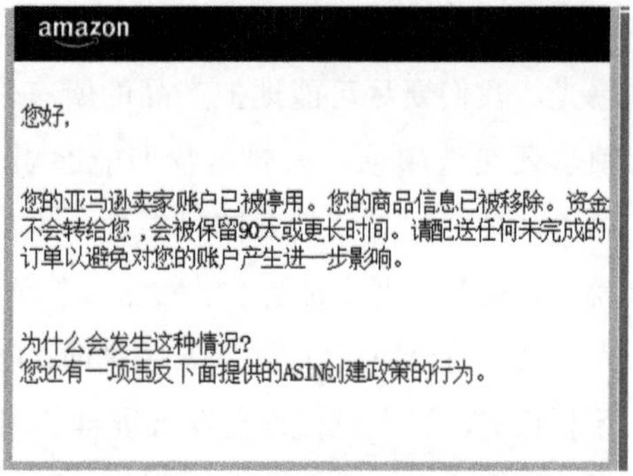

图 8-12　账户停用通知截图示意

变体中规定的可划分属性只有尺寸和颜色，因此卖家在做父子变体的时候，只能按照尺寸和颜色来划分子体产品，要保持变体属性和主推产品的一致性。举个例子，我们售卖一款 T 恤，创建不同颜色的子体产品是合规的，但是创建不同款式的子体产品就违反了 ASIN 创建政策。所以说，变体（即父子 ASIN 关系）是相互关联的产品集合。变体的主旨在于区别相关产品之间的差异，根据不同的产品类目或节点，变体的主题也会不同。例如，服饰类目可以有"颜色""尺寸"变体，宠物用品类可以有"味道""数量"变体。

卖家在添加变体的时候需要注意每个类目的要求及提示，错误地添加或使用亚马逊不允许的变体，可能会导致产品下架。例如，把同一款手机型号的充电器的充电线和车载充电器作为变体放在同一个页面下，这是两个完全不同的产品，被称为"捆绑销售"。亚马逊有专门的"产品捆绑销售政策"。另外，在亚马逊允许的变体主题下加入不相干的信息，例如，在"颜色"变体下加入"型号"。不正确的变体合并可能导致 ASIN 的可疑评价被消除，甚至 ASIN 下架和卖家账号被封，因为这些都违反了 ASIN 创建政策。

有些卖家把产品的数量作为变体属性，按照 1 件、2 件、3 件、4 件数量分类且将其创建为变体，这也属于严重违反 ASIN 创建政策。卖家要严格按照亚马逊规定的变体属性来做变体，而不是根据自己的想法随意分类。

8.2.3　产品的翻新方法

在亚马逊平台上面刚刚上传成功的产品，我们称之为"新品"。根据亚马逊的"飞轮理论"，亚马逊是欢迎源源不断的新品进入平台的，因此对于新品，亚马逊会给予一定程度的流量扶持，这也是新品区别于老品来说最大的一个优势！

针对卖家店铺里一些销量不好的老品，如果能够把这些老品变成新品，那么这等于说给了这些老品一个"重生"的机会。而且产品翻新方法，不仅针对老品变新品这个场景有用，它也适用于任何是 FBA 库存产品但是链接 ASIN 出问题的情况。产品翻新是解决此类问题最好的办法之一！我们在讲产品翻新方法之前，先和各位读者普及一个基本知识：亚马逊标准识别码（ASIN）和库存单位（Stock Keeping Unit，SKU）的概念和区别。

亚马逊标准识别码（ASIN）出自亚马逊自己的条形码系统，对亚马逊平台来说是独一无二的。ASIN 是一个 10 位的字母数字代码，用于标识亚马逊平台的特定产品，并且只用于亚马逊平台。ASIN 是亚马逊自动生成的，个人是不可以创建的。ASIN 存在于亚马逊的不同站点中，因此卖家可以在不同的站点中为相同的产品提供不同的 ASIN。

库存单位（SKU）是一个数字，卖家可以使用它来管理库存。在亚马逊上销售的每个产品都必须有自己的 SKU。卖家可以创建自己的 SKU 来帮助组织产品信息，或者亚马逊可以为卖家创建 SKU。另外，我们发送到亚马逊 FBA 仓库的产品上贴的 FNSKU，也算是 SKU 的衍生品。我通常建议卖家根据唯一的标识信息（例如，产品属性、尺码、颜色等）来建立 SKU。例如，卖家可以把女性黑色 38 码鞋的 SKU 设置为 WM-BLACK-38。

一般情况下，一个产品只有一个 ASIN，但是一个产品下面可以有多个 SKU。ASIN 是产品层级的识别码，是产品独一无二的识别码，而 SKU 是卖家账号层级的识别码，一个产品可以有不同的卖家账号跟卖，因此一个 ASIN 下面可以有很多个 SKU。

了解了 SKU 和 ASIN 的概念和区别以后，怎样可以做到最高效的翻新呢？

翻新的原理非常简单。第一，必须要保留老的 SKU，因为只有保留了老的 SKU，在亚马逊 FBA 仓库里面的产品才可以保存。第二，我们需要为产品换一个全新的 ASIN，因为只有有了全新的 ASIN，产品在亚马逊平台上面才算是新品，因此翻新的核心就是需要创建一个"老 SKU"+"新 ASIN"的产品页面出来！

那么具体怎么做呢？

第一，准备好一个全新的 UPC，把需要翻新的产品图片备份好。第二，登录亚马逊卖家后台，在"管理库存"页面中找到需要翻新的目标产品页面，点击产品页面选择"复制到新商品"，我们就可以进入一个创建新商品的页面了。"复制到新商品"页面如图 8-13 所示。

因为是"复制到新商品"，所以这个页面和原本需要翻新的产品页面信息是一致的，包括类目、标题、卖点、描述、关键词，还有各种参数。页面全都是同步了老产品的信息，但是缺失了产品图片，这时我们之前准备的产品图片就派上用场了。接下来，找到需要填"SKU"的那一栏，这里请填写一个 SKU（自行命名即可），在"商品编码栏"那里填上准备好的全新的 UPC。全部做完之后，点击保存。

等待一段时间以后，刷新一下亚马逊卖家后台的"管理库存"页面，在"管理库存"中找到刚才新建好的产品页面链接，记录新的 ASIN。在"管理库存"页面中找到需要翻新的目标链接，直接选择"删除商品和报价"。"删除商品和报价"页面如图 8-14 所示。

我们在"管理库存"页面中找到刚才新建好的 ASIN 链接，和之前一样点击"复制到新商品"，这时就会弹出一个创建新产品的界面。接下来，把之前准备好的产品图片上传，找到"卖家SKU"那一栏，请务必填写需要翻新的老链接的"老SKU"，在"商品编码栏"那里，把刚刚建好的新ASIN 填进来。全部做完了之后，点击保存。

图 8-13 　"复制到新商品"页面

等待一段时间后，刷新"管理库存"页面，这样我们需要的"老 SKU"+"新 ASIN"的链接就完成了。那么这意味着产品翻新就成功了吗？显然不是。我们还需要进行最后一步也是最关键的一步，把我们的链接转成 FBA 发货，也就是说和原来的 FBA 库存做一个匹配。卖家在上传新链接的时候，发货方式记得选择 FBA 发货。如果无法同步，可以在亚马逊卖家后台去亚马逊物流那

图 8-14 　"删除商品和报价" 页面

里请求帮助，说明有库存不可售，物流客服会帮你刷新。

已经申请了 GTIN 豁免的店铺应该如何翻新产品呢？方法和上文一样，用一个"新 SKU"直接上架，然后得到一个新的 ASIN 码，接下来删除老产品，再用"老SKU"+"新 ASIN"上架一个新链接即可。有 GTIN 豁免和没有 GTIN 豁免的店铺，产品翻新的操作原理是一样的，只不过是操作顺序不同类了。

到这里整个翻新流程就讲完了。这个翻新方法严格来说是从新品上架中获得的灵感，新品上架的工作看着基础，其中能够延伸出不少的小技巧，各位读者有空的时候可以好好研究一下。

最后针对产品翻新方法，我也做一个特别的说明，这个方法实操起来有一定的失败概率。

如果各位读者尝试以后发现失败了，也是正常的。

8.3 亚马逊产品图片的奥秘

有句话说得好："一张图片胜过千言万语。"在线上购物的消费者是无法看到实物的，那么图片就是消费者了解产品最直观、最真实也是最具参考价值的信息。而且，图片决定了消费者对品牌的第一印象。在消费者阅读产品说明甚至评价之前，他们会先浏览产品图片。根据电商建站平台 Shopify 的说法："超过一半的在线消费者认为，产品图片比产品信息、评价和评分更重要。"即使卖家必须遵守严格的图片要求才能在亚马逊上销售产品，但仍有一些策略可以利用产品图片促进销售。

亚马逊平台的每件产品都需要配有一张或多张产品图片。产品的主要图片被称作主图片。产品的主图片显示在搜索结果和浏览页面中，也是买家在产品详情页面上看到的第一张图片。此外，"主图片"还应配有一些附加图片，从不同的角度来展示产品、展示使用中的产品和在"主图片"中没有显示的细节。卖家请遵循上述图片标准，以保证所有产品图片的质量和一致性。产品图片对于消费者是非常重要的，因此其质量不容忽视。卖家应该选择清晰、易懂、信息丰富并且外观吸引人的图片。亚马逊也对产品的图片有着非常严格且复杂的要求。

下面我们来看一看亚马逊产品通用图片的标准。

① 图片必须准确展示产品，且仅展示待售产品。

② 产品及其所有特色都必须清晰可见。

③ 主图片应该采用纯白色背景（纯白色可与亚马逊搜索和产品详情页面融为一体，RGB 色值为 255、255、255）。

④ 主图片必须是实际产品的专业照片（不能是图形、插图、实物模型或占位符），且不能展示不出售的配件、可能令消费者产生困惑的支撑物、不属于产品一部分的文字或者标志 / 水印 / 内嵌图片。

⑤ 图片必须与产品名称相符。

⑥ 图片至少为 1000 像素。图片满足此最小像素要求可在网站上实现缩放功能。事实证明，缩放功能可以提高销量。在缩放到最小时，卖家的图片在最长边要达到 500 像素。

⑦ 图片最长边不得超过 10000 像素。

⑧ 亚马逊接受 JPEG（.jpg）、TIFF（.tif）或 GIF（.gif）文件格式，但首选 JPEG 文件格式。

⑨ 亚马逊的服务器不支持 GIF 格式的动图。

⑩ 图片中不得有违反公序良俗的信息。

下面我们来重点说一下亚马逊产品的主图片除了要遵守上述通用图片标准以外，还有一套更加严格的标准要遵守。下面几点是产品主图片中不允许出现的内容。

① 产品主图片不能包含任何亚马逊标志或商标、亚马逊标志或商标的变体、任何容易让人混淆的与亚马逊标志或商标相似的内容。这包括但不限于任何含有"AMAZON""PRIME""ALEXA"或"Amazon Smile"设计的文字或标志。

② 产品主图片不能包含亚马逊电商平台使用的任何标记、标记的变体、任何容易让人混淆的与标记相似的内容。这包括但不限于"Amazon's Choice""优质的选择""Amazon Alexa""与 Alexa 合作""畅销商品"或"热卖商品"。

③ 主图片不得有违反公序良俗的信息。

④ 不得将儿童和婴儿内衣或泳衣穿戴在模特身上拍摄图片。

⑤ 产品主图片必须清晰，不得有马赛克或锯齿边缘。

⑥ 主图片的最长边放大到最大允许尺寸时，产品占画面不应达到 85%。

我建议各位读者详细阅读上述标准，特别是要给公司的美工人员好好看一看，如果我们在上传产品的时候违反了亚马逊对图片的要求，亚马逊会强制下架产品并要求整改，直到修改成它要求的样子。由于主图片必须满足这些要求，所以许多产品的主图片看起来非常相似。例如，下图行李箱由不同的零售商出售，但是主图片非常相似。行李箱主图片对比如图 8-15 所示。

Samsonite Winfield 2 Hardside
Luggage with Spinner Wheels
★★★☆ ∨ 3,697
$89.00 - $569.97

SHOWKOO Luggage Sets
Expandable PC+ABS Durable
Suitcase Double Wheels TSA Lock
Red Wine
★★★★☆ ∨ 253
$139.99

Coolife Luggage Expandable
Suitcase PC+ABS 3 Piece Set with
TSA Lock Spinner 20in24in28in
★★★★☆ ∨ 569
$139.99

U.S Traveler Rio Two Piece
Expandable Carry-on Luggage Set
(14-Inch and 21-Inch)
★★★★☆ ∨ 3,194
$37.64 - $99.53

图 8-15　行李箱主图片对比

很多人看完以后是不是认为亚马逊的规定太严格了？是不是觉得卖家在产品图片上面就很难有发挥的空间了？其实卖家还是有很多创新空间的。除了要求异常严格的主图片以外，每个产品页面最多还可以放 8 张产品附加图片，而且相对于主图片来说，亚马逊对附加图片的监管会松很多。另外，我们也可以直接把产品视频上传上去，动态视频的效果肯定比静态图片的效果要好很多。

关于亚马逊产品图片，下面我以案例为主进行详细讲解。我们看一看第一个案例，某亚马逊卖家的产品是一个婴儿监视器，卖家在上传产品的时候同时放了 1 张主图片，5 张附加图片，外加 3 个产品视频。这个卖家的产品图片，无论是主图片、附加图片，还是产品视频都完全符合亚马逊平台规定。产品图片示例如图 8-16 所示。

图 8-16　产品图片示例

我们先看图片最下方上传的 3 个产品视频，它们分别说明了如何使用产品、产品功能并展示了实际使用中的产品，让买家对这个产品的性能、安装方法以及实际使用方法有全方位的了解。产品视频页面如图 8-17 所示。

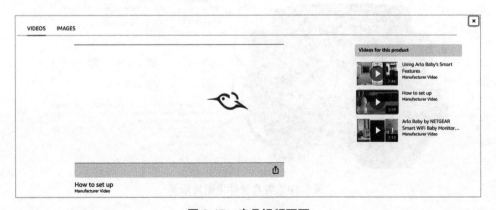

图 8-17　产品视频页面

除此之外，该附加图片中有一张图非常值得我们学习，这张图片是此品牌产品与竞争产品之间的产品规格比较表，俗话说："货比三家。"自己产品的优秀是要靠别人来衬托的，只一味地夸自己产品的效果远不如与同款产品进行比较要好，建议各位读者可以学习借鉴。比较模式的附加图片如图 8-18 所示。

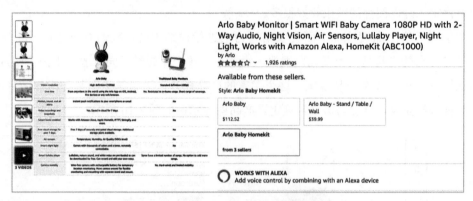

图 8-18　比较模式的附加图片

接下来，再看几个产品图片的案例，希望各位读者能够在这些优秀案例中体会到亚马逊产品图片真正的精髓。

我们看一款餐具套件，该产品的主图片显示了消费者想要的确切信息。很多人可能觉得主图片太过简单，其实不然。一方面我们要严格遵守亚马逊对于产品主图片的要求，另一方面主图片是消费者在搜索过程中首先看到的页面，仅突出产品即可，不要出现其他任何会干扰消费者直观感受产品的内容。餐具套件主图片示例如图 8-19 所示。

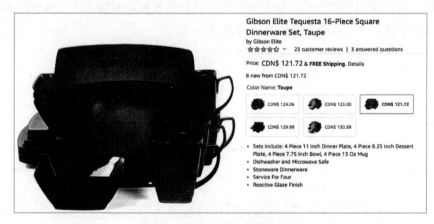

图 8-19　餐具套件主图片示例

产品主图片虽然具有视觉吸引力，但并不能让消费者第一眼就看到他们购买的产品的细节以及具体的使用场景。因此，我们需要有一张体现细节的使用场景图作为附加图片，方便消费者更加全面地了解这款餐具套件。餐具套件附加图片示例如图 8-20 所示。

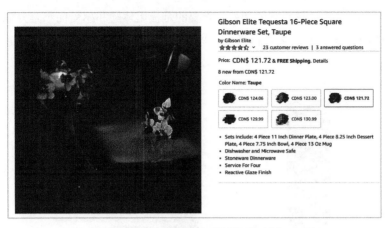

图 8-20　餐具套件附加图片示例

　　无论销售的是衣服还是厨房设备，卖家都应向消费者展示产品是如何使用的。因为消费者无法选择在线上试穿衣服或测试其他产品，所以卖家需要用图片向消费者展示如何使用产品。

　　我们看下一个案例，消费者在实体商店购买产品之前触摸产品，但这种体验无法在线上购物中获得。消费者只能根据产品说明和图片做出购买决定。因此，卖家需要从不同的角度去展示产品，以帮助消费者设想产品的使用场景。例如，以下这款便携式扬声器的产品页面就包含 4 张不同角度的图片。当消费者放大每张图片时，他们可以了解产品的主要功能并确定产品是否满足他们的需求。便携式扬声器图片示例如图 8-21 所示。

图 8-21　便携式扬声器图片示例

　　我们看一下最后一个案例，因为很多中国卖家销售 3C 电子产品，所以我们举一个电子产品的例子。对于电子或科技产品来说，其外观造型相对没有其他产品那么重要，消费者购买这类产品的目的主要是享受它的功能，重要的是使用体验和感受而不是外观。因此，这类产品需要有图片能够展示其具体功能，以及相应的产品规格。电子产品图片示例如图8-22所示。

图 8-22　电子产品图片示例

图 8-22 显示了端口和插座在产品上的位置，这样消费者对产品的使用场景和功能属性有了基本的认知。同时消费者还可以看到添加了产品规格和功能的图片说明，这样会使目标消费者清楚地了解产品是否满足自己的需求。

卖家即便在北美、日本、欧洲 3 个站点同时开店，销售相同的产品，也一定要根据不同站点消费者的偏好调整产品图片风格。例如，美国消费者更喜欢简单、舒适、实用风格的图片，而日本消费者更喜欢可爱、温馨的图片。

希望各位读者在正式制作图片之前，多参考竞品的图片拍摄，搜集所有的竞品图片，然后博采众长，尽可能地体现产品的属性特点，满足目标消费者的需求。至于图片是自己拍摄还是外包拍摄，这要看各自公司的具体情况，规模小一点的卖家可以选择外包拍摄，规模大一点的卖家大多有自己的摄影和美工团队，亚马逊官方也提供相应的产品图片拍摄制作服务，各位读者可以去亚马逊第三方服务商城（Amazon Service Provider Network）详细了解！

8.4　关键词调研的思路和方法

除了上面章节讲到的产品图片之外，产品文案也是我们上架产品时需要特别注意的一部分内容，包括产品标题、产品描述、后台关键词等。产品文案除了和图片一样，起到向线上消费者全面展示产品和各种信息的作用外，还有一个非常重要的作用就是可以作为我们"埋词"的地方。

所谓"埋词"，就是把消费者可能在亚马逊前台用到的搜索词放到产品文案中去。只有产品文案中"埋"了这些搜索词，在消费者搜索这些词的时候，这个产品才有展示的机会。产品有了展示机会才会有点击，有了点击才会有购买和转化。所以，卖家要尽可能找到消费者在搜寻这类产品的时候可能会用到的所有搜索词，然后把这些词放到产品文案中去。这是亚马逊运营人员的基础工作，也是重要的工作之一。

这种运营工作被称为"关键词调研"，即 Keyword Research。关键词调研不仅对上架产品、撰写产品页面的文案非常重要，而且对亚马逊站内广告来说也有着重要的意义。下面我给各位读者介绍一下，我们团队在做关键词调研的时候，经常会用到的方法。

关键词调研工作的第一步是找到产品的"种子词"，即"大词或核心词"。一般来说，一个产品的关键词都是由大词和长尾词构成的，所谓的长尾词是由大词衍生出来的。例如，蓝牙音箱的大词是"Bluetooth Speaker"，那么它的长尾词就是诸如"Portable Bluetooth Speaker（便携式蓝牙音响）"或"Waterproof Bluetooth Speaker（防水蓝牙音响）"这种大词的衍生词。基于这种情况，我们经常把大词称作"种子词"或"母词"。我们该如何快速地找到产品的所有大词呢？

一个非常简单的方法就是从竞品入手。我建议卖家可以把亚马逊站内的竞品的标题做一个采集，因为卖家会把大词放到标题里面去。采集完所有卖得不错的竞品标题以后，去做一个交叉比对，找出采集到的所有标题里面重复率排名前几的词，然后对这些词做一个简单的分析处理，就可以得出这个产品下面所有的大词了。例如，充电宝这款产品就有两个大词，分别是"Power Bank（充电宝）"和"Portable Charger（便携充电宝）"。充电宝的大词"Power Bank"示意如图 8-23 所示，充电宝的大词"Portable Charger"示意如图 8-24 所示。

图 8-23　充电宝的大词"Power Bank"示意

图 8-24　充电宝的大词"Portable Charger"示意

为了方便各位读者做好竞品标题的采集，我推荐一款免费的亚马逊标题采集工具"Instant Data Scraper"，它是一款谷歌浏览器插件，直接去谷歌商店就可以下载，火狐商店也提供了免费下载。Instant Data Scraper 示意如图 8-25 所示。

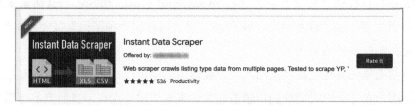

图 8-25　Instant Data Scraper 示意

卖家下载这个插件以后，打开亚马逊相应的产品搜索页面或者类目排名页面，这个工具就可以自动地帮卖家采集页面上所有亚马逊产品页面的标题了，这样比卖家一个一个去复制粘贴要方便得多。Instant Data Scraper 页面示意如图 8-26 所示。

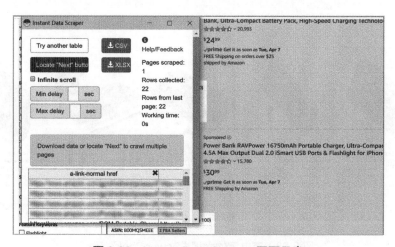

图 8-26　Instant Data Scraper 页面示意

我们在找到产品的大词以后，下一步就是要找到从大词衍生出来的长尾词了。那么如何去找长尾词呢？这时我推荐一款可能每天都在用却浑然不知的长尾词搜索神器——亚马逊的下拉搜索框。亚马逊的下拉搜索框如图 8-27 所示。

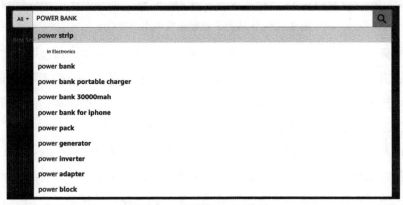

图 8-27　亚马逊的下拉搜索框

亚马逊下拉搜索框里面记录的所有关键词，都是亚马逊买家真实使用的搜索词。亚马逊提供这个模块的本意是让买家能更快更便捷地搜索，我们也可以充分利用这个功能来实现获取长尾词的目的。举个例子，如果我想要获取"power bank"这个词的长尾词，就可以把"power bank + a"放到搜索框里面，然后搜集下拉搜索框展现出来的所有词。亚马逊下拉搜索框使用示意（a）如图 8-28 所示。

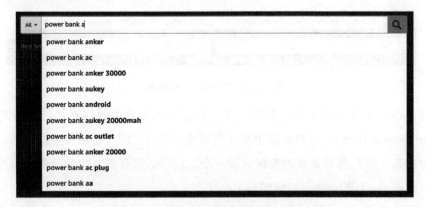

图 8-28　亚马逊下拉搜索框使用示意（a）

我们再把"power bank + b"放到搜索框里面，搜集下面出现的所有词，一直到 + z 为止。接下来我们再反过来操作一遍，也就是按照"a + power bank"和"b+power bank"这种模式，一直到 z 为止，同样把下拉搜索框展现出来的词采集下来。亚马逊下拉搜索框使用示意（b）如图 8-29 所示。

图 8-29　亚马逊下拉搜索框使用示意（b）

我们把采集到的长尾词稍做一个筛选，把明显和产品无关的，以及带有竞品品牌的长尾词剔除出去，剩下的就可以作为产品的长尾词进行归类了。我们还可以把之前得到的所有大词按照这种方法依次放入亚马逊搜索框内，获取相应的长尾词，这样一来我们就可以得到这个产品项下几乎所有能够出单的大词和长尾词了。

如果有人觉得这样操作太过于麻烦，那么也可以用关键词工具"Keyword.io"。这个工具可以帮卖家自动生成所有亚马逊下拉搜索框的词汇。卖家购买付费版本后，还可以看到每个关键词具体的搜索量，方便更好地判断不同长尾词的重要性。Keyword.io 界面如图 8-30 所示。

图 8-30　Keyword.io 界面

另外，在做了亚马逊站内广告后，卖家会在广告报表中获取海量的消费者搜索词（Customer Search Term），针对里面出单（促成成功交易）的一些消费者搜索词，我们可以单独拿出来，与之前采集好的关键词做一个比较。如果有在之前关键词调研过程中没有发现的出单词，我们就立刻将它们补上。

关键词调研不是一次性工作，需要不断地进行查漏补缺，因为不论哪一种关键词调研方法都很难尽善尽美，难免会有一些遗漏，所以广告出单词就是对这种遗漏最好的补充。关于这一部分我们会在后面的广告章节详细讲述。

除了按照步骤一步一步去做关键词调研以外，还有一个相对来说简单地获取海量关键词的方法，那就是 ASIN 反查法，我们团队在做关键词调研工作的时候也经常使用这个方法。

所谓的 ASIN 反查法，就是搜集竞品项下排名靠前的关键词，这些关键词就是竞品搜索流量的来源，换句话说这也是卖家自己产品的搜索流量来源，即产品的流量词。如果卖家能够把这些关键词推到和竞品一样的排名位置，那么卖家的产品就和竞品拥有同样的搜索流量；如果卖家能够将这些关键词的排名做到比竞品的排名还要高，那么卖家的产品获取到的站内搜索流量将大于竞品。

我们通过 ASIN 反查法可以快速完成关键词调研工作，获取产品的流量词。但是，通过手动完成 ASIN 反查工作量太大，我建议各位读者尝试使用工具 Jungle Scout 的 ASIN 反查功能。我们登录 ASIN 反查页面，直接输入任意 ASIN（自己的产品或者竞品的 ASIN 均可），系统自动反查相应的 ASIN 排名前 50 的关键词，并同步生成关键词。

说实话，一个一个地去查产品的 ASIN 还是太慢，为了增加关键词调研的效率，快速获取流量词，卖家可以一次直接输入 9 个竞品的 ASIN，系统会自动抓取它们排名最靠前的关键词，填充关键词库。

关键词调研的方法有很多种，卖家可以根据自己公司或者团队的实际情况来选择使用具体的关键词调研方法，也可以同时使用多种关键词调研方法得出更多的数据，再对它们进行比较分析和提炼。

当我们完成了关键词调研工作，采集到这个产品大部分的核心大词和长尾词后，接下来我们就要想办法把这些词"埋"到产品文案中去，这部分也是我们后面重点讲解的内容。

亚马逊产品文案写作的基本理论是文案需要兼顾可搜索性与可读性，可读性要远远大于可搜索性。虽然我们要"埋词"，把这些调研出来的词尽我们所能放到产品文案中去，但是千万不要忽视了文案的可读性，毕竟我们的最终目的是让消费者购买产品。如果文案的可读性不高，那么这对转化率会有很大的影响。

8.5 产品标题的写作方法

产品标题是产品的重要信息，消费者对产品的最初印象来自标题和图片。而且按照产品介绍页面所有项的权重排序来看（标题 > 五点描述 > 后台关键词 > 产品描述），标题的权重在整体产品介绍页面的权重中是最高的。因此，我们会把产品的核心大词放到标题中，目的也是尽可能地提高核心大词的权重。

8.5.1 亚马逊要求的标题写作方法

对于产品标题的主要结构和写法，亚马逊卖家账号后台是有明确的写作模板和指南的，而且针对不同的类目标题，写作模板还不一样。例如，亚马逊要求产品标题基本上是先写品牌名，再写适用性别，再写款式或者描述产品的主要特征，最后写这是什么产品。子标题在父标题的基础上添加颜色和尺码即可。我们来看几个符合规范的标题示例。

Apparel（服装）：品牌＋产品部门＋款式＋产品名称＋型号名称＋"Pack of"（外包装）＋产品数量

Watches（手表）：品牌＋目标消费群体＋展示类型＋机芯类型＋"Watch"＋"with"（带有）＋表带材质类型＋part_number（零件号）

Electronics（电子产品）：品牌＋型号名称＋形状系数＋"with"＋产品特征＋"Pack of"＋产品数量

Lighting（照明产品）：品牌／制造商＋原厂商号（如果有）＋产品描述＋产品名称

子标题＝父标题＋颜色＋尺寸

卖家也可以直接在亚马逊卖家账号后台找到产品所属类目的标题写作指南，然后直接套用公式。很多铺货型卖家为了追求速度都是这么来写标题的。那么，如何在账号后台获取这个标题写作指南呢？

打开帮助页面产品分类的库存模板，找到"风格指南"这一列。或者直接在卖家后台搜索框内搜索关键词"风格指南"，即可找到对应项。

按照分类去下载风格指南 PDF，在 PDF 文件中找到有关该类目的标题写作指南。例如，下载工具和家居装修类目的 PDF 文件，在 PDF 文件里面找到"Title Style（标题风格）"版块，就可以获取该类目下面亚马逊所建议的标题写作指南了。

8.5.2 卖家常用的标题写作方法

虽然官方有"标准答案"，但是广大卖家的智慧是无穷的。因为官方并没有强制要求必须按照它给出的格式写标题，只是给出了建议。如果卖家有更好的选择，例如，有对增加关键词权重更好的，或者说更有利于转化率的标题写法，也是可以充分发挥自己的主观能动性的。

我们从官方建议的标题写法中可以看出，亚马逊更倾向于短小精练的标题。这种模式的标题有利有弊，优势是符合亚马逊一直追求的简洁明了的审美标准，且此类标题写法一目了然，主次分明，会给买家非常好的购物体验。但是亚马逊产品标题需要兼顾可读性和可搜索性两个方面。这种模式的标题就可搜索性而言，效果还是差一些。下面我给各位读者分析一种比较常用的标题写法。常用的标题写法如图8-31所示。

图 8-31　常用的标题写法

很多卖家在 2014 年、2015 年就开始使用这种标题写法了，可以看到这种标题最大的特点就是将核心关键词放到了前排且用逗号和后面的内容隔开。你可能会问，这样做的目的是什么？标题前后的权重是不一样的，排在前面的字符权重要比后面的字符权重更高。

除此之外，还有一种标题写法也颇受一些卖家的欢迎，就是在标题上不断地罗列各种关键词。因为标题的权重对于整个产品页面来说是最高的，所以我们选择在标题上面堆砌关键词，希望通过标题来提高主要关键词的搜索权重。通过罗列关键词撰写标题如图 8-32 所示。但是我个人不推荐卖家使用这种方法，因为这种方法带给消费者的购物体验非常不好，虽然说标题需要兼顾可搜索性和可读性，但是我始终认为标题的可读性要大于可搜索性，毕竟消费者的体验才是最重要的。

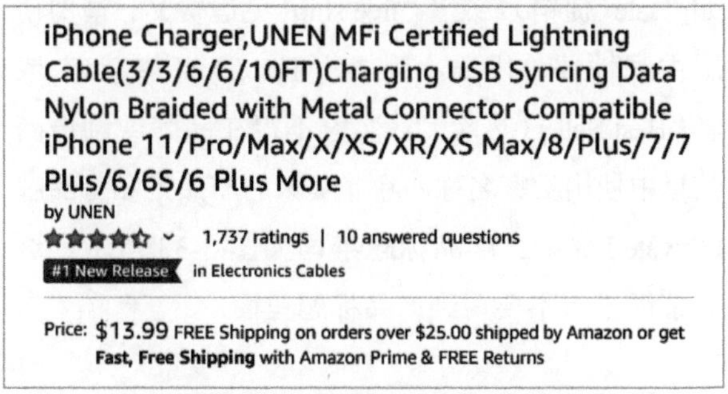

图 8-32　通过罗列关键词撰写标题

8.5.3　标题写作不能触碰的红线

关于标题写法，我们可以按照亚马逊官方建议，也可以充分发挥主观能动性进行创作。对于标题的硬性规定要求，我们是必须要遵守的，不然产品详情页面会面临被亚马逊下架的风险。那么在写产品标题的时候，有哪些"红线"是不能触碰的呢？

1. 长度

产品标题通常最多可使用 200 个字符。不过，亚马逊允许某些产品分类使用长一些或短一些的名称。如果特定分类规定产品标题要使用更少的字符，例如，家居装饰（Home Improvement）的标题上限是 50 个字符，那么卖家要按照最多 50 个字符来书写标题。

2. 大写

标题里面每个单词的首字母要大写，但是不要全部使用大写字母。连词（and、or、for）和冠词（the、a、an）不得大写。请勿将少于 5 个字母的介词（in、on、over、with）大写。

3. 数字和符号

标题里面可以使用阿拉伯数字（2，而非 two），要拼写出测量单位（6 inches，而非 6"）。但是，请勿使用符号，例如，～！* $? _ ～ { } [ ] # < > | * ; / ^ ¬ ¦，请勿使用高位 ASCII 字符（Æ、©、ô 等）。

4. 商品信息

在变体产品的子 ASIN 的标题中可以包含尺寸和颜色。但是，标题请勿包含价格或促销信息，例如 "sale（促销）" 或者 "free ship（免运费）"。请勿使用主观性评价用语，例如，"Hot Item（热销）" 或者 "Best Seller（热卖）"。卖家不得在品牌或制造商信息中使用卖家名称，除非卖家的产品为私有品牌（Private Label）。产品标题禁词如图 8-33 所示。这些禁词千万不要写到产品标题里面。

giveaway	Clearance Sales
New Original	new arrival
Cyber Monday	Money Back Guarantee
Brand New	Branded
Free Gift	15% off
Top Rated	Buy 1 get 1 free
US seller	2 colors available
high quality	Satisfaction Guaranteed
Free-shipping	Cheap
	Promotion

图 8-33　产品标题禁词

8.5.4　标题的展示长度问题

我们在创作标题时，还要重视标题的机器展示长度。

例如，在亚马逊前台搜索关键词 "Power Bank" 时，你会发现出现的搜索结果里面很少有产品标题会被完整地展示出来，通常是展示一部分。这是因为亚马逊在搜索结果展示时会对标题展示长度有字符限制，如果标题长度超过字符限制，超出部分就无法被展示出来，最终以省略号的形式出现。标题超出内容无法展示如图 8-34 所示。

图 8-34　标题超出内容无法展示

基于这种情况，我们必须在机器能够展现的标题最大字符的长度之内，把这个产品是什么以及最重要的优势特点写出来，如果这些重要信息因在标题上的位置过于靠后而被折叠，消费者就看不到了，这样势必会影响产品介绍页面的有效点击率。

具体这个标题字符限制是多少，不同的类目，不同的机器情况会不一样。例如，用计算机看的时候，机器能够展现最大的字符长度和用手机 App 看是完全不一样的，计算机能够展现的标题长度是远远大于手机 App 能够展现的标题长度的。我建议卖家每次写完标题以后，可以用亚马逊的手机 App 做一个测试。亚马逊手机 App 搜索页面如图 8-35 所示。如果在手机上的产品搜索结果中，我们能够完整地看到产品是什么及其优势、特点，那么在计算机上面肯定也能看到，这种标题就是合格的标题了。

图 8-35　亚马逊手机 App 搜索页面

8.6　五点描述

在亚马逊的产品介绍页面中，五点描述的重要性和权重仅次于标题。当消费者被卖家的产品标题、价格、图片，还有产品评价的数量和星级吸引，从而点进去产品介绍页面之后，五点描述在很大程度上决定了这个消费者最后会不会购买此产品。之前有人做过统计，虽然产品描述可能会被很多消费者忽略，但是五点描述基本上不会，它属于消费者进入详情页后必看的一部分内容。而且五点描述对于我们的"埋词"工作来说也是非常重要的，很多因为各种各样的情况无法加到标题里面的关键词，都可以想办法加到五点描述中去。

下面是我比较推荐的五点描述的一种写法，它非常符合国外消费者的购物习惯，而且中国卖家模仿起来也不会很难，可操作性非常强。五点描述示意如图 8-36 所示。

Key Features/Bullet Points

✓ **HAVE YOUR OWN PERSONAL PROFESSIONAL MASSAGER:** How would you like to have a professional massage therapist who would relieve the tension of your long, stressful day for free? If you want it, you can have it! This amazing shiatsu massage pillow will help you relax and loosen your tight muscles at no cost and at the comfort of your own home, any time you need it!

✓ **RELIEVE PAIN AND FEEL READY TO DO YOUR BEST:** Forget about pain that does not allow you to enjoy your every moment! The 8, 3D counter rotating balls of this shiatsu massage pillow will gently penetrate your tight, tense muscles and knots, helping you relieve pain effectively. From now on, neck, shoulder and lower back pain will never stand in your way again!

✓ **ALLOW HEAT THERAPY TO SOOTHE SORE MUSCLES:** Get ready to experience the unmatched benefits of heat therapy that can work wonders for your tense, stiff body. The radiating warmth will help you feel relaxed, allowing you to enjoy the massaging session to the fullest.

✓ **PICK THE DESIRED INTENSITY AND ENJOY MAXIMUM COMFORT:** This must have heated shiatsu massage pillow is bound to meet all your demands! You can pick the desired intensity and make sure you feel 100% comfortable at any given moment. All you need to decide how hard you wish to push against it.

✓ **INCOMPARABLY EASY TO USE:** This top notch shiatsu heat therapy massage pillow will save you time and effort! Featuring a practical, stretchable strap, it allows you to steadily place it on your chair's back and enjoy the most relaxing time of your day. No more irritating, slipping massagers for you!

图 8-36　五点描述示意

五点描述中的每一点都是按照"Feature（特性）"+"Benefit（优势）"模式安排的，其中，"Feature"部分的字母全部用大写，然后用冒号和"Benefit"部分隔开。所谓的"Feature"，中文意思是产品的客观属性和产品特性，也就是我们常说的产品卖点。例如，"这个衣架非常坚固"或者"这辆车跑得非常快，比普通车都要快"，这些都是在客观描述产品的事实情况，这种我们称为"Feature"。那么"Benefit"是什么意思呢？它是这个产品的卖点给消费者带来的真实的好处和感受，这是完全主观的感受。例如，因为衣架非常坚固，所以消费者就可以用它挂很重的皮草大衣；因为这辆车跑得比普通车都要快，所以消费者开它上班再也不会迟到了。因此，我建议各位卖家可以按照上述"Feature"+"Benefit"模式来写五点描述。

接下来问题来了，我们应该如何针对"Feature"即产品的客观属性和特性来提取产品的 5 个卖点呢？

1. 你的产品比其他产品好在哪里

消费者很清楚移动电源是用来充电的、蓝牙耳机是可以接听电话的、手机壳是用来保护手机的、音箱是用来听歌的，如果卖家的移动电源储蓄的电量更大、蓝牙耳机功能更多、手机壳材质更好、音箱的音质更好、电吹风的风力更大、吸尘器吸得更干净、菜刀更锋利、枕头睡得更舒服、地毯更加防滑等，这些乍一看好像不是新的卖点，但这些就是产品的真正卖点。

总之，卖家可以针对产品的功能特点进行挖掘，让消费者知道你的产品与其他产品不同，因为消费者买产品就是为了产品最主要的功能特点。记住这个最主要的"Feature"，一定要把它写在五点描述的第一行，因为第一个卖点最能吸引消费者，它可以直接区分与其他产品的不同，激发消费者的购买欲。

另外，不要在五点描述里面用到"极限"词，例如，"最好"或者"第一"。如果你的产品真的有类似的奖项或者荣誉，那么不妨列举出来，还能够得到买家更好的印象。这里多说一句，不要夸大卖点，切记实事求是，不要写产品不具备的功能。亚马逊每年都有大量的产品因为页面描述与产品实际情况不符而被强制下架。

2. 除了第一卖点以外，你的产品还有什么其他优势

除了第一卖点以外，我们还要挖掘能够给消费者带来更好体验的其他功能，例如，移动电源的充电量更大但是更轻便，蓝牙耳机的功能更多但是操作更简单，手机壳的质量更好但是价格更便宜等。我们继续提炼产品卖点，也可以起到对于标题关键词中没有体现出来的功能进行补充说明的作用，让买家更有购买的欲望。

很多人反映除了第一卖点以外，好像很难找到产品其他好的卖点。这样肯定是不合适的，一个产品连 5 个卖点都找不到，那说明卖家对产品还是不够了解。我建议卖家可以询问一下自己的产品开发或者参考一下竞品的五点描述，尽可能地发散思维，从产品的尺寸、功能、产品特点、用途、优势、材质、外观、设计结构、附加功能、如何使用等方面全方位地提取卖点。

3. 从 Review 和 Q&A（消费者问答）中寻找最受欢迎的卖点，写进五点描述中

从 Review 提炼出的五点描述如图 8-37 所示。

卖家可以不断地搜集分析竞品的 Review 和 Q&A，这些都是消费者使用产品之后的真实感受，同时，卖家还能从中提炼出能够放进产品五点描述中去的产品卖点。

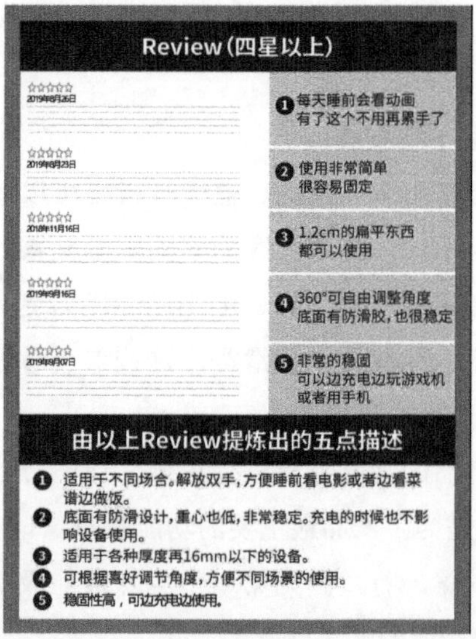

图 8-37　从 Review 中提炼出的五点描述

讲完了五点描述的写法和卖点提炼，下面讲一讲我们在写五点描述时需要注意的几个要点。

1. 善用标题放不下的关键词

卖家只要按照上面章节讲过的关键词调研方法操作一遍后，一定会掌握很多关键词。"埋词"的首选地方是标题，但是标题字数有限，并不是所有的关键词都能顺利地放入标题中，如果我们手上有多余的关键词不要浪费，可以巧妙地把它们运用在五点描述上，优化产品页面。按照我们的实践经验，五点描述的权重不亚于标题，之前也有许多大卖家测试过，在五点描述中放入关键词确实有助于提升搜索排名，让原本排在搜索页面第三页的产品顺势提升到第一页。

2. 关于移动端优化的思考

移动端的产品搜索页面展示出来的标题长度远远低于计算机端，在五点描述中也有类似的情况。我们用亚马逊手机 App 随机打开一个亚马逊产品详情页面，往下滑到五点描述部分，会发现手机端的五点描述并不像计算机端那样被完全展示出来，五点描述内容被折叠了很多。如果我们想要看完整的五点描述，需要再点一下才可以看到五点描述内容的全貌。

但是在真实的购物场景中，愿意去点一下看五点描述全貌的消费者并不多，因此卖家需要在手机 App 没有被折叠的那部分五点描述中把产品的第一卖点和最大优势尽可能地展现出来，同时尽可能地激发消费者想要点一下了解全部描述内容的欲望。我建议卖家在写完产品的五点描述以后，可以用手机 App 检查一下，针对手机 App 的特殊情况做出相应的调整和更改！

8.7 产品描述和 A+ 页面的制作方法和思路

产品描述的重要性虽然不及标题和五点描述，有时候消费者可能都不会去看，但是这并不是我们忽视它的理由。相反，结合我多年的实践经验，产品描述可以填写的内容更多，形式更加灵活，对亚马逊卖家来说具有非常多的好处。

1. 增加转化

虽然标题图片和五点描述已经把产品介绍得非常详细了，但是消费者可能还会有一些疑虑，特别是针对产品的质量、匹配度以及售后问题。这个时候产品描述页面给了卖家进一步说明的机会，起到解决消费者疑虑，让消费者最终决定购买的作用。这种"增加转化"的功能在高货值产品以及操作安装比较复杂的产品上体现得更为明显。

2. 宣传产品 / 品牌故事

很多想要打造品牌的公司需要有一个品牌故事来体现品牌的真正内核，正好产品描述页面可以将消费者与品牌故事、价值观以及品牌的独特之处联系起来。

3. 促进重复购买

产品描述为消费者提供更多的信息，帮助他们做出更明智的购买决策。

4. 宣传品牌价值

让消费者从专业的角度了解产品，卖家要保持产品描述内容的逻辑清晰和易读，避免为了"销售"而销售。

5. 打消消费者的购买疑虑

详细的产品描述可以解决消费者对产品最常见的疑虑，避免不良评价并降低退货率。

8.7.1 撰写产品描述的思路

讲完产品描述的重要性和主要作用后，我们来讲一讲产品描述的主要撰写思路和布局方法。首先，产品描述的作用在于解答消费者在产品图片、标题、五点描述中未能获取到的更详细的产品信息。消费者带着疑虑一直看到产品描述，他一定是希望产品描述能够解答他的困惑，同时希望产品描述能为他最终是否购买这个产品提供决策依据。基于以上心理，产品描述内容一定不要和标题还有五点描述重复，要么提供新的描述角度，要么就是对前面的内容进行补充和进一步说明，以达到最终说服消费者下单购买的目的！那么产品描述应该怎么写呢？我提供了4种产品描述的写作思路。

第一，以情怀和感性作为立足点，卖家可以尝试和消费者讲一个品牌故事，也可以讲述品牌的背景和实力。这一部分要尽量做到图文并茂，生动的场景会使消费者产生很强的代入感，更容易获得消费者的认可。例如，有的消费者特别喜欢手工制作产品中体现的工匠精神以及家族传承内涵，我们可以想办法把品牌故事往这方面靠拢，这样容易引起他们的共鸣，实现增加产品转化率的目的。

第二，围绕产品本身来描述。例如，一些在标题和五点描述中无法详细展示出来的产品参数、制造工艺等细节都可以在产品描述这一部分做精准的呈现，让消费者更准确地认识和理解产品。这样对降低后期的退货率也会有很大的帮助。另外，在产品描述页面，卖家还可以通过把自己的产品和店铺中其他同类产品做一个横向比较，体现出产品侧重的功能和参数性能，方便消费者选择最适合自己需求的产品，在实现降低退货率的同时又达到了引流到店铺其他产品的目的。

第三，讲述卖家能够为消费者提供的各种保障。例如，品质保证、获奖证书、产品认证证书等，这部分能让消费者真正放心地购买。另外，还可以把售后服务在这里详细地写出来，我们具体能够给消费者提供什么样的售后服务，这也是给消费者吃一颗"定心丸"，特别是对于那些容易耗损、需要保修的产品来说。

第四，讲述产品的包装信息以及配件赠品信息。如果产品包装很漂亮，那么我们可以把它以图片的形式单独呈现出来，这是一个加分项。另外，产品包装中的各种配件以及相应的赠品，这些都可以被做成一份清单加到产品描述中，特别是对于需要消费者拼装的产品或者套件产品，这样可以方便消费者更快地做出购买决策！

8.7.2　普通产品描述页面与 A＋页面

一般来说，产品描述有两种表现形式：纯文字表现形式和图文并茂表现形式（A＋页面）。

在 A＋页面还不够普及的时候，大多数卖家是用纯文字形式来写产品描述的。用纯文字形式写产品描述需要使用 HTML 语言，如果把大段文字直接复制粘贴在亚马逊卖家账号后台，产品描述页面就会显示成完全没有分段、多空格、加粗的纯文本页面，消费者看起来非常费神，这对产品转化是非常不利的。

针对这种情况，卖家需要学习基本的 HTML 语言，让产品描述看起来更规范一些。下面我罗列了几个在撰写产品描述时常用的语法，卖家可以好好地利用起来。

换行
：

第一行内容

第二行内容

第三行内容

分段 <p>：

第一行内容 <p>

第二行内容 <p>

加粗 <b>……</b>：

<b> 需要加粗的内容 </b>

　　A＋页面是通过图片和文字的组合来提高产品的宣传效果和增加转化的，展示在详情页面的产品描述。显而易见，图文并茂在内容展现上面比纯文字要好很多。随着亚马逊向完成品牌备案的卖家开放 A＋页面制作权限，已经有越来越多的卖家开始使用 A＋页面来制作产品描述了。

　　制作 A＋页面的门槛很低，我们只需要准备精美的图片和文字。亚马逊卖家后台为卖家提供了很多种 A＋页面模板，它们样式多样，组合形式丰富，可添加更多内容，也不需要复杂的设计，操作非常简单。亚马逊 A＋页面模板如图 8-38 所示。

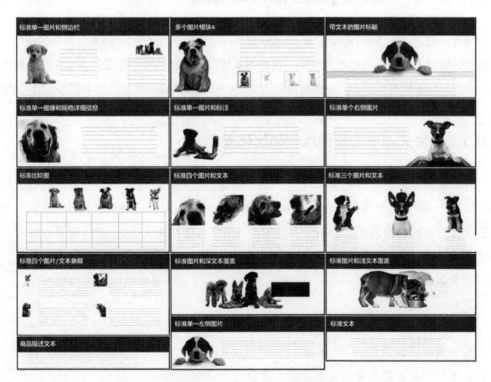

图 8-38　亚马逊 A＋页面模板

要想制作一个优秀的 A + 页面，需要遵循哪些方法策略呢？

① 遵循 A + 页面使用指南：无违禁词，无保证 / 保修信息，无价格 / 促销信息，无卖家联系方式等。

② 使用所有模块和多样化模板：全部使用添加 5 个模块，并且采用不同样式的模块。

③ 平衡图像和文字：通过平衡 A + 页面的图片和文字来避免区域空白，使用高质量图片。

④ 使用"标准比较图"：这是一个非常受欢迎的模块。

⑤ 使用多种文字和图片组合形式：文字和图片关键词会作为搜索引擎的索引对象。

⑥ 更新内容：定期更新内容，避免细节过时。

最后，关于 A + 页面的使用权限，我在这里做一个详细的说明。目前亚马逊日本站点的卖家可以直接使用 A + 页面，不需要进行品牌备案。而其他站点的卖家（欧洲、北美洲、澳大利亚、印度）需要完成品牌备案后才能使用。

8.8　后台关键词的写法和布局思路

后台关键词（Backend Search Term）是为了尽可能提高产品的"可搜索性"而预备的，因为后台关键词不会在亚马逊前台展示，消费者是看不到的，所以其存在的意义是让消费者在亚马逊前台能够搜索到产品，也就是说后台关键词只需要具有可搜索性，不需要在意可读性。

8.8.1　后台关键词的写作规则和优化提示

后台关键词的写作规则和优化提示如下所述。首先，亚马逊要求搜索词的长度短于 250 个字节，超过部分会被系统自动屏蔽。和以前相比，亚马逊减少了后台关键词的字节数量，目前新的搜索词限制适用于新注册的 ASIN 和现有的 ASIN。亚马逊官方针对后台关键词写作给出了一些优化提示。

① 保持在长度限制内。

② 包含同义词。

③ 包含拼写变体，但不需要包含拼写错误。

④ 包含缩写和别名。

⑤ 可以全部使用小写形式。

⑥ 不需要使用标点符号，例如，";"" ："""-"。

⑦ 用空格分隔各个词语。

⑧ 请勿在"搜索词"字段中重复词语。

⑨ 请勿在搜索词中包含你的品牌或其他品牌的名称。

⑩ 请勿在搜索词中包含 ASIN。

⑪ 不需要各种连接词，例如，"一件""一个""和""由""为""的""该""带有"等。

⑫ 可以使用单数或复数，不需要同时使用单复数。

⑬ 请勿使用临时性陈述，例如，"新品"或"促销"。

⑭ 请勿使用主观性表达，例如，"最佳""最低价""不可思议"等。

⑮ 请勿添加侮辱性或攻击性的词语。

除了上述优化提示以外，我建议各位读者在写后台关键词的时候，不要包含以下类型的字词。后台关键词不要包含的字词如图 8-39 所示。

Category（类型）	Words to avoid（不要包含的字词）
Stop Words（停顿词）	a, also, an, and, any, are, as, at, be, because, been, but, by, for, from, in, into, is, of, on, or, so, some, such, the, was, were, with
Temporary Words（临时性的词）	available now, brand new, current, discounted, just launched, last chance, last minute, latest, limited time, new, on sale, this week (month, year etc.), today
Subjective Words（主观性的词）	amazing, best, cheap, cheapest, effective, fastest, good deal, least, most, popular, trending

图 8-39　后台关键词不要包含的字词

为了方便卖家更好地理解后台关键词，我们特意整理了一些与后台关键词相关的常见问题。

1. 字节和字符有何区别？

在卖家平台的"后台关键词"字段中，有一个内置的字节计算器，它会停止接受超过字节（而不是字符）长度限制的输入，一些后台关键词中有包含多字节字符的情况。

字母或数字（例如，a—z、A—Z、0—9）的字符数和"字节数"之比是 1∶1。当处理更复杂的字符时，例如，德语中的变音符号（例如，ä），每个字符有 2 个字节，长度就发生了变化。其他复杂字符（例如，日语和中文字符）可能有 3 个或 4 个字节。在一些情况下，搜索关键词中可能同时包含单字节字符和多字节字符，这使对字符计数的预测变得复杂。

2. 是否计算空格和标点符号？

在计算后台关键词的长度时，亚马逊不会将空格或标点符号计算在内。为便于阅读，后台应使用空格分隔不同的关键词，可以使用标点符号，但不作强制性要求。

3. 为什么只有一个后台关键词的字段？

将后台关键词字段从 5 个减少到 1 个是为了改善亚马逊搜索结果的质量。以前，卖家可添加多达 5000 个字节的后台关键词，结果是产生了大量垃圾信息（无关的后台关键词）。减少后台关键词的数量有助于卖家专注于仅使用相关词汇来描述特定产品。

4. 将后台关键词字段减少到一个后，被移除字段中的后台关键词是如何处理的？

亚马逊将所有后台关键词字段的内容合并到第一个字段中，卖家需要点击"保存并完成"，以覆盖原有内容并保持其在长度限制内。卖家可以先编辑内容，然后再点击"保存"。保存后，任何多余的内容都将消失不见。

5. 如果后台关键词超出限制会怎么样？

如果后台关键词超出长度限制，那么亚马逊不会将该 ASIN 的任何搜索关键词编入索引。如果卖家的 ASIN 被编入索引，那么这意味着它有资格（但不能保证）被显示在匹配后台关键词的搜索结果中。

6. 如何为我的 ASIN 批量更新后台关键词？

如果在卖家的平台账户中，"库存"选项卡下的"分类商品报告"选项已经启用，那么卖家就可以下载现有产品信息的电子表格。如果该选项未启用，那么卖家可以请求亚马逊的卖家支持团队为自己的账户启用该选项。下载当前产品信息后，卖家可以使用"库存文件"模板，通过"部分更新"功能批量上传更改。

7. 为什么我的某些搜索词不可搜索？

亚马逊使用机器学习模型确定搜索词的相关性。亚马逊认为相关的术语可能会随着时间的推移发生变化，因此，亚马逊的机器学习模型在不断收集数据以更新优化。这是一个自动的过程，亚马逊保留在检索产品时不使用卖家所提供的所有关键词的权利。

8.8.2 后台关键词的具体写作手法

由于后台关键词不会出现在亚马逊前台展示给消费者，所以我们不用考虑它的可读性问题。这个部分的写作非常简单，只需要不停地罗列潜在的消费者搜索词就可以了。我们把消费者可能会用来搜索产品的核心大词以及长尾词尽可能地罗列到后台关键词栏目中，这样就能够把后台关键词的功能最大化。后台关键词还有一些特殊的注意事项和写作技巧，我简单地列了几项。

第一，后台关键词不要和标题、五点描述、产品描述的搜索词重复

一些搜索词已经在标题、五点描述或者产品描述中出现过了，它们完全没有必要再出现在后台关键词中，在亚马逊的算法体系中，重复并不能够起到加强的作用。而且亚马逊的政策把后台关键词砍到了只有250个字节的长度，在长度极其有限的情况下，重复罗列前台已经出现过的搜索词完全就是在浪费宝贵的资源。因此，卖家在往后台关键词中添加搜索词时，可以尽量避开已经在前台出现过的词，重点去"埋"在前台没有出现过的搜索词。

第二，在有条件的情况下，可以考虑最有逻辑的语序优先

首先解释一下什么是最有逻辑的语序，例如，搜索词"Teddy Bear（泰迪熊）"，相对于"Bear Teddy（熊泰迪）"来说，是有逻辑的语序。因为消费者在绝大多数情况下都会用"Teddy Bear"进行搜索，而不是"Bear Teddy"。

按照我们之前的认知，亚马逊一般不会考虑词的顺序问题。举个例子，你在亚马逊前台搜索关键词"A B C"，如果A在产品标题中，B在产品的五点描述中，C在后台关键词中，这个产品依然会被展示在"A B C"的搜索结果页面中。但是，如果"A B C"能够一起以最有逻辑的语序同时出现在标题、五点描述或者其他地方，那么就搜索权重而言，它是比分散开来，或者语序不对等这些情况要更大一些！因此，如果一些词在前台不是以符合逻辑的语序展示出来，卖家在写后台关键词时，可以把这些词以最有逻辑的语序展示出来，这种情况就不算重复了，而且还能够提高这个关键词的整体搜索权重。

第三，随时补充出单词

当我们完成产品的上架推广后，如果新发现了出单搜索词，那么我建议卖家不要把这些新发现的出单词放到标题、五点描述、产品描述中。前台关键词一旦定下来就不要轻易去编辑改动了，特别是在产品已经能够稳定出单的情况下，细微的改动就有可能使之前的关键词搜索权重受到影响，这样就得不偿失了。

针对这些新发现的关键词，我建议卖家可以把它们放到后台关键词栏目，放的时候一定要记住不要放在所有关键词的前面或者插到中间，而是直接加到最后，这样才不会对现有的搜索权重造成影响。

第四，不要把其他品牌，以及ASIN埋到后台关键词栏目里面

有卖家把竞争对手的品牌、行业中的大牌名称或者ASIN放到后台关键词栏目中去，虽然这样可以增加产品的曝光，但这种行为是严重违反亚马逊规定的，一旦被查出来，可能会涉及侵权问题。各位亚马逊卖家千万不要这么操作，而且在我来看，这么做并没有产生多少积极的作用。

最后，为了方便各位读者更好地理解上述的理论知识，我提供一个标准的、写得很好的后台关键词案例，希望能够给各位卖家提供一些好的借鉴。后台关键词案例如图8-40所示。

图 8-40　后台关键词案例

8.9　产品类目节点的选择方法

亚马逊上的产品成千上万，为了更好地将产品推荐给消费者，同时方便消费者找到心仪的产品，亚马逊会使用分类树指南（Browse Tree Guide，BTG）中的编号给产品分配一个或多个类目节点。卖家在上传产品的时候，需要给产品找到一个最合适的类目节点，大部分的产品只有一个类目节点，但是也有一些产品有好多个类目节点。类目节点如图 8-41 所示。

Product information	
Product Dimensions	4.2 x 6 x 7.5 inches
Item Weight	10.9 ounces
Shipping Weight	15.2 ounces (View shipping rates and policies)
ASIN	B07FFLMV3Q
Item model number	E3728
Manufacturer recommended age	24 months and up
Best Sellers Rank	#5,130 in Toys & Games (See Top 100 in Toys & Games) #8 in Toddler Toy Figure Playsets #30 in Preschool Toy Figure Playsets #43 in Action & Toy Figure Playsets
Customer Reviews	★★★★★ ∨　1,390 ratings 4.8 out of 5 stars

图 8-41　类目节点

消费者可以通过搜索和浏览功能来查找产品。消费者在浏览产品时可能会通过锁定一些特定类目来缩小搜索范围。与单一的类目节点相比，一个产品如果拥有更多的类目节点，那么就意味着它将获得更大的曝光量，从而可以提高产品的流量和排名。在我们上传产品的过程中，如何选择并成功上传类目节点，需要注意以下几个要点。

亚马逊要求每个产品都需要设置类目节点，这是为了让产品更精准地曝光在消费者面前。一旦类目和产品的关联度相差很大，就会极大地影响消费者的体验。如今，很多亚马逊卖家希望通过给自己的产品添加多个类目节点来扩大流量来源，这么做是没有问题的，但是我们需要保证类目节点和产品有一定的关联性，如果两者关联性不大，那么这对亚马逊搜索引擎和消费者体验是非常不友好的。而且，如果产品已经有两个或者两个以上的类目节点，那么我不建议再增加节点，此时增加的节点可能会因为不够精准而被亚马逊移除。

另外，一些卖家为了把产品放到一些竞争小、销量不大的小类目中，从而轻松获取"Best Seller"的标志，放弃了原来正确的类目节点而故意把产品放进错误节点，这样操作是严重违规的，亚马逊会在广告展现和自然排名展现上对这个产品进行限制，例如，屏蔽关键词等，这将直接导致产品的自然排名上不去，极大地影响了产品的权重和排名。

针对错放类目频发的情况，亚马逊会把放错类目的产品强制归到系统认为正确的类目中，如此一来，卖家早期打造的高产品排名也会功亏一篑（如果类目节点发生变动，之前的排名和权重也会随之消失，权重是和类目节点绑定在一起的）。更有甚者，卖家很可能会收到亚马逊的警告信，甚至是被移除销售权限。

关于亚马逊类目节点的选择技巧，不同的卖家有不同的思路和方法，卖家也可以大胆地去尝试，例如，和亚马逊客服争取，要求多开几个类目节点。但是，对于亚马逊新手卖家来说，我建议在设置类目节点时不要凭自己的感觉和认知去做，不妨借鉴同行业排名前列产品的类目节点设置，通常调研十几个优秀的竞品是很有必要的。做完详细调研以后，你会发现你的竞品会有各种各样的类目节点选择方法。

最后，为了方便做竞品的类目节点调研，我给各位卖家推荐一款谷歌的浏览器插件——Amazon DS Quick View，卖家安装好以后，在谷歌浏览器里面打开插件，然后打开任意的亚马逊产品页面，这个产品的类目节点就会显示出来了，卖家不需要再点进去查看，这样可以大大节省卖家做竞品类目节点调研的时间。Amazon DS Quick View 界面如图 8-42 所示。

图 8-42　Amazon DS Quick View 界面

第 9 章

打造爆款第四步：出色的产品页面与店铺维护

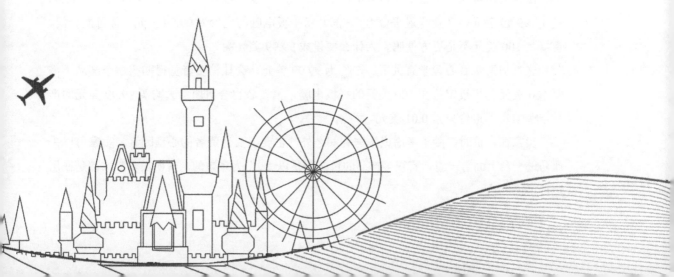

9.1 产品价格的定位和优化

亚马逊产品如何定价是一个老生常谈的问题，它看似简单却非常复杂。市场经济学理论中，价格策略也是整个市场策略里面非常重要的一环。一味地抬高价格增加利润或者一味地降低价格增强市场竞争力，都是不可取的。我们需要根据产品特性、竞争环境以及自身实际情况来制订合理的价格策略，这样才能实现良性循环，稳中有进。

亚马逊产品的价格策略不是一成不变的，并不存在一个固定的定价方法，而是需要我们综合考虑多个方面的因素来完成最终的产品定价。

1. 成本的考虑

定价时，卖家往往先综合考虑生产成本、利润、自身产品品质等多个因素，再进行定价。如果在不考虑成本的情况下定价，卖家是非常容易造成亏损的，即使是采取所谓的"战略性亏损策略"，也需要了解整体成本以后再做规划，不然可能亏损就是一个无底洞了。我建议亚马逊卖家在定价的时候可以参考以下的成本价格公式。

FBM 产品售价＝产品成本＋产品运费＋平台佣金＋期望利润＋其他

FBA 产品售价＝产品成本＋平台佣金＋FBA 头程费用＋FBA 费用（仓储＆配送）＋期望利润＋其他

* 亚马逊的大部分类目产品的销售佣金为 15%。

* 在其他方面，卖家会将推广成本、税务成本、场地成本、人工成本计入其中。

2. 消费者心理学

（1）数字"9"的催眠作用

在各大跨境电商平台上，很多的产品价格都以"9"为尾数。例如，9.99 美元、49.99 美元、99.99 美元。在亚马逊平台上，一部儿童平板电脑的定价为 99.99 美元。你可能会问，直接卖 100 美元不是更方便吗？为什么要设成 99.99 美元呢？

这就与消费者心理学有关了。定价为 99.99 美元，会让消费者觉得购买这个产品不需要 100 美元。相较定价在 100 美元的平板电脑，消费者也会更愿意去购买 99.99 美元的产品，哪怕实际定价只差 0.01 美元。

卖家在定价时，除了考虑成本与利润之外，也要顾及消费者的心理因素。卖家可以去亚马逊平台上面看一看，有很多产品的价格都是以"9"为尾数的，说明很多卖家都是在用这种定价方法。

（2）差别定价

卖家在定价的时候，可以把功能类似的同系列产品一起陈列标价，并试着以较高价的产品来影响较低价的产品。举个简单的例子，街边的服装店里，店家总是喜欢把 39 元、69 元、99 元 3 个有差别价位的衣服排列在一起，这些衣服看上去、摸起来感觉都差不多，实际上用料和做工也差不多。

如果遇到精打细算的消费者，在 99 元的衬托下，他们会觉得 39 元的衣服好便宜。如果遇到那种比较有钱，对价格不敏感的消费者，他可能更愿意买贵的产品，"贵的就是好的"，秉持这种观点的人不在少数。经济学称这种现象为"价格歧视理论"。在亚马逊平台上定价也是如此，通过分等级定价，令产品之间存在价格差别，这对销量有很大的刺激作用，而且这种刺激还是双向的，贵的产品和便宜的产品都可以有不错的销量。

3. 产品不同的发展阶段

（1）新品上架阶段

当产品刚上架时，没有好评，没有星级评价，没有忠实的粉丝，产品处于无竞争力状态。如果产品价格设成跟成熟卖家的产品价格一样，还会有人买吗？

当然不会。因此，在新品上架之初，为了快速吸引买家注意，让产品快速切入市场，卖家不妨将价格设低一些，甚至可以考虑战略性亏损，但是，也不能将价格设得太低，那样非但赚不到应得的利润，反而会让买家低估产品的价值，甚至怀疑产品是假货。

（2）产品成长阶段

当我们的产品在销量、好评、星级评价等方面有了一些突破，在整体上处于快速成长阶段的时候，我们可以稍微提高一下价格，将价格控制在比竞争对手稍微低一点的范围内。在这个阶段，不需要太追求利润，但是至少要做到盈亏平衡，也就是说不能再亏本卖货了。

（3）产品成熟阶段

当产品销量已经很稳定了，排名、流量、星级评价、销量各个方面的指标都很不错，在市场上积累了不少的人气，表现已经远超普通卖家，从各个方面的数据都可以看出这是一款爆品或准爆品时，那么这个层次的产品的比价功能已经弱化，它代表了品牌形象与店铺定位。卖家可以放心地将价格调得比市场价高一些了，只要不是高得太离谱，你会发现对销量的影响不大。

（4）产品衰退阶段

当产品在市场上"火"过后，就会慢慢地进入衰退期。例如，有的卖家是卖 iPhone7 手机壳的，但是 iPhone X 都已经出来了，用 iPhone7 的人会越来越少，相应的 iPhone7 手机壳的需求也会逐渐减弱，销量与利润都会大不如从前，卖家也没必要继续强推这个产品。

如果还有大量库存积压，卖家可以考虑尽早进行低价清仓处理。在这里也给各位卖家一个建议，如果要选择产品生命周期比较短的产品，例如，iPhone7手机壳，就必须要保证该产品的利润够高且销量够大，不然你会发现非常容易亏损，可能刚刚开始盈利就要走下坡路了。对于新手卖家，我也建议优先去做生命周期长的产品，也就是要过很长时间才会进入产品衰退阶段的产品。

合理且稳定的价格能够让卖家获得更多的利润与更大的市场份额。但是价格肯定不可能一成不变的，根据实际情况适时地调整价格，也是很有必要的。

1. 按市场需求调整价格

产品的价格不会一成不变。当一个产品供不应求时，就算是价格调高了也会有人抢着购买，当一个产品式微，可能需要把价格降得非常低才能卖得出去。因此，卖家需要根据产品处于新品上架、成长期等不同的发展阶段，以及市场需求来灵活调整价格。

2. 在促销季、节假日进行价格调整

每个电商平台、店铺在不同的时间都会有不同主题的促销活动。在亚马逊平台，除了有会员日以外，也会在欧美国家和地区的重大节假日，例如，情人节、万圣节、感恩节、圣诞节等进行促销。在节假日这类营销的黄金时期，卖家一定会制订促销策略，并大规模地调整产品价格。

3. 因其他情况调整价格

在其他情况下，例如，原材料成本上涨、运费成本上涨、人工成本上涨，卖家都可以考虑调整价格。

价格被调高以后销量会受到一定程度的影响。按照亚马逊A9算法来说，销量会影响这个产品的整体搜索权重以及关键词排名。因此，我们在调整价格的时候，一定要密切关注销量的变化。我们在新品推广以及老品维稳的时候，有一个指标非常重要，就是核心大词的首页出单量。一旦产品销量跌破了核心大词的首页出单量，产品排名是一定会掉的，那么核心大词的首页出单量是怎么计算的？

例如，我是卖充电宝的，如果我想知道核心大词"Power Bank"的首页出单量，我就直接搜索"Power Bank"，找到自然排名前五的产品，用选品工具Jungle Scout查出它们各自的每日销量情况，然后通过把5个产品的每日销量加总求和以后再除以5，得出排行前五的产品每日出单量的平均值。接下来，我们假设核心大词对于这个产品每日出单量的贡献比例是50%，那么把每日平均出单量再除以2，基本上就约等于"Power Bank"这个词的首页出单量了。如果我的产品想要在"Power Bank"这个核心大词下面搜索结果排前五，必须要达到这个出单量，不然就算在前五，排名也会很快跌下去的。

我们想要提高产品价格的时候，千万不要一下子把价格提得很高。我建议可以一天一美元往上加，随时观察产品每日出单量情况，一旦每日出单量低于核心大词首页出单量，就必须马上采取降价行动，以免产品排名受到影响。

由于亚马逊电商目前的竞争非常激烈，一般情况下，当卖家发现每日出单量已经跌破核心大词首页出单量门槛的时候，可能产品的排名已经掉了，再去降价为时已晚。为了防止此类事情的发生，我推荐使用亚马逊卖家后台一个叫作"自动定价"的工具，根据工具说明，我们可以设置定价规则，例如，当产品销量低于某个门槛数值的时候，价格会自动降下来。我们可以把核心大词首页出单量设置为这个门槛数值，当我们的每日销量低于核心大词首页出单量的时候，这个工具会自动把我们的产品价格降下来。自动定价页面如图 9-1 所示，自动定价参数的设定如图 9-2 所示。

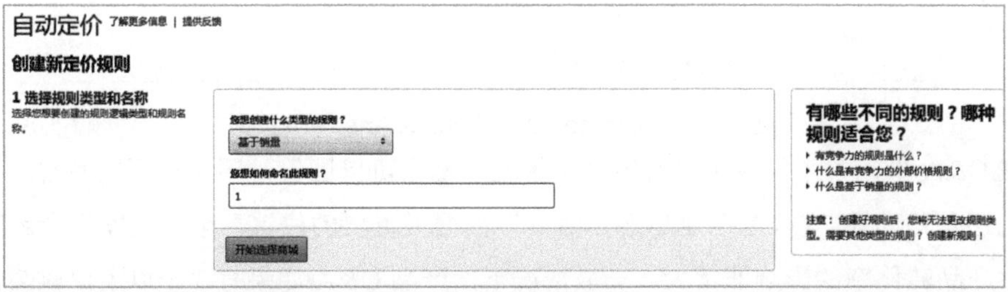

图 9-1 自动定价页面

图 9-2 自动定价参数的设定

9.2 亚马逊买家问答的维护和优化

Q&A 即 Customer Questions & Answers（消费者问答），这是亚马逊产品详情页里的一个重要版块，这个版块的主要目的是为用户提供一个卖家与买家、买家与买家之间交流产品特性、功能、质量等问题的区域，主要以问答的模式进行。Customer Questions & Answers 页面如图 9-3 所示。

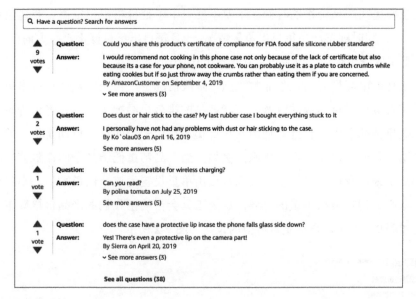

图 9-3 Customer Questions & Answers 页面

在 Q&A 里，一个问题可以有很多个答案，卖家可以回答，买家也可以回答。无论是计算机还是移动端，Q&A 在亚马逊详情页里占据很重要的位置，也是买家不会忽略的版块，对产品转化率的影响非常大。一般情况下，产品 Q&A 如果有 3 个以上，就会被亚马逊自动置于产品页面标题的下面，如果数量少于 3 个，就不会显示。而且，Q&A 版块与 Review 版块一样，卖家可以通过投票（Vote）也就是点 Yes（赞成）或者 No（反对）来控制所有 Q&A 排名的上升和下降，得到"Yes"的投票越多，相应的 Q&A 排名上升得越多，反之排名就下降得越多。Q&A 版块的投票如图 9-4 所示。

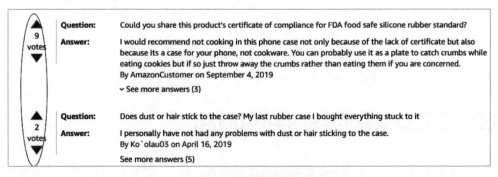

图 9-4 Q&A 版块的投票

就 Q&A 版块来说，目前不管是提出问题，回答问题，还是给其他人的答案投票，买家账号必须在过去 12 个月内用信用卡购物金额满 50 美元（不含折扣金额和会员费）。另外就算买家满足了条件可以提问或者回答了，还需要特别注意以下几个要点。

第一，如果你的问答里面涉及以下内容，亚马逊有权将其移除。

① 寄送交付的话题。

② 产品供应水平。

③ 订单的具体信息。

④ 客服话题。

⑤ 不遵守亚马逊"Customer Discussion（买家讨论）"规则的话题。

⑥ 问题或答案里面带有任何非亚马逊的外部链接。

第二，想要回答问题有两种方式：第一种是当有买家提问的时候，该产品的卖家和曾经买过该产品的买家都有可能收到邮件邀约，换句话说就是亚马逊会有选择性地给产品的卖家以及过去买过产品的买家发送回答邀约邮件。亚马逊发给卖家的邮件如图 9-5 所示。

有人会说亚马逊是有选择性地发送回答邀约邮件，如果没有被邀约但是想回答问题怎么办呢？这里还有第二种回答问题的方法。我们可以在产品的详情页找到问答版块，

图 9-5　亚马逊发给卖家的邮件

然后在搜索框里面搜索相应的关键词，那么包含这个关键词的所有问题都会出来，你可以从中选择你想要回答的问题，直接回答即可。Q&A 版块的搜索功能如图 9-6 所示。

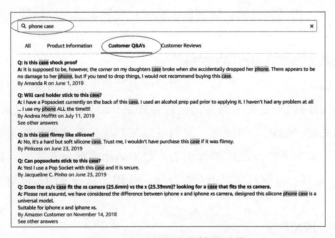

图 9-6　Q&A 版块的搜索功能

作为卖家，我们应该怎样最大化地利用 Q&A 版块呢？可能很多卖家之前并不是特别

关注这一版块，也就是任凭 Q&A 自由发展，邮箱收到问题就回复一下，并不会去花太多的精力，这样浪费了大好的资源。下面我简单罗列了几点可以去优化 Q&A 版块的方向。

1. 增加 Q&A 数量，提升版块活跃度，促进转化

对于新品来说，增加 Review 和 Q&A 的数量都很重要，Q&A 数量越多，活跃度越高，对产品页面的转化就越有利。而且相较于 Review 来说，亚马逊在 Q&A 这部分相对比较宽松，我们实施起来会更加容易。

注意：在产品处于新品期的时候，我们准备 4 ～ 8 个 Q&A 就好，不要一味求多。

2. 找买家提问、回答

试着找到一些曾经有过测评合作的熟识买家去提问或者回答。相对买家回答来说，卖家自己回答问题会缺乏说服力，效果也没有买家回答好。

3. 自问自答

卖家也可以尝试自行注册买家账号，通常用信用卡消费满 50 美元，该账号就拥有了提问、回答、点赞以及留评价的权限。看到这里，估计有些卖家可能会问具体应该怎么操作呢？下面我从支付、网络环境以及 FBA 配送地址 3 个维度来和各位读者讲一讲具体的操作方法。

支付问题：使用国内的双币信用卡即可，国内海淘的消费者也都是通过双币信用卡下单的。如果有条件，也可以使用国外银行的虚拟信用卡，一张信用卡可以生成无限张虚拟信用卡。

网络环境：这里我推荐一个常用的账号防关联工具——紫鸟超级浏览器，它可以在一台电脑上模拟出多台真实物理机的环境。

FBA 配送地址：很多海外仓、福利机构以及一些转运仓的地址都是可以直接被作为收货地址来使用的。

4. 确保问题和回答都含有产品主关键词

除了产品标题、五点描述、产品描述和后台关键词里面的内容会被亚马逊抓取和收录以外，Q&A 里的问题和答案中的关键词也会被亚马逊自动抓取并收录，因此 Q&A 版块也是一个可以去做"埋词"的地方，我们可以想办法把产品的核心关键词以及长尾词巧妙地"埋"到一些关于产品的问答里面去，然后运用自问自答模式，把这些问答贴到 Q&A 版块即可。这样一方面起到了提高转化率的作用，另一方面也能够提高相关关键词的搜索权重。

5. 置顶帖子、增加热度

我们可以从 Q&A 版块里面挑选一两个重要的可能会提高转化率的问答帖子，然后通

过投票的方式，把这个问答帖置顶让消费者一眼就能看到，从而起到增加帖子热度和提升页面转化率的作用。

9.3 买家反馈的增加、维护和优化

很多新手卖家刚刚入行时，总会听到 Review（产品评价）和 Feedback（买家反馈）这两个英文单词，并且经常会把这两个名词的意思搞混淆，因此，在这节的开始，我需要和各位读者讲解一下亚马逊平台上反馈和产品评价的区别和联系。简单来说，它们既分别独立又相互影响。

什么是 Feedback 呢？它的中文意思就是买家反馈，买家反馈可以让购买卖家产品的买家提供有关其订单体验的反馈评价和评分。买家可从"订单"页面提供反馈，首先点击特定订单，接着点击"给出买家反馈"链接即可完成。另外，买家反馈涵盖购买产品的买家在可靠性、质量和整体配送方面的体验。重心是卖家在这次订单交易的全过程中给买家带来的整体体验，而不是所购买的产品本身的使用体验，这也是买家反馈和后面要说的产品评价的最大区别。另外，买家反馈是跟着卖家店铺走的，不会跟着产品走，就算卖家不再卖这个产品，买家反馈也不会消失，我们可以在亚马逊前台点进任何一家店铺查看与之相关的所有买家反馈。店铺买家反馈页面如图 9-7 所示。

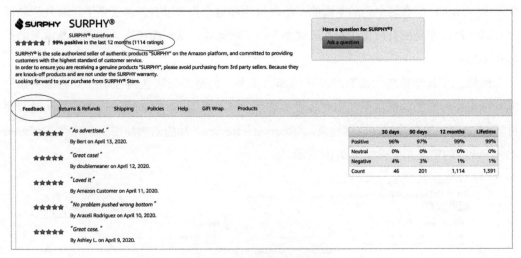

图 9-7　店铺买家反馈页面

产品评价。Review 的中文名称是"产品评价"，产品评价是提供有关产品质量、功能或实用性的描述。可以认为是针对产品使用后的评价，是产品详情页里面最重要的一部分，对消费者做出最终购买决策起到至关重要的作用。毫不夸张地说，产品评价的多少以及好坏能够直接影响该产品的有效点击率（Click Through Rate，CTR）和转化率（Conversion Rate，CR），从而间接影响产品关键词的自然排名以及站内广告的效果，这是一个产品能够获得成功的最关键因素之一。

与买家反馈相比，产品评价的限制性更小。不一定非要在亚马逊平台上面购买过这个产品，只要你的亚马逊账户在一年之内用信用卡消费超过 50 美元，原则上来说就可以对亚马逊站内所有你感兴趣的产品进行评价，这种类型的评价称为"直评"。与直评相对

应的就是有"Verified Purchase（验证购买）"标志的评价了，这类评价我们称为"VP 评价或者验证购买评价"，只有真正购买过该产品的买家留下的产品评价才会带有"Verified Purchase"标志。"Verified Purchase"示意如图 9-8 所示。

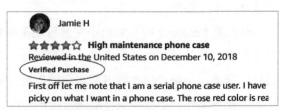

图 9-8　"Verified Purchase"示意

另外，与买家反馈相比，产品评价的影响层面也是不一样的。Feedback 会更多地影响到卖家账号，会直接影响卖家订单缺陷率指标的变化，一旦订单缺陷率指标变差，卖家就会有被亚马逊封号的风险。但是，产品评价不会直接影响到卖家的店铺，一旦这个卖家不卖这个产品了，那么这个产品下面的产品评价也和这个卖家没有任何关系了。而且产品评价对这个产品本身的有效点击率和转化率产生直接影响，从而间接影响这个产品本身的排名和曝光。

虽然买家反馈总体上没有产品评价那么重要，但是不采取任何行动，只等待买家反馈始终是不可取的。在这里，把亚马逊卖家后台订单页面上的"Request a Review（邀请评价）"这个强大的功能好好地用起来。"Request a Review"功能示意如图 9-9 所示，"Request a Review"的定义和要求如图 9-10 所示。

图 9-9　"Request a Review"功能示意

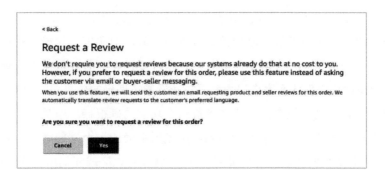

图 9-10 "Request a Review" 的定义和要求

我们点击订单旁边 "Request a Review" 这个按钮以后，亚马逊就会自动给购买过这个产品的买家邮箱发送一封官方的邀请评价邮件。虽然从名字来看，这个功能的主要目的是获取产品评价，但是实际上这封邮件会同时邀请买家去写这个产品的产品评价和买家反馈。亚马逊官方邀请评价邮件如图 9-11 所示。

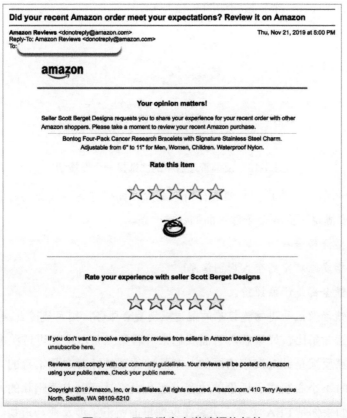

图 9-11 亚马逊官方邀请评价邮件

不管是为了增加产品评价还是买家反馈，我个人都强烈建议卖家把这个邀请评价功能用起来，我们团队关于邀请评价功能测试效果非常好，对买家来说操作也很方便，只需要点一下邮件里面的星星，就会跳转到相应的留评界面，而且就权威性来说，这种以官方名义发的邀请评价邮件比卖家自己去联系消费者邀请评价的效果要好得多。

很多读者看到这里可能会问，邀请评价这个功能的确很棒，但是一个订单一个订单去点，效率实在是太低了。我推荐紫鸟超级浏览器里面的一个功能插件，它能够实现自动批量点击，只需要我们登录紫鸟超级浏览器，一键就可以完成我们所有的邀请评价工作。

不好的买家反馈会影响订单缺陷率，对卖家账号的伤害非常大，还存在被亚马逊封号的风险。那么面对一些评级较低的反馈，我们应该如何正确处理呢？

首先我们登录亚马逊卖家后台，点击"绩效"菜单，从"绩效"下拉菜单中选择"反馈"，在反馈管理器找到相应的低评级反馈，然后找到相应的低评级反馈最右边的一个名为"选择一个"的按钮，点击一下就可以找到 3 个选项：联系买家、发布公开回复和请求删除。反馈管理器中的"选择一个"按钮如图 9-12 所示。

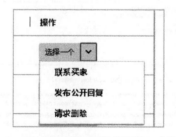

图 9-12　反馈管理器中的"选择一个"按钮

如图 9-12 所示，显然我们需要选择请求删除。如果你想要找亚马逊删除掉一些低评级的反馈，需要满足下面 4 个条件里面的任意一条。

① 反馈包括淫秽语言。

② 反馈包括卖家特定的个人识别信息。

③ 整个反馈全部是产品评价。

④ 如果反馈涉及亚马逊物流订单的配送或消费者服务，则可删除此反馈。

第一条和第二条比较好理解，下面我们来看看第三条，上文讲过买家反馈和产品评价的区别，买家反馈是针对卖家店铺的，产品评价则是针对产品本身的。因此，如果消费者在留反馈时不小心写成了评价的内容，那么卖家是可以申请删除的。接下来，我们看看第四条，如果你是 FBA 卖家，买家在反馈里面留下了涉及亚马逊物流订单配送或消费者服务不好的内容，那么这类反馈也是可以成功申请删除的，因为 FBA 产品的物流配送和相应的消费者服务都是亚马逊来做的。但是如果你是 FBM 自发货卖家，当消费者在反馈里面抱怨物流配送以及消费者服务时，你就没有办法申请删除了，因为这些都是由卖家自行完成的。

9.4 评价的增加、维护和优化

这节的重点我们会放在评价的获取和增加上，这也是亚马逊卖家非常想要了解的重要方法。

9.4.1 站内信邀请评价法

我们在讲买家反馈的时候已经和各位读者详细介绍过站内信邀请评价法了。通过亚马逊后台"Request a Review"按钮去向购买过我们产品的买家邀请评价，我个人觉得是目前提高订单留评率比较安全高效的做法，而且这样做不但能够获取评价，连买家反馈也能一起获取了，操作非常简单。因此，我建议各位卖家一定要重视起来并且利用好这个官方邀请评价功能。

9.4.2 产品卡片获评法

除了通过邀请评价邮件来提高我们的订单留评率外，跟随产品一起送到买家手中的卡片也是我们需要重点研究的对象。由于亚马逊一直在持续严厉打击各类产品卡片违规行为，所以在产品卡片的设计上，我建议各位读者一定要谨慎小心。为了最大限度地保证各位读者的账号安全，这里我推荐一种我们常用的产品卡片模式，以供各位读者参考。

首先，我们可以制作一张实体卡片，并把这张卡片放在产品包装里面。这张产品卡片可以是保修卡，买家可以通过这张卡激活或者延长保修，也可以是品牌会员邀请卡，买家可以通过这张卡加入品牌会员俱乐部，后续能够享受来自品牌的各种福利。这种产品卡片的制作模式严格来说是不违反亚马逊规定的，很多国际大牌也是这么操作的。

等买家收到产品，拆开包装看到卡片后，想要激活保修或者加入品牌会员俱乐部，就必须通过卡片上面的链接，进入邮箱注册界面。邮箱注册界面如图 9-13 所示。

图 9-13　邮箱注册界面

完成邮箱注册后，买家就可以成功激活保修或者加入品牌会员俱乐部，整个流程到此结束。作为卖家，我们获取到购买我们产品客户的真实邮箱，这些邮箱对于卖家来说是非常宝贵的资源，用途也是非常广泛的。例如，卖家想要让买家给曾经买过的产品留一个评价，或者有新产品需要买家帮忙测评，都可以直接通过邮箱去联系他们。

9.4.3　亚马逊种子链接

所谓"亚马逊种子链接"，是指一些废弃的、不用的产品链接，一般情况下这些链接上都会带有一些评价。所以新品上架还没有评价的时候，可以考虑通过变体合并的模式，合并一些"种子链接"（记得库存要调零，这样前台就只会显示评论，不会显示产品了），从而让新品在最短的时间内能够获取一定基础数量的评价。更重要的是，这些种子链接还可以循环利用，每次新品上架都可以用一次，等到产品过了新品期，再拆分下来，又变回种子链接，静静等待下一个新品的到来。

具体来说，种子链接又分为两类：一类是自然产生的种子链接；另一类是故意制造的种子链接。所谓自然产生的种子链接，是指因我们店铺中一些产品更新换代，或者长久断货等原因，彻底不用完全废弃的链接，但是这些链接上还带有相当数量的产品评价，所以这类链接我们就可以当作种子链接储存起来，等到新品上架时就可以用起来了。所谓故意制造的种子链接，是指我们会常常自建一些链接，然后人为去上一些评价，每次新品需要合并评价时，就可以随时"顶"上，这种故意制造的种子链接，一般产品货值比较高的卖家用得会更多一些。

另外，卖家要注意，通过变体合并种子链接时，不同链接之间必须保证品牌和类目是一致的，这样才能合并成功。同时，种子链接上面的那些评价，尽量与刚上架的新品是契合的，就算不太一样，也不能差太多，不然被竞争对手举报，亚马逊就会把你的变体强制拆分，新品刚得到的评价瞬间就没有了。

9.4.4 亚马逊 Vine 计划

首先，我来和各位简单介绍一下亚马逊 Vine 计划以及它的运作模式。亚马逊 Vine 计划邀请亚马逊平台上最值得信赖的评论者针对新产品发表他们的看法，以帮助其他买家做出明智的购买决定。亚马逊会根据买家针对其在亚马逊上所购买产品发布的评论的深刻程度，邀请其成为 Vine 计划的特邀评论者（也被称为"Vine Voice"）。参与该计划的卖家可以提供免费产品给 Vine Voice，以便这些选定的 Vine Voice 为其申请的产品发布买家评论。简单来说，亚马逊 Vine 计划就是提供给卖家一个亚马逊官方组织的专业测评团队，找 Vine Voice 做测评是不违规的，属于被官方认可的一种产品测评方式。

图 9-14 亚马逊 Vine 计划

以前的 Vine 计划对普通第三方卖家是不开放的，但是现在已经开始对普通卖家开放，门槛也在逐步降低。目前来说，想要加入 Vine 计划，你必须是专业卖家，已经在亚马逊注册品牌，并且拥有符合要求的亚马逊物流产品。亚马逊 Vine 计划图 9-14。

另外，我们需要确保注册 Vine 计划的产品还应满足以下几点标准。

① 是在"亚马逊品牌注册"中注册的品牌。

② 在产品详情页面上的评论少于 30 条。

③ 处于"新品"状态的可购买的亚马逊物流产品。

④ 不是成人用品。

⑤ 在注册时已经发布。

⑥ 有库存。

⑦ 配有图片和描述。

除了上述的标准外，若产品具有下列情况，则应从 Vine 计划中排除。

① 要求买家捆绑多个产品进行配送 / 评论。

② 要求评论者单独订购其他产品才能进行评论；可以注册广泛使用的产品的配件

（例如，热门手机的外壳），但不可以注册匹配特定打印机的墨盒，或者仅可在特定型号的相机中使用的替换电池。

③ 与亚马逊物流产品信息上列出的产品不一致。

下面来说一说关于 Vine 计划的注册费用问题，自 2021 年 10 月 12 日起，亚马逊针对每个注册的父 ASIN 收取 200 美元的注册费，并在注册时显示注册费用。对于每个父 ASIN，亚马逊将在商品的首条 Vine 评论发布日期后 7 天向卖家收取注册费用。

卖家在后台完成产品注册之后，亚马逊就会将注册的产品放到 Vine 社区中供有资格的买家选择。如果有买家选择了你的产品，后台就会显示出金额为 0 的订单。并且你会看到这些商品的买家没有名称。亚马逊是有意为之，因为亚马逊要通过匿名形式来保护 Vine Voice 的隐私。另外，亚马逊不能保证每一个 Vine Voice 买家在领取产品后，都会留下产品评论，所以会存在部分商品没有评论的情况。

卖家收到的评论有可能是差评。因此卖家在计划注册亚马逊 Vine 服务之前要对自己的产品有足够的自信，不然钱花出去了得到的却是差评，那就得不偿失了。

如果产品足够好，卖家还是可以考虑参加这个计划的。毕竟这是官方测评渠道，而且 Vine Voice 买家都是具有公信力的、专业的评论者，所留的评论也会有专门的 Vine Voice 标志，这样的评论可信度更高、更有说服力，对于产品转化率有更大的帮助。Vine Voice 标志如图 9-15 所示。

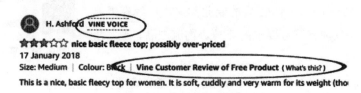

图 9-15　Vine Voice 标志

另外，亚马逊 Vine 计划特别适合做多变体产品的卖家，这类卖家的产品变体比较多，建议前期先不要急着去合并，可以把每一个子体 ASIN 都注册一遍 Vine 计划，等到各个子体的评价陆续回来以后，再把所有子体合并，这样就能把所有子体的评价都集合起来，同时也把 Vine 计划功能实现最大化的利用。请各位读者注意，一个卖家账号同时注册 Vine 计划的 ASIN 不能超过 5 个。

9.4.5　评论的维护和优化工作

很多人可能太过于看重评论的获取，认为只要能够保证好评的持续增加，其他方面就不用太在意。评论的维护和优化工作同样重要，绝对不容忽视！评论的优化和维护工作主要体现在以下 3 个方面。

1. 首页无差评

在产品详情页排名较前且不需要点击翻页就能看到的评论，我们称之为首页评论。判断首页评论的标准就是在产品详情页滚动鼠标下滑就能直接看到，不需要二次点击。这种首页评论同时也是买家浏览次数最多的，特别是对于货值较低的产品，买家可能都懒得翻后面的评论，只会参考首页评论。所以说首页评论的质量对于产品转化率来说至关重要！

那么评论的排序规则到底是怎么样的呢？如何才能把我们想要买家看到的评价展示出来？简单来说，评论的排序规则和前面章节讲过的 Q&A 版块的排序规则类似。就是得到 Helpful（买家正向反馈）数量比较多的评论就可以排在前面，得到 Helpful 数量较少的就会相应靠后。评价的 Helpful 功能如图 9-16 所示。

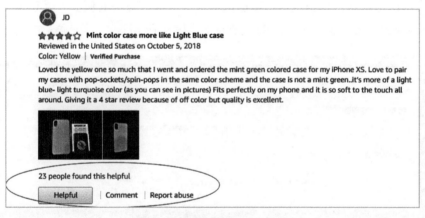

图 9-16　评价的 Helpful 功能

那些首页的评论基本上都是得到 Helpful 数量最多的评论。按照亚马逊的规定，只要满足一年之内信用卡消费超过 50 美元的买家账号都拥有点击评论下面 Helpful 按钮的权限。我们想要实现首页无差评，就需要让好评得到 Helpful 的数量大于差评得到的 Helpful 即可。

2. 如何联系客户删除差评

获取 5 个好评，不如删掉 1 个差评。作为亚马逊卖家，我们要有处理差评的能力，尽可能降低差评对产品页面的负面影响。接下来我给各位读者分享一个通过合规方法删除买家差评的方式。

首先，我们进入亚马逊卖家后台，点击"买家评论"选项卡。买家评论选项卡如图 9-17 所示。

图 9-17　买家评论选项卡

在买家评论页面，找到我们想要删除的那个差评，点击右侧的"联系买家"按钮，进入"联系差评买家页面"。联系差评买家页面如图 9-18 所示。

图 9-18　联系差评买家页面

邮件都是亚马逊编辑好的固定格式，但是可以有两个选择：一个是"礼貌的退款"，一个是"买家支持"，各位读者可以根据实际情况做出选择。例如，如果是因为产品自身问题而引起的差评，选择"礼貌的退款"的方式来联系客户，以全部退款或者部分退款来博好感，效果肯定更好一些；如果是因为买家对产品存在一些误解而引起的差评，选择"买家支持"的方式来联系客户，通过专业的沟通来消除误解，会更合适。

另外，还需要注意的是，在与买家进行邮件沟通过程中，不要提及任何与"删改差评"相关的词语，你只能通过你热情洋溢的售后服务来感化留差评的买家，让他主动删掉差评。如果留差评的买家不回复你的邮件，也不要再去打扰他了，否则就会存在被买家投诉的风险。

3. 星级的优化和维护

很多卖家比较关心评论的数量，但是忽略了评论的整体等级，也就是星级评价。我个人看来，评论的等级比数量更加重要，尤其是现在买家在留评论的时候可以直接选择星级评价，然后直接提交，不需要再写评论标题及文字内容的情况下。星级评价示意如图 9-19 所示。

图 9-19　星级评价示意

我们既然认识到了星级评价的重要性，下面就需要看一看产品星级评价到底是由哪些方面决定的？之前很多卖家可能觉得产品整体的星级评价就是所有单个星级评价的一个算术平均，这么理解是不对的。如果产品的整体星级评价是四星半，结果有了一个一星差评，马上把整体星级拉到了四星，如果按照算数平均来算，一个差评的威力是不可能这么大的。所以，产品的整体星级的算法是加权平均，而不是简单地把所有评论的星级做一个算术平均。

那么影响星级评价权重的因素有哪些呢？第一就是评论存在的时间，这个评论存在的时间越长，相应的权重也就越高，因为亚马逊会经常性地删除可疑评价，所以能一直留存下来的评论自然就是更值得信任的；第二就是评论得到的"Helpful"的数量，"Helpful"数量越多，就说明对消费者来说，这个评论越有价值，相应的权重也就越高；第三就是评论本身是不是直评，没有经过购买就留下的直评权重自然比不上实际购买以后留下的评价。星级评价的计算方法如图 9-20 所示。

所以说，我们优化产品整体星级评价的方向除了尽可能增加五星好评以外，还需要想办法增加存在时间较长的评论（非直评）的"Helpful"数量，同时把后续增加评论的工作侧重点放在有 Verified Purchase 标志的评价上面，而不是权重较低的直评。

图 9-20　星级评价的计算方法

4. 合并国际评论

2020 年年初，亚马逊新增了一个合并国际评论的功能，这个功能可以让卖家更好地拓展新的站点。例如，你的产品在美国有 1000 个评论，你用同样的 ASIN 将产品在欧洲和日本上架，美国的 1000 个评价就可以直接被挪过去，极大地方便了卖家去拓展新的目的站点市场。亚马逊也想通过合并国际评论功能鼓励更多的美国站点卖家去拓展全球站点，一套公司资料能够实现全球开店，极大地降低了卖家拓展新站点的难度！

9.5　消费者服务和账号风控

对于卖家来说，亚马逊的消费者服务和账号风控都是非常重要的环节，而且彼此之间也是相互联系、相互影响的。亚马逊是一个真正注重消费者服务的电商平台，一旦卖家的消费者服务出现问题，违反亚马逊规定或者产生大量投诉，亚马逊就会对卖家账号采取行动，轻则警告重则封号。所以说，做好消费者服务，同时知道亚马逊的"红线"在哪里，做好账号风控，是亚马逊卖家的必修课。

9.5.1　站内信沟通的注意事项

所谓的亚马逊的消费者服务，其本质就是卖家通过和买家沟通，解决买家的各种问题，让买家对产品和服务满意的一个过程。就目前情况来看，亚马逊卖家和买家的沟通渠道只有亚马逊站内信。因为亚马逊隐藏了买家的邮箱、电话以及关键地址信息，所以除了亚马逊站内信，卖家没有第二个与买家进行沟通的渠道。

站内信沟通这种模式最大的一个问题就是所有的沟通都是在亚马逊机器人的严密监

控下进行的，一旦邮件里面出现一些敏感词或者涉嫌违规的用语，亚马逊就会对卖家账号采取行动。那么我们在使用亚马逊站内信和买家沟通的时候，需要注意哪些方面呢？

首先，除了被动地回复买家发过来的站内信以外，亚马逊原则上不允许卖家主动去联系买家，除非卖家有非要联系买家不可的理由。这也很好理解，一方面亚马逊认为平台上面的买家都是自己的客户，任何绕开平台私自去和买家联系的行为都是不被接受的；另一方面，亚马逊以买家利益为第一准则，不希望太多无关的信息淹没买家的邮箱。因此，在卖家想要给买家发站内信的时候，都会被要求选择一项联系买家的具体理由。联系买家的原因如图 9-21 所示。

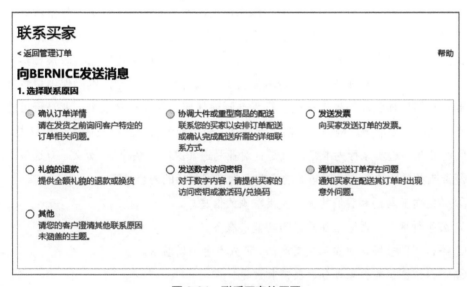

图 9-21　联系买家的原因

如图 9-21 所示，如果你发邮件的内容和上述页面的理由无法对应，建议就不要主动联系买家了。这里有人可能会说，不是还有一个"其他"选项吗？这个"其他"选项也是预先设定的，必须是和完成订单有关系的内容才可以。如果你想要通过站内信给买家发送，例如，邀请评价邮件、新品发布推送、折扣产品信息，或者测评需求等这些与完成订单完全无关的内容，那么你的卖家账号将会处于非常危险的境地。另外，关于邀请评价邮件我再多说一句，如果想要做邀请评价，直接使用前面章节说的"Request a Review"功能即可，没必要放着官方合法合规的邀请评价功能不用，反而自己发一封邀请评价邮件，这样效果不好，还有一定的风险性。

总体来说，消费者服务工作对于亚马逊 FBA 卖家来说，是非常轻量级的。只要你不去想着主动联系买家，基本上一个月也很难接到几封买家邮件，因为在 FBA 的体系下面，亚马逊已经帮助你完成了绝大部分的客服工作，只有极少数亚马逊无法处理的问题才会反馈到卖家。对此我的建议也是除了运用卖家后台"Request a Review"功能做定期邀请评价以外，各位卖家朋友就尽量不要通过站内信去主动联系买家了，除非有不得不联系买家的理由。

9.5.2　亚马逊账号风险控制

亚马逊账号的风险控制工作不管是对新卖家还是老卖家来说都是非常重要的，一旦账号被亚马逊封掉，这对你的亚马逊生意来说往往就是毁灭性的打击。想要做好账号风控，我们就必须知道亚马逊的"红线"到底在哪里，哪些东西是不容触碰的。

我们从卖家账户注册开始，所有卖家在亚马逊平台都必须遵守销售政策和卖家行为准则。亚马逊要求卖家在亚马逊平台遵循公平、诚实的行为准则，以确保消费者拥有安全的购买和销售体验。如果卖家违反行为准则或任何其他亚马逊政策，亚马逊可能会对卖家账户采取相应措施，例如，取消上架商品、暂停或没收付款以及撤销销售权限。

所谓的亚马逊卖家行为准则，就是针对亚马逊卖家的"法律"，卖家一旦违反，就会受到警告或者封号的惩罚。亚马逊的卖家行为准则包括的内容如下。

① 始终向亚马逊和我们的买家提供准确的信息。

② 公平行事且不得滥用亚马逊的功能或服务。

③ 不得试图损害其他卖家或其产品 / 评分或者加以滥用。

④ 不得试图影响买家评分、反馈和评论。

⑤ 不得发送未经请求或不恰当的沟通信息。

⑥ 只通过买家与卖家消息服务来联系买家。

⑦ 不得试图绕过亚马逊销售流程。

⑧ 未经亚马逊许可，不得运营多个"我要开店"账户。

⑨ 若违反卖家行为准则或任何其他亚马逊政策，亚马逊可能会对你的账户采取相应措施，例如，取消上架产品、暂停或没收付款以及撤销销售权限。

当然，卖家行为准则肯定不会只有9条，这里因为篇幅有限没有全部列举出来。

在卖家后台搜索《销售政策和卖家行为准则》即可获取全部的行为准则。我建议各位读者把《销售政策和卖家行为准则》至少熟读一遍，运营主管应该组织所有新老运营人员学习《销售政策和卖家行为准则》，最好把它打印出来贴在公司，时刻提醒自己在选品运营工作中，不要违反这些规则，尽可能地确保账号安全，做好账号的风控工作。

虽然我们会尽全力避免账号违规被封，但是如果真正遇到账号被封的情况应该如何高效处理呢？账号被封以后就只能坐以待毙吗？显然不是这样的，就算账号被封，也不是说"末日来临"了，我们还是有很大的机会"救回"账号的。

卖家在亚马逊账号被封后，通常会收到一封来自亚马逊的通知邮件，如果账号"没救"，亚马逊会直接告诉你的账号"没救"了；如果还能解封账号，亚马逊会在通知邮件里面讲明你被封号的原因以及相应的解封方法。所以说，这封通知邮件就是我们找亚马逊申诉，实现账号解封的一把钥匙！虽然封号的原因各有不同，但是封号通知邮件的模式和沟通方式基本上是一样的，下面我会分三步来解读亚马逊的封号通知邮件，同时提炼出能够帮助我们解封账号的关键信息。

第一步，如何知道被封号的原因？很多卖家朋友在被封号以后，面对英文或者其他语言的通知邮件一脸茫然，不知道从何看起。在封号通知邮件中，亚马逊会直接告诉你封号的原因，看不懂英文直接使用机器翻译就可以了。下面我总结了几个被封号的普遍原因。

Why is this happening?——为什么会发生？

You have used more than one account to sell on our site.——账号关联。

Sellers on Amazon.com are not allowed to list items without a valid credit card on file.——资料审核没通过。

You have one more violations against the ASIN Creation policy.——ASIN 违规。

The Amazon's Selling Policies and Seller Code of Conduct prohibit.——违反销售政策。

Because you are manipulating product Reviews.——操纵评论。

You have been manipulating ratings，feedback，or customer Reviews on Amazon.——操纵等级、反馈信息以及买家评论。

You have manipulated customer Reviews on your products.——在出售产品过程中操纵评论。

An unauthorized party has continued to access your account.——为了账号安全，暂时锁定你的卖家账号。

Sellers on Amazon.com are not allowed to create listings that violate Amazon selling policies.——违反亚马逊销售政策。

Your account has been linked to the listings or sale of restricted products.——销售违

禁品。

总之，想知道自己犯了什么错，找到封号通知邮件里面"Why is this happening?"这句话下面的句子就可以了。基本上所有的封号邮件都是有模板的，有用的信息也是有限的，我们只需要抓住关键语句即可。这里再多说一句，如果你接到的封号邮件开头第一句话就是："Your Amazon Seller account has been permanently deactivated. Your listings have been removed from our site."（你的亚马逊账号已经被永久关闭，你的产品页面会被移除亚马逊站点），那么你就不要再挣扎了，这种情况说明已经没有申诉的必要了，亚马逊决定永久封掉你的卖家账号。

另外，在申诉信里面，一定要详细交代自己的错误和问题，越详细通过率越高。一定要记住千万不要否认违规事实，也不要找竞争对手"陷害"的理由，亚马逊是不会相信这些的。

第二步，知道自己错在哪里之后，下面就是如何整改了。除非像上文说的那样，亚马逊永久地封掉了你的账号，不然它都会要求你写一份未来的整改计划以及提供相应的辅助证明材料。你只有按照要求写一份行动计划（Plan of Action，POA），同时提供所要求的辅助证明材料，才能够最终解封你的亚马逊账号。这些要求都会在封号邮件里面写明。因为每个店铺的情况不同，所以出现的内容也会有所不同。为了方便各位读者更好地找到这部分内容，快速提取关键信息，我在下面列举了一些经常出现的关键语句，一旦各位读者看到这种句子，留意下自己店铺的情况，按照后面的提示一步一步往下操作，写计划，提供材料，千万不要有疏漏，切不可想怎么操作就怎么操作，白白浪费了时间和机会。

What's next?（下一步是什么？）

（1）To prevent your account from being temporarily deactivated，please send us the below information within 24 hours.（一般需要提供的信息会在这个句子下面列出。）

（2）How do I reactivate my listings?（如何重新激活我的产品页面。）

To reactivate your listings you may provide one of the following: A letter of authorization or a licensing agreement from the manufacturer or Rights Owner demonstrating.（一般需要提供的证明材料会在这个句子下面列出。）

（3）How do I reactivate my account?（如何重新激活我的账户？）

To reactivate your selling account，please submit a plan of action that describes.（关于POA如何写以及写作要求会在这个句子下面列出。）

第三步，在邮件的末尾，亚马逊会告诉你两件事情：第一件事是如果你没有按照要求提供证明材料和行动计划会有什么后果，例如，账号永久被封；第二件事是给你提供一个申诉通道，可以向哪一个团队申请帮助或者向哪一个官方邮箱提交申诉材料。这些内容也是非常重要的，我们在看邮件的时候也千万不能遗漏掉。

一般来说，亚马逊的封号通知邮件都会包含上述 3 个部分的内容，这里面的信息量不少，而且针对不同的封号原因，邮件可能会有一些不一样的地方，卖家们一定要详细阅读，根据自己店铺的情况准备好资料，提交申诉信，这样才能够极大地提高账号解封的成功率！

最后，我展示一封申诉信模板，这封申诉信主要是申诉因"操纵评论"被封号的，展示这封申诉信的目的是让各位读者知道完整的申诉信大概是什么样子，同时也希望能够给各位读者提供一些参考和借鉴。封号原因不同，相应的申诉信要求也是不同的，以收到的亚马逊通知邮件为准来写申诉信，千万不要盲目套用下面的模板，因为一个模板一旦用得多了，亚马逊可能会判定用同一个类型模板的卖家账号属于关联账号，然后把用了这类模板的卖家账号全部封掉。下面这封申诉信模板仅供参考。

Dear Seller Performance Team，

Thank you for informing us that our selling privileges have been removed because we manipulate product Reviews. Any attempt to manipulate ratings，feedback，or Reviews is prohibited. We profoundly realized that it is a very seriously wrong behavior violating Amazon policy. According to Amazon's suggestion，we have made a complete and thorough investigation regarding the problem and actions to avoid similar violations again.

1. What reasons caused the issue.

Recently our company recruited some new sales employees for expanding our business scale on Amazon，however，we didn't carry out a systematic and effective training regarding the Amazon policy for the new employees immediately. One new employee made a mistake and manipulated product Reviews，which is prohibited by Amazon policies.

2. Detailed information Amazon required.

(1) All methods we used to post or obtain customer Reviews.

(a) From the third parties who can provide the Review service. We ask them to post the customer Reviews.

(b) From emails the Reviewers sent on Amazon. We received some emails from the Reviewers who provided the customer Reviews.

(2) Contact information for any third parties we engaged to obtain prohibited Reviews.

http：//www.×××.com

(3) Identifying information for any customer accounts we or third party used to post prohibited Reviews.

Attachments are the related customer accounts we used to post prohibited Reviews.

(4) List of any prohibited Reviews remaining on the Amazon site.

Attachments are the related prohibited Reviews remaining on the Amazon site for your reference.

3. Actions we have taken to resolve the issue.

(1) Provide the remaining prohibited Reviews and the information of the third party who posts prohibited Reviews.

According to Amazon's requirement，we have provided the remaining prohibited Reviews and the information of the third party who posts prohibited Reviews. We guarantee that the similar problem won't happen again.

(2) Strictly inspect all our listings.

Once we received the notification that our selling privilege was removed，we checked whether all the other listings have the similar problem immediately. All the related products have been double checked and guaranteed that all the Reviews are normal. We promise that all the listings don't have the similar problem now.

(3) Strengthen staff training.

We will enhance Amazon policy training for the employees and make sure that every sales employees are clear about the detailed policies on Amazon. Meanwhile，we have invited some experienced people to train our new sales employees until they master all the related knowledge regarding Amazon policies in order to avoid such mistakes caused by human factors. In addition，for the future business on Amazon，we will not only seek for expanding the scale of sales on Amazon，but also make sure all the products comply with the Amazon's polices. We believe that we can do it better with a professional，skilled，and expanded sales team.

(4) Improve our product quality to make sure that every customer can be satisfied and leave the positive Reviews initiatively.

All our products have been checked by professional QC team to make sure that they are fully functional and as described. Meanwhile，we have strictly checked the supplier's qualification. We timely change the supplier If they are not qualified. We deeply realize that what we should do is to try our best to provide our mutual customers with the premium products and satisfactory after-sale service, rather than manipulate customer Reviews.

4. Actions that we will take to ensure similar situation won't happen again.

(1) Strictly check the listings before uploading on Amazon.

We have set up a special team for fulfilling our shop's daily work in order to provide our mutual customers with a better shopping experience. All products must be double checked by the sales employees and the sales manager before uploaded on Amazon. Meanwhile, it is promised to completely put an end to the violation actions against the Amazon rule before a product is uploaded. We guarantee that all the products obey to laws and Amazon's policies, all the Reviews are normal and reasonable.

(2) Strickly check our employees qualification.

We will strictly check our employees qualification. We will timely change the employees if they are found not qualified to make sure that all our listings meet the requirements and policies on Amazon.

(3) Regularly check our listings and product Reviews.

All listings and product Reviews will be regularly checked to make sure that they all comply with the policies and requirements on Amazon. We guarantee that the similar problem won't happen again.

(4) Timely check product Reviews and improve our services.

(a) On one hand, customer service training on all aspects of product knowledge. Get familiar with the company's products and improve the effectiveness of the page description.

(b) On the other hand, check our emails, feedback and product Reviews timely. Besides, send emails to our mutual customers regularly and get their feedback regarding our products and services. Reply customers' messages within 12 hours and try our best to, conscientiously analysis the causes of the problem customers encountered, and provide them with a satisfied solution as soon as possible. We guarantee that the similar problem will not happen again.

(c) In order to provide our mutual customers with a better shopping experience, we guarantee that we will help them exchange the products for free under 1 year warranty.

(5) Implement the FBA plan for more and more listings.

In order to give our mutual customers a better shopping experience, we will use FBA service for more and more listings as soon as possible. We trust in Amazon's distribution capabilities and after-sales customer service capability. FBA can always win customers' favor by timely delivery and courteous service.

(6) Improve communication with Amazon.

If we are not sure whether our behavior complies with policies on Amazon，we will actively contact with Amazon immediately and won't blindly upload the products and manipulate product Reviews again.

(7) Carefully learn and strictly obey Amazon's policy.

We have carefully learned "Prohibited seller activities and actions"，and "Condition Guidelines" etc. Meanwhile，we will strictly obey Amazon's policy. We guarantee that the similar problem will not happen again.

Amazon sets out the highest standards towards product quality and customer satisfaction and that is also what we are working for. It is necessary for each seller to create a better shopping environment together. As you know，we are a new seller. We will never do the similar violations again. Therefore，we will strictly obey the Amazon sales rule，try to maintain the good Amazon reputation in promoting Amazon to be the best shopping and sales platform.

With the above improvements，we have full confidence that we can do it better and want to stay with Amazon's business and grow together. We sincerely hope that you can give us an opportunity to improve and we will use our actual action to reciprocate our customers' trust on us. We have confidence to do it better! Please let us know once you have received this email or if you have any further information you want us to provide.

Looking forward to hearing from you soon.

Thanks for your kind help and have a nice day.

Best Regards，

XXXXX

第 10 章

打造爆款第五步：站内自然流量的获取和优化

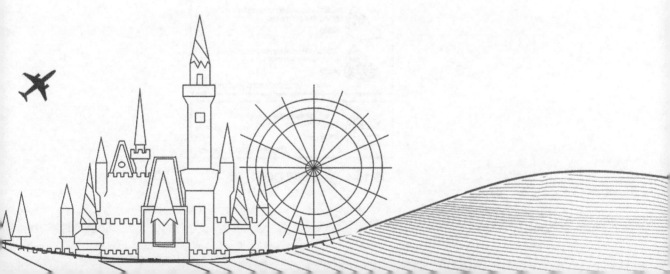

10.1 站内自然流量的主要构成详解

在这一章节的开头，我先和各位卖家解释一下自然流量（Organic Traffic），自然流量简而言之就是不花钱的流量。与之对应的就是付费流量（Paid Traffic），也就是我们比较熟悉的广告流量。亚马逊的站内流量也分为站内自然流量和站内广告流量。不仅在亚马逊，就任何线上流量来说，都可以划分为自然流量和付费流量。

亚马逊和独立站最大的区别就是亚马逊是自带流量的，独立站则需要卖家自己去引流。这也间接解释了那些天天只知道上传产品，从来不打广告的铺货型卖家为什么也能出单，这就是因为亚马逊站内有非常大的自然流量。

10.1.1 关键词自然搜索流量

绝大部分的外国消费者在亚马逊购物时首先会在搜索框中输入自己有意向购买产品的关键词，即通过亚马逊搜索框来进行意向产品的搜索和选择。你想想你去淘宝买东西时基本上也是通过搜索相关关键词找到意向产品的，国内外的线上购物网站基本上是一样的。

关键词的搜索流量占了亚马逊绝大部分的流量来源，根据亚马逊官方的统计数据，搜索流量占了亚马逊产品流量来源的 60% 以上。关键词搜索流量又分为自然搜索流量和广告搜索流量。关键词搜索结果分类如图 10-1 所示。

图 10-1　关键词搜索结果分类

而在关键词搜索结果中，自然排名的位置数量要远远多于广告位置的数量，这点也很好理解，如果搜索结果前排大部分是买来的广告位，会给消费者带来非常不好的购物体验。

与关键词广告搜索流量相比，自然搜索流量还有一个好处，就是可以减少庞大的广告开支，自然排名位置的点击不会产生任何广告费用，这样就能够把推广运营成本降到最低，所以每一个亚马逊卖家运营产品的最佳状态是与产品相关的所有关键词都能排在展现自然排名位置的首页。原因很简单，站内关键词自然搜索流量的大部分会被首页排名前列的产品吸走，首页靠后的产品可能还有一些机会。

我们把这种关于尽可能提高产品项下关键词自然排名的工作称为搜索引擎优化（Search Engine Optimization，SEO）。SEO 工作不仅存在于亚马逊平台上，在一切以搜索引擎为主导的平台都会存在相应的 SEO 工作，例如，谷歌 SEO 等。那么 SEO 工作的核心是什么呢？就亚马逊 SEO 而言是亚马逊的 A9 算法，我们需要理解 A9 算法的运行逻辑，并且按照 A9 算法的运行规则去做有针对性的优化，才能够实现关键词上首页的目标。

10.1.2　产品关联流量

在亚马逊上，某种程度上是淡化店铺概念的，虽然每个卖家都有店铺，但从亚马逊系统的算法层面来看，平台并没有给店铺过多的流量和支持，如果再从消费者的角度来看，大部分亚马逊用户的认知是"从亚马逊这个大商超里买了一件产品"，至于这件产品的卖家是谁，消费者并不关心。基于此，"重产品，轻店铺"就成了亚马逊的一个典型特征。而且亚马逊也非常乐于看到这种情况出现，因为只有这样，平台上的消费者才永远都是它的消费者，第三方入驻卖家是带不走的。

亚马逊作为一个线上的大商超，其目的肯定是希望每一位访客都能够产生购买意向，变成消费者，然后在平台上沉淀下来变成"忠实用户（Prime 会员）"。而要想让一位访客变成消费者，你必须提供恰到好处的产品才行，也就是说在不影响消费者体验的前提下尽可能增加转化的机会和可能性，显然只有搜索这一个流量入口肯定是不够的。所以，亚马逊就充分利用产品关联的方式，为搜索任何一个产品的访客提供更多的选择。

这种产品关联具体表现在哪些方面呢？当我们打开一个亚马逊产品的详情页面，在产品详情页面中会看到很多与这个产品类似的及相关的产品，这些产品可以在不同的方面吸引消费者的关注，获得点击；而对于卖家来说，这些就是我们经常谈到的关联流量。"一起买"

如图 10-2 所示，"买了又买"如图 10-3 所示，广告关联页面如图 10-4 所示。

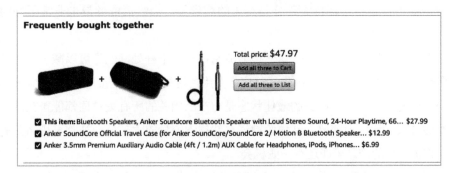

图 10-2 "一起买"

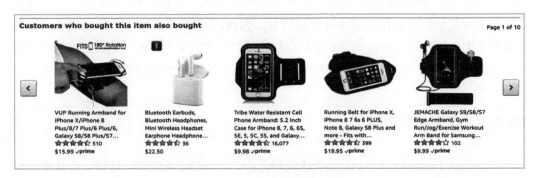

图 10-3 "买了又买"

关联流量也分为自然关联流量和广告关联流量两个部分，"一起买"和"买了又买"就属于自然关联流量，流量点击是免费的。图 10-4 中的关联栏目就属于广告关联流量，点一下是要付费的。

图 10-4 广告关联页面

产品自然关联形成的逻辑是什么呢？只要产品 A 和产品 B 经常被同一个买家一起购买，那么就可以构成关联条件了，产品 A 和产品 B 都有可能出现在彼此的产品详情页面下的自然关联栏目中。这里多说一句，只要同一个买家曾经买过产品 A 和产品 B 即可，不需要同时购买产品 A 和产品 B。亚马逊产品关联网络如图 10-5 所示。

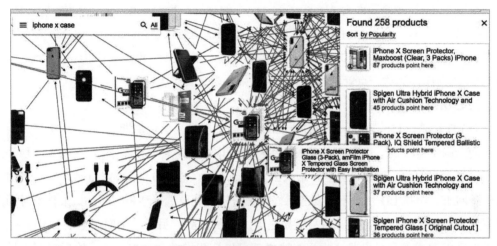

图 10-5　亚马逊产品关联网络

为了方便各位读者更好地理解亚马逊产品的关联流量以及相应的整个关联网络，可以看看图 10-5，产品 A 指向产品 B 的意思就是说产品 A 出现在产品 B 的详情页面中，各位读者可以观察一下箭头最多的产品，大多数是卖得好的，因为其有足够大的关联流量。

一般来说，一个产品的站内流量绝大部分是由搜索流量和关联流量构成的，其中关联流量占到产品站内流量来源的三成左右，对于服装、珠宝首饰等有风格和调性，需要精挑细选的类目来说，关联流量的占比甚至会更大。所以说关联流量对于亚马逊卖家是非常重要的。

10.1.3　站内秒杀流量

在亚马逊官网首页搜索框下面的菜单栏，有一个专门的 Today's Deals（今日秒杀）的入口，这也是很多希望购买打折物品的消费者的首选入口，这个交易流量入口也是整个站内自然流量的重要组成部分。这个入口内部主要含有 Deal of the Day（今日秒杀），Lightning Deals（闪电秒杀），Savings & Sales（节省与促销），Coupons（优惠券），Prime Early Access Deals（会员专属秒杀）。但是从这个入口进去之后，除了 Deal of the Day 这个项下的产品永远排在前 3 个位置之外，其他的产品并没有做详细的项目区分。如果消费者想要找到自己中意的产品，通常会通过左侧的类目栏去缩小搜索范围，进而找到目标产品。

如果卖家要抓住这些流量入口，就要想方设法地去申报一些促销活动。

1. Deal of the Day

即秒杀之王，秒杀页面有"Deal of the Day"的标签。每天只有 3 个广告位，极为稀有，时间持续 24 小时。从单位时间流量和转化率效果、销量来说，Deal of the Day 是一种最好的促销方式。Deal of the Day 的申报门槛非常高，卖家保证至少有 10 万～ 20 万的库存在 FBA 的仓库，光这一点就足以劝退大多数中小卖家。

2. Lightning Deals

即 LD 秒杀，150 美元一次，"Prime Day（会员日）""黑色星期五""网络星期一"等活动期间的费用更高，卖家可以在账号后台自主申报。随着申报卖家的增多，LD 秒杀的效果已经大不如前，很多人可能秒杀只出了 3 ～ 5 单，连 150 美元的 LD 秒杀申报费用都没有赚回来。申报 LD 秒杀不仅要考虑好促销价格，还要选好秒杀时间。如果秒杀时间安排在美国时间的夜里或凌晨，效果肯定是要大打折扣的。另外，我们在申报 LD 秒杀时，尽量以系统要求的最低数量去提报，这样就可以让我们的产品在秒杀开始后能够以最快的速度销售掉，亚马逊也会判定我们的产品非常受市场欢迎，进而会给我们更好的秒杀位置以及更大的曝光。各位读者也不用害怕低量库存被秒光导致秒杀无法进行下去，我们可以在秒杀过程中随时增加库存，保证秒杀库存的充足供应。

3. Savings & Sales

这个秒杀就是众人熟知的 Best Deals（最好秒杀），这是秒杀活动中性价比最高的一种方式，不但是免费的，而且周期长达 14 天，如果能报上，会给产品的权重带来不小的提升。不过 Savings & Sales 还未开放自助申请功能，目前要通过招商经理进行报名。另外，上文说到过的七天秒杀，也会出现在这个版块。

4. Coupons

在后台可以自行设置亚马逊的优惠券。每次买家领取优惠券，亚马逊会收取 0.6 美元的服务费，看似不多，核算下来也是一个不小的成本。设置了优惠券的产品会出现在 Today's Deals 的优惠券页面，但是排名靠后的产品基本无人问津，所以优惠券想要效果好必须要上首页才能抢到这部分流量。优惠券上首页和关键词上首页的逻辑是一样的，如果申报优惠券的人多了，用优惠券购买的人相应也会增多，自然就会上到首页了。

5. Prime Early Access Deals

Prime Early Access Deals 是 LD 秒杀的会员独享版，主要是针对亚马逊的 Prime 会员。与非会员相比，Prime 可以提前一段时间使用 LD 的折扣，对于这些会员来说 LD 持续时间也会更长。

10.1.4　排名榜单流量

亚马逊会根据不同的排名逻辑设定一个不同的排名榜单，很多买家都会去看这个榜单，然后购买排名靠前的产品，这部分也是站内产品自然流量的一个重要来源。目前亚马逊根据不同的计算方法设置了 5 个排名榜单。亚马逊的 5 个排名榜单如图 10-6 所示。

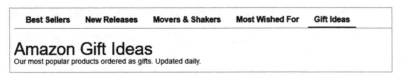

图 10-6　亚马逊的 5 个排名榜单

通过谷歌或百度搜索关键词："Amazon Movers & Shakers（亚马逊销量飙升榜）"，即可找到亚马逊排名榜单页面进行详细了解。

① Best Sellers（销量排行榜）。

② New Releases（新品排行榜）。

③ Movers & Shakers（飙升排行榜）。

④ Most Wished For（心愿单排行榜）。

⑤ Gift Ideas（礼物选择排行榜）。

综上所述，亚马逊的站内自然流量基本上是由以上 4 个流量入口构成的，其中自然搜索流量和自然关联流量是站内自然流量的主要组成部分。很多人看到这里可能会认为亚马逊产品自然流量入口只有 4 个，仔细研究下来站内流量入口肯定不止这些，而且随着页面不断改进，新的流量入口肯定也会不断增加，包括最近出现的 Editorial Recommendations（编辑推荐产品）、Browse（类目浏览），以及 Highly Rated（高评分产品）等，这些基本属于依托关键词搜索流量延伸出来的流量入口，而且这些流量入口的流量贡献相对较小，在新品前期我们不用特别在意，只要抓好我讲的这 4 个流量入口即可。

10.2　揭秘亚马逊 A9 算法

亚马逊产品关键词的自然排名是由 A9 算法决定的，我们要想做好亚马逊站内 SEO 工作，就必须深刻地理解亚马逊 A9 算法。亚马逊 A9 算法是一种排序算法，简单来说：

从亚马逊琳琅满目的产品类目中挑选出与消费者搜索最相关的产品，并且根据相关性排序展示给消费者。根据这个定义，我们知道：亚马逊 A9 算法专注于产品搜索及搜索结果排序。不了解亚马逊 A9 算法，你又如何实现关键词上首页呢？

那么从亚马逊 A9 算法的角度来看，一个关键词从被填写到收录，再到最后能上首页到底是一个什么样的流程？亚马逊 A9 算法在中间是如何运行的呢？

经过我们团队一直以来的探索和尝试，我们总结出亚马逊 A9 算法运行的 4 个步骤。

第一步：你要告诉亚马逊，你的产品是什么。如果我们是卖苹果的，你必须要把"Apple（苹果）"这个关键词写在亚马逊 A9 算法能够看得到的地方，这些看得到的地方是哪里呢？可以是在产品标题、五点描述、产品描述、后台关键词、属性词，以及产品品牌等官方规定的位置。

第二步：当你告诉亚马逊你卖的是 Apple 的时候，亚马逊是否知道你卖的是 Apple 呢？这一点是存疑的，就像你高考报名后并不代表你真正报名成功了，只有拿到准考证才能说明你真正报名成功。这就是我们第二步要讲的收录，即 Indexing。对任何搜索引擎来说，收录都是重中之重，如果"蜘蛛"都没有有效爬取到产品，又谈何排名呢？

第三步：收录完成后，那么你的产品就可以在列表中了。问题又来了，虽然在 Apple 这个班级，你已经在花名册上了，但是 Apple 那么多，消费者搜索"Apple"的时候，你能排第几，这就由关键词的转化率和有效点击率决定了。所以这一步搜索引擎需要根据搜索权重进行排序。

第四步：这一步和以上三步几乎是同步发生的。因为亚马逊是一个线上购物平台，产品必须要按照不同的类目去做一个区分，从而方便消费者选择，线下超市也是如此，不同类目的产品摆在不同的专属区域。每一个产品都必须放到正确的类目节点下面，不然会被搜索引擎直接屏蔽。

以上就是亚马逊 A9 算法的整个运行模式，只有完全理解整个运行模式才有可能实现关键词上首页的目标。看到这里还有很多人不太清楚运行模式的具体操作方法，接下来我会逐一分析以上 4 个步骤。

10.2.1　亚马逊 A9 算法运行第一步之埋词

亚马逊 A9 算法运行的第一步就是往产品页面中埋词，告诉亚马逊你卖的到底是什么产品。首先我们看一看产品页面中能够被亚马逊收录的 4 个重要位置：Title（标题）、Bullet Points（五点描述）、Search Terms（后台关键词）和 Product Description（产品描述），上述排名是根据权重大小来排的，其中 Title 排名最前，所以权重最大。如果想要做好埋词工作，我们需要把与这个产品相关的所有词找出来，然后按照可读性原则嵌入上述这几个位置。所谓可读性原则就是内容是第一位的，不能为了堆砌关键词而放弃内容的可读性。

另外，亚马逊是按照一个词、一个词来收录的，并不是按照一个词组、一个词组来收录的。卖家可以把亚马逊整个产品页面中各个位置的词集合起来，当作一个巨大的词库。假设：关键词 A 在标题里面，关键词 B 在后台 Search Term 里面，当前台搜索 A + B 的时候，这个产品依旧会出现。并不需要 A 和 B 紧挨在一起。由此可见，词的重复是没有意义的，标题出现过的词在后台的 Search Term 位置就不要再出现了，词与词之间加逗号也是没有意义的。

10.2.2　亚马逊 A9 算法运行第二步之收录

完成了第一步的关键词布局，第二步是让亚马逊收录了，并且还需要确认收录是否成功。因为在"蜘蛛"爬取的过程中，遗漏是在所难免的。

我们如何测试关键词是否被亚马逊收录了呢？我们需要采取的一种方法就是 ASIN + 关键词测试法。具体怎么做呢？如果你是卖充电宝的，你的 ASIN 是 123456ABCDE，如果你想知道亚马逊有没有收录 Power Bank 这个词，你就去亚马逊前台搜索：123456ABCDE Power Bank（ASIN 和关键词之间用空格隔开），如果你的产品页面出现在下面的搜索结果中，那么这个词就已经被亚马逊收录；如果出现的搜索结果为零，或者在搜索结果中找不到你的产品，那么就说明这个词还没有被亚马逊收录。

如果关键词没有被收录该怎么办呢？推荐一个方法去加快收录速度，即先把这个没收录的关键词放进标题里面，然后用站内 CPC 广告为其设置成精准匹配的模式，竞价尽量设置得高一些，在 2 ～ 4 美元，设置 3 ～ 5 天，基本上就能通过广告购买完成这个词的收录了。

10.2.3　亚马逊 A9 算法运行第三步之关键词排序

完成关键词收录以后，下一步就是排序工作了。根据我们对 A9 算法的研究，决定产品下面不同关键词排名的关键性因素只有一个：产品的转化率。这里的转化率并不是指这个产品页面整体的转化率，而是指单个关键词之于这个产品的转化率，某个关键词之于这个产品的转化率越高，那么这个产品的搜索结果就越靠前。所以说我们看卖家后台业务报告中的转化率是没有意义的，因为那是整体产品页面的转化率，而不是某个单一关键词的转化率，只有单一关键词的转化率才是有意义的。很多卖家在新品上架时，会让一些在美国的朋友通过搜索一些核心关键词，一页一页地翻，最终找到产品来完成购买，这样会提高这个核心关键词的自然排名。

提高产品整体转化率真的没有意义吗？也不能这么说。因为产品整体转化率的提高能够提高产品下面所有关键词的排名，但是一个产品下面相关关键词众多，分配到每一个关键词上面的权重也就微乎其微了。

10.2.4 亚马逊 A9 算法运行第四步之类目节点卡控

亚马逊作为购物搜索引擎和谷歌作为信息搜索引擎有一个巨大的区别，即亚马逊上每一个产品都会被划分到相应的类目节点中，亚马逊 A9 算法赋予关键词的所有权重也会和产品所在的类目节点绑在一起，而且类目与产品的相关性越强，亚马逊 A9 算法就会给予更多的曝光机会和相应权重。所以，准确的类目节点放置是非常重要的，如果故意放错类目节点，亚马逊会在广告和自然排名展现上对你的产品页面进行限制。我们之前在推广产品时，经常会发现有些词的自然排名怎么也推不上去，而且在做广告的时候，曝光非常少。出现此类情况都是其类目节点放置出现了问题，更换了正确的类目之后，广告和关键词的自然排名就恢复正常了。

所以，卖家在上传产品时，记得找到你产品类目里面的销量最好的产品，参照它的类目节点去设置你自己的节点，这样就能够保证你设置的类目节点是符合亚马逊 A9 算法相关性原则的。类目一旦选定就不要轻易去改变，如果擅自改变类目节点，之前的排名和权重就会直接归零。

除此之外，把产品放到正确的类目还有一个很大的优势：可以极大程度地利用 Browse 这个流量入口。Browse 的中文意思就是"浏览"，亚马逊买家在亚马逊上找到产品的方式除了搜索关键词外，就是用类目浏览的方式找到最终的产品，具体分为三步走：类目浏览第一步如图 10-7 所示，类目浏览第二步如图 10-8 所示和类目浏览第三步如图 10-9 所示。这 3 张图简单地模拟了一个真实的亚马逊买家通过类目路径浏览，最终找到产品的全过程。在整个过程中，买家并没有输入任何的关键词，而是靠大小类目层层递进，最终找到了产品。你试想一下，如果你的类目放置得不对，是不是错过了整个类目浏览的流量入口呢？

图 10-7　类目浏览第一步

图 10-8　类目浏览第二步

图 10-9　类目浏览第三步

在类目浏览第三步，页面出现的产品都是以 Best sellers（销量最好的产品）和 Hot new releases（新品排名）榜单里面的产品为主。所以想要最大化利用类目浏览，产品提前进入这几个排名榜单也是至关重要的！

以上就是亚马逊 A9 算法的完整运营逻辑，希望各位读者能够好好学习研究，从而弄懂亚马逊关键词排名和搜索流量的奥秘。关于亚马逊 A9 算法，最后再回应一个比较热的话题：2019 年亚马逊关闭了 A9 算法官网，传闻亚马逊将弃用 A9 算法，采用全新的算法，不过到目前为止亚马逊官方对外也没有一个明确的说法。而且就我们近期的实操经验来看，亚马逊整体的搜索算法并没有太大的改变。对于亚马逊这种大的电商平台来说，算法就是基石，只会微调不可能大改。所以各位读者大可放心，上面讲的算法内容在未来相当长的一段时间内是有效的！

10.3　站内关键词搜索流量的获取和优化利用

想要做好站内关键词自然搜索流量的获取和优化，就必须了解买家从搜索关键词一直到最后下单的全部流程。只有了解了全部流程，才能知道如何优化每一个细节，尽量把转化率做到极致。

我会以 Anker 牌爆款充电宝产品为例，详细剖析上面这 3 个转化的全流程，同时帮助各位找到相应的优化点，提出具有可行性的优化建议。Anker 牌充电宝如图 10-10 所示，Anker 牌充电宝各环节转化率如图 10-11 所示。

Portable Charger Anker PowerCore 20100mAh - Ultra High Capacity Power Bank with 4.8A Output and PowerIQ Technology, External Battery Pack for iPhone, iPad & Samsung Galaxy & More (Black)
★★★★☆ ˅ 26,927
$45⁹⁹
✓prime FREE Delivery Tue, Apr 28
More Buying Choices
$29.43 (3 used & new offers)

图 10-10　Anker 牌充电宝

第一个转化：从搜索到点击

第一个转化就是从搜索到点击的转化过程，这里的转化率为 6.54%，表明该产品的展现次数与被点击数的一个比例关系，即有效点击率（Click Through Rate，CTR）。有人会认为 CTR 不到 7% 是不是太差了？其实不然，6.54% 的 CTR 已经是非常高的数值了，近乎行业最高标准。一般情况下，产品页面的 CTR 能达到 2% 就实属不易。这个转化流程给了我们两个重要的启示：一方面我们要想尽办法增大产品的曝光量，如果产品的曝光量不够大，产品被点击的次数就会少得可怜；另一方面需要不断优化 CTR 的数值，把现有的展现量利用起来。

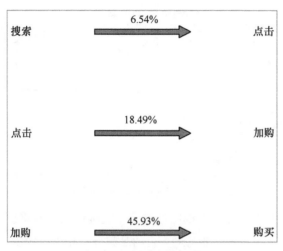

图 10-11　Anker 牌充电宝各环节转化率

　　我们先从增大展现量说起，增大展现量的工作和 SEO 工作是一样的，就是尽可能地把产品的相关关键词推到首页。想要提高单个关键词的排名，就必须提高这个关键词之于这个产品的转化率。所以我们可以通过找海外朋友帮忙，或者通过站内广告等方式，在亚马逊前台搜索这个关键词，翻页找到对应的产品然后购买，从而提高这个关键词的转化率，最终实现这个关键词上首页，获取最大的展现量。

　　关键词的排名高低决定了产品的最终展现量，所以随时监控 ASIN 下的每个关键词的自然排名及变化趋势，是亚马逊运营人员的一项日常基本工作。我们需要随时根据关键词的自然排名情况来调整相应的推广运营策略。例如，排名下降了，我们就需要开始着手补单；再如，如果排名靠前且非常稳定，我们就可以尝试减少广告的预算和补单的数量。同时根据关键词的排名变化，监测评估推广工作的质量和效率。

　　很多新卖家刚开始是采取手动的方式来查询记录的，一两个产品还好，一旦产品数量一多，这就变成一项异常复杂烦琐的工作了。我推荐使用 Jungle Scout 的关键词排名监控功能。Jungle Scout 可以一次性同时展示一个产品 10 个关键词的排名情况，根据需要查看特定时间段内的关键词排名表现和具体趋势走向，最长可以追溯到近两年内的关键词历史趋势。Jungle Scount 关键词监控如图 10-12 所示。

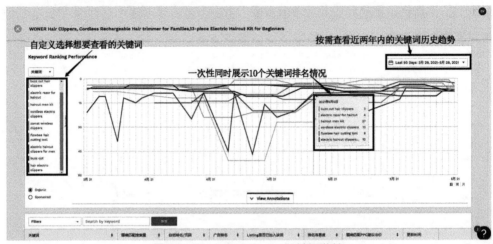

图 10-12　Jungle Scout 关键词监控

　　关键词调研方法在上文已经详细阐述过了，关键词热度及重要性排序方法可以参考市面上流行的关键词查询工具和亚马逊后台的品牌分析功能。关键词调研结果如图 10-13 所示。从图中可以看出这个爆款充电宝两个核心大词就是 Portable Charger 和 Power Bank。这两个核心大词如果被推上首页，我们就能够拥有这两个核心大词许多的展现量。

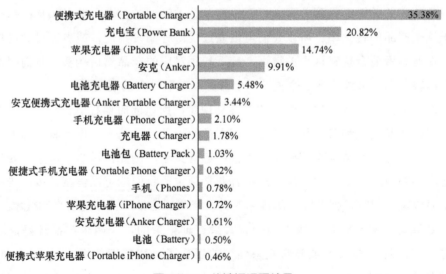

图 10-13　关键词调研结果

　　我们再看看图 10-13 中剩下的那些占比不高的关键词，按照之前章节讲过的长尾理论来推演，如果剩下的这些长尾词都能推到首页，把它们所有的展现量加在一起的效果和那两个核心大词上首页之后相差不大，而且性价比会更高。因为把这些长尾词推上首页的难度远远小于推那两个核心大词上首页，很多长尾词可能只需要打个广告，做好精准匹配就能很快上去，远比辛辛苦苦推 Portable Charger 和 Power Bank 上榜的投资回报高得多。

讲完了增加展现量，我们再来看看 CTR 的数值是由什么决定的，以及如何能够尽可能提高 CTR 数值。一般来说，产品展现一次曝光在后台我们称为 Impression（机器曝光），Impression 是一个关于机器曝光的概念，也就是说当你搜索 Portable Charger 时，产品确实展示在计算机屏幕上，这样就算一次 Impression，但是消费者到底有没有看见，Impression 是不管的。所以说同样都是展现，首页排名最后一个和首页排名前三能一样吗？消费者只会看到首页排名前三的产品，却会忽略首页排名最后一个，所以说 Impression 只是一个关于机器曝光的概念，两个产品在同样 Impression 的情况下，CTR 值是完全不一样的。

我们案例产品的 CTR 数值远超行业标准和其他几个核心关键词的原因与在首页排名第一或第二不无关系。这里给了我们一个启示：在推广关键词排名时，你努力把一个关键词推到首页前三，效果比把 3 个关键词仅仅推上首页要好得多。所以我们要学会优化配置推广资源和合理设定推广目标，这样才能提高推广 ROI。

另外，除了关键词首页具体排名位置这个因素外，影响 CTR 数值的因素还有产品图片、标题、Review 的数量、星级、产品的价格，以及是否有折扣等。

第二个转化：从点击到加购

第二个转化流程是从点击进去产品详情页，到最后加入购物车的环节。很多读者看到这里可能会觉得多此一举，直接按照点击量和订单量的比例就可以算出转化率了，这么算还是太过于草率。图 10-11 展示：从点击到加购的转化率是 18.49%，从加购到最终购买的转化率是 45.93%。我们往往容易忽略消费者的一个重要习惯，就是面对心仪的产品相对于直接购买来说，消费者更喜欢先加入购物车。原因有很多种，例如，想等着全部选好一起买，或是先留着等发了工资以后再买，有时候甚至可能是一个习惯性加入购物车的行为。

关于这个环节我们想要优化转化率的要点应该是在产品的详情页上下功夫，因为一旦买家点击了产品详情页，他们到底是会直接购买，是会加入购物车稍后购买，还是会直接点击关联栏目的产品从你这个页面流失出去，归根到底取决于你产品页面的质量。我们需要重点关注和优化以下 5 个要点：

① 产品的五点描述；

② 产品的 Q&A 问答版块；

③ 产品描述和 A+ 页面；

④ 产品首页评价里面是否有差评出现；

⑤ 产品首页里面是否有带了开箱视频的评价。

建议各位一定要重点关注上述 5 个要点，把以上 5 点做好了，一定能够提高产品详情页面质量，进而提高转化率。

第三个转化：从加购到购买

第三个转化也是最后一个转化流程，即从加入购物车到最终购买这个环节。这个环节的转化率是 3 个转化流程中最高的，买家不出意外都会购买购物车中的商品。

这个环节的优化点比较少，按照我们团队经验来看最重要的就是要随时保证产品页面的高水准，就算做不到比之前好，也不要比之前差。因为一些消费者到了真正要购买的时候会再看一遍产品页面。如果这个时候产品页面较之前发生了变化，例如，首页突然出现了几个差评；Review 的整体星级降了半颗星；Review 的数量突然少了很多；由 FBA 发货变成自发货等，这种前后不一致就会很大程度影响这一环节的转化率。

10.4 站内关联流量的获取和优化利用

站内关联流量分为自然关联和广告关联两个部分。与关键词搜索流量中自然流量占比高不同，自然关联流量和广告关联流量几乎平分秋色，而且广告关联流量的占比甚至有慢慢超过自然关联流量的势头。在本章节中，我们主要聊一下"自然关联流量"的获取和优化利用。

10.4.1 关联流量获取的防守策略

首先我们来看看关联流量获取的防守策略，什么叫作防守策略呢？即亚马逊买家点击进入某产品页面后会有两种选择，要么是加入购物车或者直接购买，要么就会点击关联栏目中的产品进入其他产品页面，例如"Frequently Bought together（一起买）"和"Customer who Bought this item also Bought（买了又买）"。经过数据统计，基本上进入产品页面 30% 的流量都会被关联栏目中的产品带走，也就是变成其他产品的关联流量。产品页面的流量属于非常宝贵的流量，如果三成流量都被关联栏目的其他产品吸走，对卖家来说无疑是一个巨大的损失。但是如果产品页面下面关联栏目的产品都是卖家店铺的其他产品，这样就有"肥水不流外人田"的效果了。

　　如果想要实现关联流量的闭环，我们应该怎样做呢？说起来也简单，关联的逻辑就是需要同一个买家的账号要有两个产品的购买记录，符合这样要求的买家账号多了，这两个产品自然就能够关联在一起。基于这个关联的逻辑，下面我介绍两种常用的方法。

　　第一种方法比较简单，就是我们在推广新品的早期，可以同时推广几个新品，这几个新品最好是同类或者互补的关系。在推广的过程中尽可能让同一个买家购买 2 ～ 3 个新品，购买次数越多自然就能关联在一起了，新品操作起来是比较简单的且关联成功率很高。要想做关联操作，一定要在产品的推广早期，如果在产品已经卖得很好的情况下，你再去做关联操作，关联成功率会降低很多。

　　第二种方法是学会利用后台促销功能，很多大卖家都在使用这个方法，即如果同时购买同一个店铺中的两个产品，就会有一个不错的折扣。此举就是通过折扣来吸引买家去同时购买一个店铺中的两个产品，产品一般以互补类型为主，从而实现产品的关联。前台促销页面如图 10-14 所示。

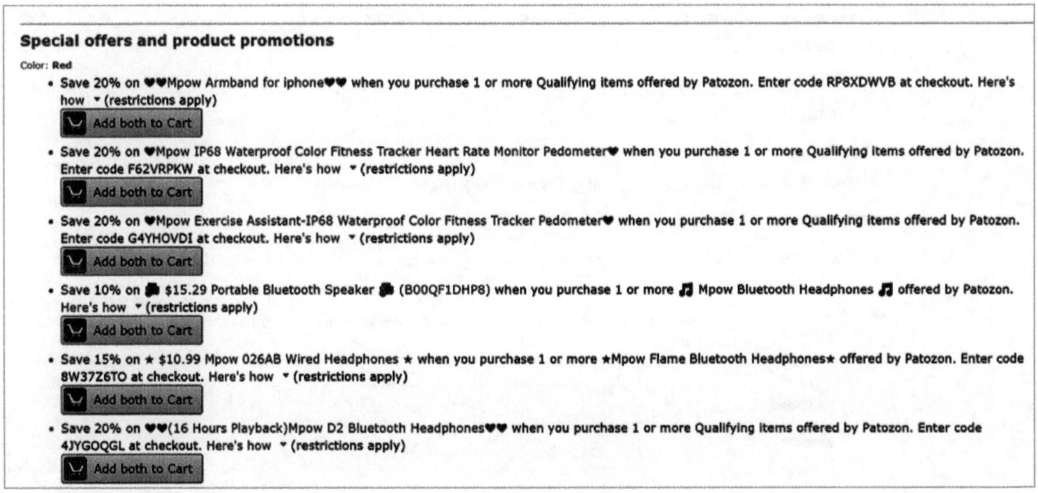

Special offers and product promotions

Color: Red

- Save 20% on ♥♥Mpow Armband for iphone♥♥ when you purchase 1 or more Qualifying items offered by Patozon. Enter code RP8XDWVB at checkout. Here's how ▾ (restrictions apply)
  Add both to Cart
- Save 20% on ♥Mpow IP68 Waterproof Color Fitness Tracker Heart Rate Monitor Pedometer♥ when you purchase 1 or more Qualifying items offered by Patozon. Enter code F62VRPKW at checkout. Here's how ▾ (restrictions apply)
  Add both to Cart
- Save 20% on ♥Mpow Exercise Assistant-IP68 Waterproof Color Fitness Tracker Pedometer♥ when you purchase 1 or more Qualifying items offered by Patozon. Enter code G4YHOVDI at checkout. Here's how ▾ (restrictions apply)
  Add both to Cart
- Save 10% on 🔊 $15.29 Portable Bluetooth Speaker 🔊 (B00QF1DHP8) when you purchase 1 or more 🎵 Mpow Bluetooth Headphones 🎵 offered by Patozon. Here's how ▾ (restrictions apply)
  Add both to Cart
- Save 15% on ★ $10.99 Mpow 026AB Wired Headphones ★ when you purchase 1 or more ★Mpow Flame Bluetooth Headphones★ offered by Patozon. Enter code 8W37Z6TO at checkout. Here's how ▾ (restrictions apply)
  Add both to Cart
- Save 20% on ♥♥(16 Hours Playback)Mpow D2 Bluetooth Headphones♥♥ when you purchase 1 or more Qualifying items offered by Patozon. Enter code 4JYGOQGL at checkout. Here's how ▾ (restrictions apply)
  Add both to Cart

图 10-14　前台促销页面

　　在卖家后台我们应该如何设置购买优惠呢？首先进入卖家后台的创建促销页面，再按照图 10-15 和图 10-16 完成即可。填写促销条件如图 10-15 所示，填写促销说明如图 10-16 所示。

创建促销: 购买折扣

请对此新功能做出评价

查看 "管理促销" 页面 | 查看

第1步：选择促销条件

买家所购商品	此商品的最低购买数量	1	
须购买商品	VPC-ProdSel-3-504307 选择黑色字体产品	创建新的商品选择	
买家获得	减免折扣%	1 给加购产品的折扣	
适用范围	**可获得的赠品**	这里要选可获得的赠品	
适用商品	此列商品中其中一个	选择要加购的蓝色字体产品	指定一个 ASIN
▼ 更多选项			
不参加促销的商品	选择类别	创建新的商品选择	

图 10-15　填写促销条件

第2步：填写促销说明

为了多出单的话一般不会选 "一次性" 代码，看自己需求设置

▼ 优惠码	◎ 一次性　　◎ 无限制　　● 无　　i 无限制促销代码没有数量限制。了解更多信息。
每位买家只能使用一次优惠码	☐
优惠码	推荐一个优惠码
折扣码组合类型	◎ 优先型优惠码　　◎ 无限制型优惠码　　● 选用型优惠码
▼ 自定义信息	
结算显示文本	Promotion Applied
短显示文本	Promotion Available
商品详情页面显示文本	☑
须购买商品显示文本	Qualifying items　　编写黑色字体产品，有字数限制
再次购买商品显示文本	编写加购的蓝色字体产品，有字数限制
商品详情页面显示文本	◎ 标准文本　　为了能有范例的效果，请选择标准文本!　　第一行显示在黑色字体产品链接下面
	Save 10% on when you purchase 1 or more Qualifying items offered by HnnBeauty. Here's how (terms and conditions apply).
	第二行显示在加购的蓝色字体产品下面
	Save 10% on this item when you purchase 1 or more Qualifying items offered by HnnBeauty. Here's how (terms and conditions apply).
	◎ 自定义文本
显示优先级	1
条款和条件	**B** *I* U ⋮≡ ≣ ● ▶

图 10-16　填写促销说明

10.4.2　关联流量获取的进攻策略

所谓的进攻策略是很好理解的，如果你的产品能出现在你的同类产品或者互补产品

页面的关联栏目中，例如，产品详情页下面"Frequently Bought Together（一起买）"或者"Customer who bought this item also bought（买了又买）"栏目。再加上如果这个产品本就是最佳销售或者流量大户，那么这个产品也能够吸引不少的关联流量，而且这些流量是精准且免费的。这种主动去"抢"别人流量的行为我们通常称为进攻策略。

　　具体怎么去实施进攻策略呢？其实就是尽可能地创造同一波买家既买了我们的产品又买了竞品的条件。具体来说，亚马逊卖家会把产品放到一些站外促销网站上，用来推广和稳定站内的排名，销量越好的产品做站外促销活动越多。如果我们能够发现那些大流量的同类产品或者互补产品在最近一周或者几天前做了一些站外的促销活动，我们找到其投放站外促销的那些站点，同时也在相同的站点投放站外促销，那么绑在一起形成关联的可能性就非常大了。

　　这个方法具体怎么操作呢？首先，我们打开谷歌，谷歌搜索中有一个功能叫作Advanced Search，即高级搜索。

　　我们点击进入高级搜索的页面，这个页面有很多栏目，分为两个部分。其中，第一个部分叫作"Find pages with（根据筛选条件寻找对应页面）"，这一部分主要是用来键入搜索关键词的，也就是填写你想要搜索的目标，建议按照"品牌名＋核心关键词"这种模式来搜索，例如，销售蓝牙耳机，就可以直接输入"Mpow bluetooth headphones（Mpow品牌的蓝牙耳机）"这几个关键词。关键词搜索框如图 10-17 所示。

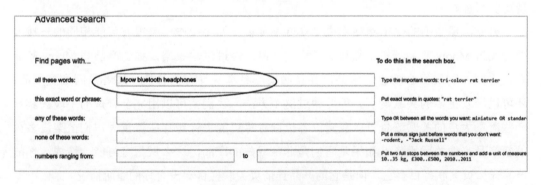

图 10-17　关键词搜索框

　　接下来我们看看第二个部分，"Then narrow your results by（进一步缩小搜索结果）"，也就是关于搜索结果的筛选条件设置，这部分有 3 个子栏目。

　　第一个是语言（language），如果你是做亚马逊美国站的，当然要使用英文。如果你是做亚马逊小语种站的，就可以选择相应目的国的小语种。第二个是区域（region），根据你的目标市场国家来选择相应的区域即可。第三个是更新时间（last update）。更新时间如图 10-18 所示。

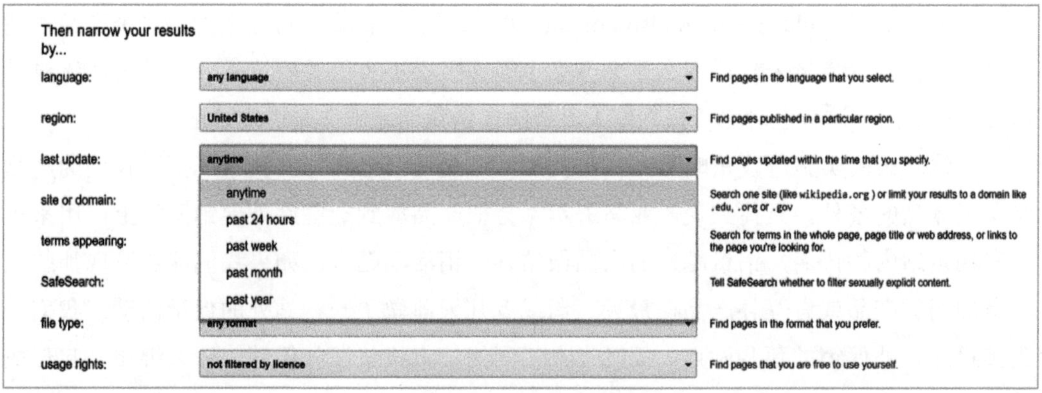

图 10-18　更新时间

　　如图 10-18 所示，我们可以选择过去的 24 小时、过去的一周等定制化时间，这是一个很棒的功能，能够帮助获取竞争对手或者想要关联的对象最近在站外做促销活动的最新信息。我们来看看大卖家 Mpow 在过去的 24 小时针对蓝牙耳机到底做了多少站外促销活动。搜索结果有好几页，搜索结果里不只有 Slickdeals 这种促销网站，还有很多小的促销网站。尽量筛选出那些小的促销网站，直接通过站内信去和网站编辑沟通，这些小的促销网站没有 Slickdeals 那么高的门槛，一般情况下，只要沟通到位，价格够低都能够实现免费刊登。

　　另外，那些小的促销网站本来受众就不算多。如此操作一来很有可能相同的一拨人曾经买过 Mpow 蓝牙耳机，然后又买你的产品。经过进攻策略，你的产品和 Mpow 蓝牙耳机之间的购买重合度会非常高，并且如果产品本身具有互补性，或者是同类型产品，还可以激发更多的关联购买。因此通过这个方法，我们就可以用完全合规的手段去获得一些流量大户的关联流量了。我建议各位读者尽可能去针对那些流量大户们上架没多久的新产品来做关联操作。如果是它们是非常成熟的产品，这么做很有可能会造成：你的产品详情页关联栏目有它，但是它的产品详情页关联栏目却没有你的尴尬情况。

　　除实现关联绑定外，这个方法还可以帮助我们了解竞争对手在站外促销网站的布局情况，为我们后期做站外促销活动提供参考。

第 11 章
打造爆款第六步：站内广告的打法和策略

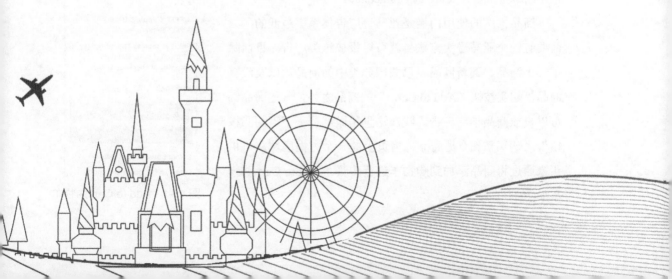

11.1　亚马逊广告系统划分及功能介绍

看过 Facebook 和 Google 广告的读者都应该知道，Facebook 和 Google 都拥有属于自己的一套独立的广告系统，整个系统都是围绕着广告怎么做以及广告如何优化进行的。但是很多人不知道的是，亚马逊其实和 Facebook、Google 一样，也有一套属于自己的广告系统，并且这个广告系统有单独的登录页面、前台和后台。

亚马逊直接把其部分广告功能作为亚马逊卖家后台的一个功能模块，很多人都是直接登录账号后台然后开始投放广告的，所以就没有注意到亚马逊广告是一个独立的广告平台，拥有完整的产品矩阵和体系划分。不过亚马逊广告专属平台已经上线，之前的广告活动管理即将从原来的卖家平台（Seller Central）逐步转移至亚马逊广告平台（Amazon Advertising Console），以后我们就可以在亚马逊广告平台上面做广告了，这样会更加方便高效。

11.1.1　商品推广

商品推广（Sponsored Products，SP），就是利用亚马逊站内搜索结果和产品页面上展示的广告来帮助亚马逊买家发现和购买卖家在亚马逊上销售的商品。这种类型的广告是亚马逊卖家使用最多也最为熟悉的广告形式之一，我们通常称之为 PPC 广告。PPC 是 Pay Per Click 的缩写，意思就是商品推广是一种按照点击付费的广告，广告主无须为广告展示付费（即无须为广告的展示次数或浏览次数付费），只在买家点击广告时付费。此外，商品推广的广告定位模式有两种：一种是根据关键词来定位（Keyword Targeting）；另一种是根据产品本身来定位（Product Targeting）。

商品推广的使用门槛是亚马逊广告体系中最低的，只需要有一个亚马逊卖家账号就可以投放这类广告。目前除了二手商品、翻新商品、已关闭分类中的商品，以及没有商品"购买按钮（Add to Cart）"的商品之外，其他商品都可以投放商品推广广告。我在这里稍微解释一下"购买按钮"，"购买按钮"是商品详情页上的一个方框区域，可供买家通过将商品添加到购物车进行购买。Add to Cart 购物车如图 11-1 所示。

图 11-1　Add to Cart 购物车

在亚马逊平台上，多个卖家可以提供相同的商品，你可能需要与其他卖家竞争在"购买按钮"中展示商品的机会。因为只有获得了"购买按钮"，你才能够给这个商品投放广告，以获取这个商品的最大流量。

在我看来，商品推广的操作和投放是所有亚马逊广告中最难的，其中有很多方法和技巧，这也是我们本章的重点内容。

11.1.2　品牌推广

品牌推广（Sponsored Brands，SB）广告可以展示产品的品牌标志、自定义标题和3个商品。这类广告会在搜索结果中展示，有助于树立产品的品牌和产品组合的知名度。品牌推广广告如图 11-2 所示。

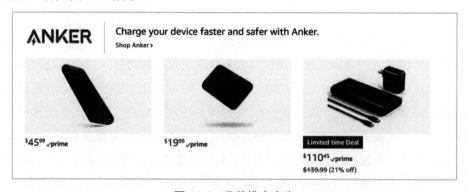

图 11-2　品牌推广广告

品牌推广在曝光展现效果上比商品推广更好，因为这类广告通常出现在产品搜索结果页面的顶端，很容易吸引买家的注意。当买家点击产品的品牌标志后，便会跳转到品牌旗舰店或自定义着陆页。此外，品牌推广广告的定位模式是通过关键词来定位的，也就是说只有买家搜索了定位的关键词，才能够触发品牌推广广告的展现。

与商品推广类似，品牌推广广告采用点击付费模式，因此卖家只需要在买家点击广告时付费。卖家可以通过设置预算并选择针对每次点击的竞价金额来控制支出。品牌推广只有已在亚马逊品牌注册中的专业卖家才可以使用，并且二手商品、翻新商品、已关闭分类中的商品，以及没有商品"购买按钮"的商品是不可以投放品牌推广广告的。

11.1.3　展示型推广

展示型推广（Sponsored Display, SD）除了在亚马逊站内展示外，还会在亚马逊站外展示，具体的展示位置取决于卖家选择的受众或商品定位策略。展示型推广的运作逻辑见表 11-1。

表11-1　展示型推广的运作逻辑

选定的受众或商品定位	描述	广告位
浏览	吸引在最近30天内查看推广的商品或类似商品的详情页面但尚未购买的受众	在亚马逊之外的第三方网站和应用上
兴趣	吸引那些在亚马逊上的购物行为表明有兴趣购买与所推广商品相关的商品分类的受众	在商品详情页面或其他商品相关页面上
商品	在亚马逊上定位与推广的商品类似或互补的特定商品	在商品详情页面或其他商品相关页面上
分类	在亚马逊上定位与推广的商品类似或互补的一系列商品分类	在商品详情页面或其他商品相关页面上

与上面说的以关键词定位为主的 SB 和 SP 广告相比，展示型推广的操作非常简单，卖家只需要点击几下便可以在亚马逊网站内外快速设置投放的展示广告活动。选择定位策略、设置竞价和每日预算、选择要推广的商品，即可创建广告活动。广告素材是由亚马逊提取产品详情页的内容自动生成的，包括商品图片、定价、标记、星级评定和"立即购买"按钮，该按钮可链接回商品详情页面，让买家轻松地浏览或购买商品。

展示型推广广告按单次点击成本（PPC）收费。单次点击成本（PPC）广告是一种付费广告，广告主无须为广告展示付费（即无须为广告的展示次数和浏览次数付费），而只需要在买家点击广告时付费。没有最低限度的广告投入要求。广告主选择自己的每日竞价和预算。展示型推广使用自动化和机器学习来优化广告活动。竞价会根据转化率自动调整，同时允许卖家更改竞价或暂停广告活动。另外，只有完成亚马逊品牌备案的卖家才可以使用展示型推广广告。

11.1.4　品牌旗舰店

品牌旗舰店（Stores）严格来说不算是一个广告产品，但是其可以作为很多亚马逊广告产品的着陆页，卖家可以使用品牌旗舰店独特的、容易记住的专属店铺链接，通过亚马逊上的广告和亚马逊站外的营销活动将买家引导至卖家的品牌旗舰店中，从而帮助买家在亚马逊上发现店铺中一系列的商品组合和相关商品。品牌旗舰店示意如图 11-3 所示。

图 11-3　品牌旗舰店示意

品牌旗舰店与传统的品牌独立站相比具有很多优势，例如，卖家使用可拖放的模块或预先设计好的模板便可创建自定义的多页品牌旗舰店，无须编写任何代码；再如，卖家可以借助品牌旗舰店的洞察功能，深入了解品牌旗舰店的销量和流量来源。品牌旗舰店的洞察功能如图 11-4 所示。

图 11-4　品牌旗舰店的洞察功能

只要是在亚马逊上完成备案的品牌卖家都可以直接在卖家账号后台创建属于自己的

品牌旗舰店，而且创建品牌旗舰店是免费的。

11.1.5 视频搜索广告

视频搜索广告（Video in Search）是一款新型的亚马逊广告工具，它可以让卖家的产品在亚马逊 App 移动端通过视频的方式呈现给正在搜索这个产品的用户。当一个用户在搜索指定的关键词时，卖家的产品将以视频的形式出现，配合产品信息一起出现在搜索结果页的第 6 位或第 14 位。用户点击后，会直接跳转到卖家的 ASIN 详情页。视频搜索广告如图 11-5 所示。

消费者在亚马逊 App 移动端上搜索某种产品时，会快速浏览搜索结果页中出现的产品。在浏览的过程中，一些重要的因素会决定消费者是否会去点击某个产品。这些因素包括产品的星级、价格、FBA 配送以及呈现给消费者的视觉感受。研究表明，消费者更希望通过视频来了解一个产品，而不是通过阅读来了解。通过视频搜索广告，卖家的产品可以快速引起消费者的注意，从而带来更多的点击、销售和评价。下面我们简单总结一下视频搜索广告的 4 个特点。

① 沉浸：消费者容易被视频内容快速吸引，点击率高。

② 相关：触发搜索关键词，抓住最容易转化的消费者。

③ 简单：卖家将已有的产品或品牌视频稍作剪辑便可投放。

④ 可控：只出现在亚马逊购物的移动端，广告位安全可控。

图 11-5 视频搜索广告

视频搜索广告既有很多优点又有一些不足和缺陷，与传统的搜索广告 SB 和 SP 相比，视频搜索广告目前只能在亚马逊 App 移动端通过关键词触发，其也有相当大的局限性，因为大多数的亚马逊消费者既在桌面端也在手机端浏览并购买产品；同时，很大比例的消费者在打开亚马逊网站时不会立即开始搜索，而是在浏览各种页面。

接下来我们讲一讲视频搜索广告的扣费方式，视频搜索广告的计费模式为每个独立观看（Unique View）计费 0.05 美元。独立观看是指同一个用户使用相同的精准匹配关键词触发并观看了 2 秒以上的视频。这意味着无论同一个用户使用了相同的关键词触发并观看了卖家的视频是 2 次还是 1000 次，都只会被记为一个独立观看。

视频搜索广告应该如何投放呢？目前视频搜索广告采用的是亚马逊广告消费者经理管理式投放，尚未为卖家开放自助服务操作平台。卖家需要与亚马逊广告消费者经理取得联系，完成上线前的商务流程、视频素材以及关键词选择等工作。视频搜索广告的数据报告含观看（Views）、点击（Clicks）、点击率（CTR）、播放完成率（Video Completion Rate）、平均观看时长（Average View Time）、单次点击价格（CPC）以及关键词表现报告（Keywords Performance）等指标数据。购买（Purchase）阶段的指标 ROAS 将由卖家的消费者经理每个月手动统计后发送给卖家。不过，最近有消息称已经有不少卖家在后台发现可以直接自助投放视频搜索广告了，这里特别说明一下，这种可以直接在后台自助投放的广告叫作"Sponsored Brands Video（品牌推广视频）"广告，被划分到 Sponsored Brands（品牌推广）广告大类中，品牌推广视频广告和视频搜索广告除了一些扣费细节不同以外，其他方面都非常相似，建议各位读者可以尝试投放一下，我们自己测试过，发现只要你的视频做得好，转化率会非常高，而且流量成本还特别低，最重要的是对关键词的自然排名还有很大的推动作用。

11.1.6 亚马逊 DSP 广告

亚马逊 DSP 是一个需求方平台，使广告主能够以编程的方式购买展示广告和视频广告。亚马逊 DSP 是一个新名字，全称是 Demand Side Platform（需求方平台），过去叫作 Amazon Advertising Platform（亚马逊广告平台）。

与亚马逊其他广告相比，DSP 广告的定位模式非常多，可选择的范围非常大。

1. 人口统计学定向（Demographic）

根据用户的性别、年龄、家庭收入、婚姻状况等细分人群，目前该定向方式仅适用于美国市场。

2. 生活方式定向（Lifestyle）

根据用户过去 12 个月的搜索、浏览以及购买等一手数据对用户进行生活方式上的细分，例如，该用户是喜欢运动还是喜欢玩电子游戏等。

3. 市场内人群定向（In-Market）

根据用户过去 30 天内的浏览路径，分析该用户是否对某类别的商品表达出购买意向。例如，HDMI 线的卖家可能想要将自己的广告投放给在过去 30 天内浏览过高清电视机的用户，因为这些用户极有可能会购买 HDMI 线。

4. 上下文相关性定向（Contextual）

此种定向方式不是根据用户过往的行为确定的，而是通过用户目前正在浏览页面中上下文字内容，来决定广告是否应该出现在该用户浏览的页面中。

5. 再定位 (Re-Marketing)

如果用户在一定的时间段内浏览过卖家推广的商品却没有购买，卖家可以通过再营销和再定位的方式将广告投放给该用户，卖家也可以通过再营销将广告投放给浏览过卖家品牌所有商品或是类似商品，却没有购买的用户，此类定向方式比较适合投放给目标为短期投入的卖家。

6. 相似人群拓展 (Audience Lookalike)

例如，如果卖家的产品比较小众，可以通过相似的人群进行拓展，找到曾经购买过该产品的人群，将广告投放给他们。卖家也可以提供自定义细分种子人群，由亚马逊进行相似人群拓展。

7. 广告主自有人群匹配 (Advertiser Audience)

如果卖家有独立站或自己的 CRM 系统，并且人群数量足够多，亚马逊广告平台可以与卖家的系统对接，进行人群加密匹配，实现更多的人群细分和定向。

以上就是 DSP 广告的定位方式，相较于前面要么是关键词定位要么是产品定位的几种广告，DSP 的定位方式会更多样化。一般来说，DSP 广告分为两种基本展现形式：Display Ads（展示广告）和 Video Ads（视频广告）。如果划分更细，就会有以下 5 种展现模式：

① 桌面展示广告；

② 移动横幅广告；

③ 移动无间隙广告；

④ 图片和文字广告；

⑤ 插播视频广告。

亚马逊 DSP 广告提供自助服务和托管服务选项，具体的投放工作按以下方式开展。自助服务下卖家对其广告活动既有全面的控制权，又没有管理费，只是初期操作难度较大，而且特别耗费精力和时间。对于不愿意自己操作投放的卖家来说，托管服务选项是一个很好的解决方案，也就是说找第三方广告投放公司做代投，这样做需要付出一定的管理费用，并且托管服务选项通常最低需要支付 5000 美元的广告投放费用。想要注册亚马逊 DSP 的亚马逊卖家，可以联系亚马逊广告顾问完成注册。

11.2 PPC 广告的展示位置和原理

从这节起，我们正式精讲 PPC 广告，这是第 11 章最重要的内容之一。这里说的每次点击付费（Pay-Per Click，PPC）广告，即商品推广广告（Sponsored Products，SP）。关于 PPC 广告的基础设置等内容，建议各位读者可以去看亚马逊卖家大学中的视频教程。这节我们聚焦于 PPC 广告的具体方法和策略。

PPC 广告通常在站内出现的位置分别在 Top of search（首页广告位）、Product pages（产品详情页）和 Rest of search（其他搜索位置）。亚马逊 PPC 广告的 3 个主要展示位置如图 11-6 所示。

Ad groups	Placements	Negative keywords		Campaign settings	Advertising reports					

							Columns ⬥	Date range - Lifetime	Export	
Placement ⓘ	dding strategy ⓘ	Bid adjustment ⓘ	Impressions ⓘ	Clicks ⓘ	CTR ⓘ	Spend ⓘ	CPC ⓘ	Orders ⓘ	Sales ⓘ	ACOS ⓘ
Total: 3			7,059,528	45,287	0.64%	$48,974.17	$1.08	4,656	$161,883.65	30.25%
Top of search (first pa...		85 %	293,417	16,801	5.73%	$21,866.86	$1.30	2,118	$77,376.38	28.26%
Product pages		0 %	6,093,696	22,251	0.37%	$20,902.41	$0.94	1,899	$62,623.15	33.38%
Rest of search		-	672,415	6,235	0.93%	$6,204.90	$1.00	639	$21,884.12	28.35%

图 11-6　亚马逊 PPC 广告的 3 个主要展示位置

第一个主要的展示位置就是 Top of search，我们称为首页广告位。所谓的首页广告位并不是所有的搜索结果页面广告位，PPC 广告在搜索结果页面展示的时候，有时候会出现在第一排，排名比自然排名第一的产品还要靠前；有时候会出现在首页的中间位置；有时候会出现在首页偏后的位置。首页广告位仅仅是指排在关键词搜索结果第一排的广告位置，也就是排在自然排名第一的产品前面的广告位。首页广告位置示意如图 11-7 所示。

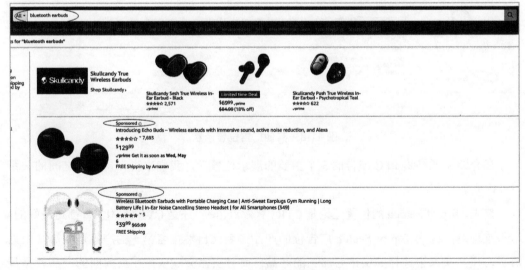

图 11-7　首页广告位置示意

第二个主要的展示位置就是 Product pages，即亚马逊产品详情页。产品详情页广告位又分为两个部分。一部分是众人熟知的"Sponsored products related to this item（与该产品相关的推广产品）"这个广告位。另一部分在产品详情页中藏得比较深，可能很多人都没有发现：它出现在点击加入购物车（Add to Cart）以后进入的那个购物车页面（Add to Cart Page），这部分虽然也在产品的详情页中，但是出现的位置可以说是相当隐蔽了。另外，我们还需要知道的是商品推广广告会在不同的设备上进行展示，不仅在计算机端展示，而且在平板电脑和手机移动端也会有所展示。

第三个主要的展示位置就是 Rest of search，即其余广告位，是指除了首页广告位之外的其他搜索结果页面的广告位，例如，在搜索结果首页中间出现的广告位，在搜索结果首页末尾的广告位，在搜索结果第二页的广告位等。其他广告位置示意如图 11-8 所示。

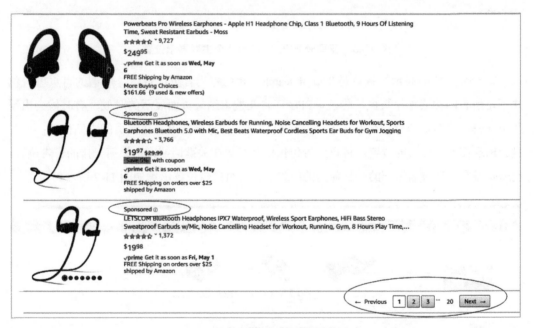

图 11-8　其他广告位置示意

在介绍了亚马逊 PPC 广告的 3 个主要的展示位置后，我们来讲一讲三者之间的关系以及区别。

首先，Top of Search 的位置无论是 CTR（有效点击率）还是 CVR（转化率）都是最好的，这不难理解，因为 Top of Search 广告位的产品排名比自然排名第一的产品还要高。根据消费习惯，买家会选择购买排名前三的产品，而且买家会默认排在最前面的产品就是最好的。有人看到这里可能会问："难道他们不知道排在前面的是广告吗？"说实在的，很多买家是真的不知道。大多数买家是不会注意到产品上方那个小小的"Sponsored（推广）"标志的。Sponsored 标志示意如图 11-9 所示。

图 11-9 Sponsored 标志示意

一般来说，PPC 广告的这 3 个展示位置，不管是 CTR（有效点击率）还是 CVR（转化率）的数据，整体表现较差的是产品详情页，为什么会这样呢？因为属于详情页部分的关联流量从先天上来讲就不如关键词搜索流量。举个例子，如果你想买一个苹果，你会直接去亚马逊搜索框去搜"苹果"吗？要么你就直接买了搜索结果首页的苹果，要么你可能会多翻几页买了排名在第二页、第三页的苹果。如果你已经选择了一个心仪的苹果，然后在这个苹果的详情页广告栏目中发现了其他苹果，你会放弃这个苹果而去购买其他苹果吗？可能性是很小的，除非详情页广告栏目中的苹果比原本的苹果要好太多。归根结底，关键词搜索流量的背后总是带着强烈的购买需求的，但是关联流量背后的购买需求并不强烈，并且在产品详情页的广告栏目中，不一定全部都是和原本产品类似的产品，还有可能出现和原本产品有互补属性的产品，例如，袜子就是和鞋子有互补属性的产品。这些都会进一步降低买家购买的需求。

根据以上情况，卖家只需要把更多的预算和高竞价放在首页广告位就可以了吗？这么说肯定有点草率了，具体还是要根据不同位置的数据反馈来做调整，而不是凭借某种经验来做决定。有时产品类目不一样，情况可能就会发生变化。例如，一些高货值的产品，或者服装服饰这种需要精挑细选的产品，详情页的广告位置的数据表现可能是 3 个位置中最好的。原因也很简单，对于这类产品，买家是抱着逛街式购物的心态，会尽可能地多挑选但是不会轻易下单。一些买家在购买服装服饰时，点进一个觉得还不错的产品页面后，可能会被详情页下面关联栏目中的产品吸引，然后通过不断地点击不同产品页面下的关联栏目产品不断地挑选，最后经过多次比较后才下单购买，所以说，在这种情况下，产品详情页广告无论是 CTR（有效点击率）还是 CVR（转化率），都是 3 个位置中最好的。

另外，在卖家实际操作 PPC 广告的过程中，有时候可能也会发现其余广告位的数据表现是最好的情况。所以说，卖家在决定向哪一个位置投放更多的广告预算时，一定要先观察一段时间的数据，用数据说话而不是凭主观去臆断，这样才能保证广告投放决策不会出现失误！

11.3　PPC 广告投放的前提条件

在很多新品刚刚上架的时候，卖家发现没有流量，就想要马上投放广告来获取第一波流量。这种思路固然是没有错误的，但是未免有点操之过急了。因为不是所有的新产品上架都是需要马上投放广告的，我们需要考虑广告投放后的效果和成本。如果产品目前的状态不适合投放广告，强行投放广告只会导致广告效果大打折扣。PPC 广告最重要的两项指标就是广告排名和实际点击扣费，这两项指标都是由广告的 CTR（有效点击率）和 CVR（转化率）决定的。如果卖家不能保证目前产品的状态一旦投放广告就会有不错的 CTR 和 CVR，那么投放广告就会影响广告排名和实际点击扣费，长期下去 PPC 广告的投资回报比永远不可能是正值！

投放 PPC 广告需要具备哪些条件呢？有没有相关的标准呢？凭借我们团队的过往经验，我简单列了几条标准。

① 高质量的产品图片。

② 带有相关关键字、信息量丰富的兼顾可搜索性和可读性的优质产品页面。

③ 至少有 10 条好评，总体产品星级评价不低于 4.5 颗星。

④ 评价要做到首页无差评，而且首页评价中最好有一个产品开箱的视频。

⑤ 至少有 3 条 Q&A 问答，每个问题下面至少有 2 个答案。

⑥ 采用技巧性定价。卖家可以参考竞争对手，并考虑产品的生命周期等。例如，产品生命周期较短，前期的价格不用太低，尽量做到不亏本，而且低价时间不要持续太长；如果产品生命周期较长，前期可以考虑给出最低价，低于竞争对手，前期先把广告和自然排名做上去，再慢慢地涨价！

在我看来，产品最好能够同时满足上述条件以后再投放广告。而且在投放广告的过程中，我们也需要保证产品一直满足上述条件，如果产品因为一些原因无法满足以上条件，例如，首页出现差评，整体星级降到 4 颗星以下，我们就要以最快的速度把星级拉回来，把差评点下去，不然长期来看势必会影响广告的效果。

硬性条件相对来说更好理解，例如，至少 10 条好评、3 条 Q&A 问答等，因为它们指出了具体的数字指标，卖家只需要努力完成这些指标即可。

软性条件相对来说会复杂一些，完成难度也会更大，例如，要求产品有高质量的主图和灵活的定价。对于主图，我们很难去评判什么是高质量的、什么是有问题的，而且经常会有面临选择的情况。例如，两张图片我都觉得很好，到底应该选哪一张作为主图呢？A/B 测试可以很好地解决上述问题。

亚马逊 A/B 测试又称为拆分测试或分组测试，我们会选定一个变量，例如，产品的主图，然后其他的变量保持不变，只是调整主图这个唯一的变量，在一段时间内比较不同的主图下面产品转化率和有效点击率之间的区别，其中数据表现更好的那张主图，就应该属于满足"高质量主图"这个软性条件了。除了主图这个变量以外，包括标题、五点描述、产品描述、后台关键词等的其他变量都可以按照 A/B 测试的逻辑来做测试。一般来说，经过前期的调研和精挑细选，再加上后期 A/B 测试的优化，产品符合上面所说的软性条件也就不是一件难事了！

11.4 PPC 自动广告的奥秘

看过亚马逊后台的读者都应该知道，亚马逊的 PPC 广告就投放模式分为自动和手动两种模式。二者的区分也非常简单：手动广告是可以自主设置关键词的；自动广告是不能设置关键词的，全部依靠亚马逊系统来帮助卖家做自动化投放。相对来说自动广告整体的投放范围和曝光量都会比手动广告要大得多！

11.4.1 PPC 自动广告的定义和原理解析

谈到亚马逊 PPC 广告中的自动广告，很多卖家并没有好好地利用这个"神器"，而是把全部精力放在手动广告的优化上，这么做的原因是很多卖家认为自动广告的可操控性太弱，投放后表现好就留着，表现差就关了，纯粹是靠运气。下面我来深挖一下亚马逊自动广告的作用。

自动广告是亚马逊为帮助卖家开设的，不需要卖家提前做任何的关键词设置。亚马逊是怎么帮助卖家"跑词"的呢？又是如何确保跑出来的词是与卖家产品相关的呢？亚马逊自动广告"跑词"的逻辑就是基于其对卖家的产品页面的收录实现的，换句话说是基于其对卖家产品页面的认知实现的。

11.4.2　自动广告的功能和作用

基于上述自动广告的逻辑原理，我们可以通过运行自动广告来判断我们的产品是不是被亚马逊正确收录了！我们运行一段时间自动广告后可以在卖家后台下载广告搜索词报表，看一看自动广告积累的消费者搜索词（Customer Search Term）的情况，这张表的表头下分为两个部分。消费者搜索词见表 11-2。

表11-2　消费者搜索词

关键词	匹配类型	消费者搜索词	曝光 / 次	点击 / 次	有效点击率（CTR）/%
•	Broad	b01m3z6wu1	4	1	25
•	Broad	b01msoedig	10	1	10
•	Broad	b01msr05yr	1	1	100
•	Broad	b01nlk7omm	3	1	33.3333
•	Broad	b06ww6qhm1	1	1	100
•	Broad	b06yzhwzjh	2	1	50
•	Broad	b0714gbwcn	1	1	100
•	Broad	b071wck54m	3	1	33.3333
•	Broad	b07b6jcr3c	52	1	3.8462
•	Broad	bath hand towels	66	1	1.5152
•	Broad	bathroom hand towels	105	1	0.9524

第一部分就是消费者搜索词，所有的消费者搜索词都是基于亚马逊对卖家的产品页面的认知来运行的，我们可以通过自动广告运行出来的词来检查收录情况，消费者搜索词在产品页面相关的词占比越大，说明收录情况越好；反之则说明收录存在问题。

第二部分就是其他产品页面的 ASIN，如果亚马逊认为卖家销售的是苹果，那么自动广告运行出来的 ASIN 中，肯定是苹果或者与苹果相关的产品，目的是让卖家的产品页面出现在这些 ASIN 的详情页广告栏目时，能够带走一部分关联流量。自动广告能够跑出来那么多 ASIN，根本目的就是帮助我们去获取竞品或者关联产品的流量。另外，这部分的 ASIN 还可以帮助我们做产品投放，只要是有出单的 ASIN，都可以放到产品投放里面。

自动广告除了测试产品收录的功能外，还能提供消费者搜索词。自动广告在运行一段时间后，就会积累很多消费者搜索词，这些搜索词的权重很高，全部是目标消费者真实的搜索用词，相比只是有点击的词、有出单的词权重更高。这些消费者搜索词在以下两个方面可以发挥出很大的作用。

第一，能够对卖家前期做的关键词调研起到查漏补缺的作用，因为卖家在前期做关键词调研的时候就算做得再细致，也很难万无一失，这时自动广告跑出来的消费者搜索词，特别是其中的出单词就可以作为有效的补充。

第二，能够给手动广告输送"弹药"，针对自动广告中出了单的消费者搜索词，我们可以把它们设置为手动广告里面的广告投放关键词，这样就可以把有限的预算和曝光集中在一些出单词上。

11.4.3 自动广告的投放方法解析

最后我们来看一看自动广告的投放方法，虽然自动广告是不可以设置关键词的，但是可以设置广告投放的默认类型。从广告后台来看，自动广告一共有 4 种默认类型。自动广告 4 种默认类型如图 11-10 所示。

1. 紧密匹配

买家使用和卖家的商品紧密相关的搜索词进行搜索时，亚马逊会向其显示卖家的广告（基于关键词）。

2. 关联商品

买家查看与卖家的商品互补的商品详情页时，亚马逊会向其显示卖家的广告（基于商品）。

3. 宽泛匹配

买家使用与卖家的商品并不密切相关的搜索词进行搜索时，亚马逊会向其显示卖家的广告（基于关键词）。

4. 同类商品

买家查看与卖家的商品类似的商品详情页时，亚马逊会向其显示卖家的广告（基于商品）。

	有效	自动定位组 ❶
☐		总计：4
☐	▬	紧密匹配 ❶
☐	▬	关联商品 ❶
☐	▬	宽泛匹配 ❶
☐	▬	同类商品 ❶

图 11-10 自动广告 4 种默认类型

对于上面的 4 种默认类型，我们可以选择开或关，以及给任意一种类型设置单独的竞价。如果不单独设置开关，系统就会默认以上 4 项是全部打开的。因此，我们可以根据上述功能实现很多需求，例如，不想让自动广告跑出太多的 ASIN，认为关联流量转化率太低，想要将自动广告聚焦在搜索结果页面，我们可以把"关联商品"和"同类商品"两项全部关掉，只留下基于关键词的"紧密匹配"和"宽泛匹配"。再者如果想要在新品前期获取产品最大的搜索流量，那么我们可以只打开"宽泛匹配"这个选项，把其余 3

个选项全部关掉。建议卖家根据自己的具体需要控制这 4 种广告投放类型。

另外，如果自动广告跑出来的 ASIN 大多不相关或者数据表现太差，我们可以直接把这些表现不佳的 ASIN 否定掉，这样产品将不会出现在这些 ASIN 的详情页广告栏目。否定 ASIN 是 2020 年年中才开发的新功能，这个新功能能够很好地帮助我们控制投放自动广告的成本以及做好流量精准性把控。

11.5 PPC 手动广告与 3 种关键词匹配模式详解

讲完了自动广告，我们来讲一下 PPC 广告中的手动模式。手动广告和自动广告最大的区别就是手动广告可以自主地设定关键词（Keyword），设定好关键词以后，广告系统就会严格按照设定好的关键词运行。只要前台的消费者搜索词与后台设置的广告关键词发生对应关系，这个产品在搜索结果页面就会有相应的广告展示。如此一来，手动广告整体的流量和曝光肯定是远远不及自动广告的，这是因为限制的条件比较多。但就流量的精准性而言，手动广告却超过了自动广告。

根据 PPC 广告系统的设定，想要广告得到展现，前台的消费者搜索词和后台设置的关键词之间不需要做到完全一样。只需要满足一个对应关系即可，这个对应关系被称为关键词定位的匹配模式。关键词定位的 3 种匹配模式如图 11-11 所示。

图 11-11　关键词定位的 3 种匹配模式

具体来说，在手动广告的设置中，亚马逊系统提供了 3 种关键词的匹配模式：宽泛匹配、词组匹配和精准匹配。亚马逊对 3 种匹配模式的解释如下。

关于宽泛匹配，亚马逊给出的解释是支持无序匹配，支持匹配单复数，支持错误拼写匹配，支持近义词匹配等，例如，当卖家设置的关键词是 Boys Shoes（男孩子的鞋）、同时选择宽泛匹配模式时，如果一个消费者搜索的词语是 Boys Shoes Size 10（添加后缀）、Waterproof Boys Shoes（添加前缀）、Boys Footwear（近义词）等词语，那么这些词语都可以与设置的关键词匹配并将产品展示在搜索这些词的消费者面前。当然，用举例中的这些词语搜索的用户就是卖家期望的消费者。

而对于词组匹配，亚马逊给出的解释是支持消费者搜索词与关键词相同，或者在关键词前后增加单个修饰词的相似度高的词语，支持匹配单复数，但不支持乱序匹配，也不支持错误拼写匹配。同样以 Boys Shoes 为例，在词组匹配的情况下，可以匹配到用户的搜索词包括 Boys Shoes（精准一致）、Boys Shoes 10（在原词后面加单个修饰词）、10 Boys Shoes（在原词前面加单个修饰词），但不支持 Shoes for Boys（词序颠倒且加了其他词）、Shoes Boys（词序颠倒）、Boys Red Shoes（关键词中添加了其他修饰词）。通过举例我们可以发现，词组匹配虽然精准，但相对也限制了曝光。搜索 Shoes for Boys、Shoes Boys、Boys Red Shoes 等词组的也是卖家想要抓取的消费者，卖家如果使用词组匹配模式，就错失了这部分消费者。

如果采用精准匹配模式，可以匹配的词语范围被进一步缩小，它只能支持单复数匹配，以及添加少数的连词，其他的词语几乎无法匹配，如此一来，虽然是最精准的曝光，但也最大限度地限制了曝光。还以 Boys Shoes 为例，当卖家把 Boys Shoes 设置为精准匹配模式，那么能够匹配的就只有 Boys Shoes（完全一致）、Boy's Shoe（单复数变化），而此时，甚至连 Boys Shoes 10（添加后缀）这样非常相关的词语也都不能被匹配到了。

通过上述分析，我们可以知道，宽泛匹配模式和自动广告比较像，由于词语的范围非常广，所以我们可以获得更多的曝光。精准匹配的方式则是极大地限制了曝光，它的好处是可以把一些词的曝光做到最大化，例如，从宽泛匹配中挑出来出单非常精准的消费者搜索词，然后把这些搜索词当作精准匹配的关键词来做广告，这样就能够最大限度地发挥出这个搜索词的优势，而且对这个搜索词的自然排名也会有相当大的促进作用。但是对于新品来说，投放广告的目的就是在初期获取更多的曝光和流量，因此，在产品初期的广告投放中，我们应该优先考虑用宽泛匹配模式进行投放，后期再去考虑用精准匹配模式。

当然，宽泛匹配虽然带来的曝光更多，但如果广告关键词设置不当，同样也会带来很多不相关的流量。卖家在挑选关键词时需要非常小心。例如，如果卖家设置投放一个广告关键词 Watches（手表）并选择宽泛匹配模式，按照上述匹配模式的定义，当消费者在搜索 Men's Watches（男士手表）、Women's Watches（女士手表）、Girls Watches（女孩手表）等词语时，都会被匹配进来。很明显，如果卖家卖 Men's Watches（男士手表），但系统匹配进来的却是

Women's Watches（女士手表），那显然是不精准的无效流量了。究竟是什么原因导致这种情况发生呢？卖家要回头来看自己设置的关键词。广告关键词 Watches 是一个什么样的词语呢？关键词可以分为宽泛关键词（大词）、精准关键词和长尾关键词。Watches 很明显是一个很宽泛的关键词，而之所以有无效流量，就是因为卖家在选择广告关键词时选取的是宽泛关键词。如果卖家选择的是精准关键词，例如 Men's Watches，那么匹配到的搜索结果自然就像上文举例的 Boys Shoes 一样，是卖家期望的那部分消费者的搜索了。

最后根据上面的内容我再做一些延伸，我们在选择设置手动广告的关键词以及相应匹配模式的时候，一定要考虑流量精准性的问题，因为流量如果不够精准，不但会影响广告的效果，还会影响产品整体的转化率，进而影响产品的自然排名和权重。

11.6 如何建立高效的 PPC 广告活动和广告组结构

从产品的维度来说，PPC 广告是由广告活动（Campaign）、广告组（Ad Group）和关键词（Keyword）3 个部分构成的。PPC 广告的基本结构如图 11-12 所示。

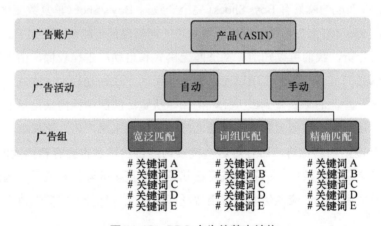

图 11-12　PPC 广告的基本结构

当你选定一个产品准备做 PPC 广告的时候，第一步就需要设置广告活动，你需要给这个广告活动设置一个预算，并且选择是用自动广告还是手动广告作为这个广告活动的投放方式，你还需要确定这个广告活动的竞价策略。广告投放设置第一步如图 11-13 所示。

图 11-13　广告投放设置第一步

等完成上述步骤以后我们进入第二步，你需要给你的广告活动建立相应的广告组。广告组是在广告活动中组织和管理广告的一种方式。就广告组而言，我们需要选择好准备投放广告的产品以及确定到底是做商品投放还是关键词投放。如果是商品投放，广告组下面就是类目或者 ASIN；如果是关键词投放，广告组下面就是关键词了。广告投放设置第二步如图 11-14 所示。

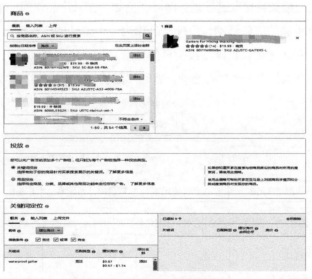

图 11-14　广告投放设置第二步

我们可以按品牌、商品、品类、价格范围或其他类型（例如主题或定位策略）对广告进行分组。广告组适用于商品推广活动，也适用于亚马逊卖家的展示型推广活动。每个广告活动可以包含一个或多个广告组。当你创建广告活动时，系统会创建第一个广告组。在保存广告活动后，你可以向其添加更多的广告组。

以上就是亚马逊 PPC 广告基于产品的一个完整的产品架构，那么如何基于推广目标制订相应合理的产品广告结构呢？要想知道这个答案我们先来看看产品分级。亚马逊店铺里面的产品可以简单划分成两个部分：一部分属于一般产品或者普通产品，这类产品我们不需要重点打造，只需要做基本优化即可，它们的库存也不是很多，但是种类和数量很大，这类产品比较类似我们之前讲关键词时说过的长尾词；另一部分产品我们称为重点产品或爆款产品，这类产品数量少，从开发、备货到上架都需要花费不少的精力和财力，而且推广预算也要相对充裕。

11.6.1　普通产品的 PPC 广告活动和广告组结构

普通产品通常数量较多、种类繁杂，不方便做统一的投放管理，广告投放到后期就会越来越没有章法。我们需要做的是尽可能地把这些普通产品聚拢起来，按照类别进行规范化管理。

我们可以按照广告活动为店铺中一系列的普通产品做分类，这里的分类可以不用那么细，按照亚马逊的一级类目标准进行划分即可。例如，文具产品作为一个单独的广告活动，宠物产品作为一个单独的广告活动，户外产品作为一个单独的广告活动。如果你的整个店铺都是卖文具的，那么你可以按照二级类目的标准来划分广告活动，例如，笔可以作为一个广告活动，本子可以作为一个广告活动。普通产品的 PPC 广告结构体系如图 11-15 所示。

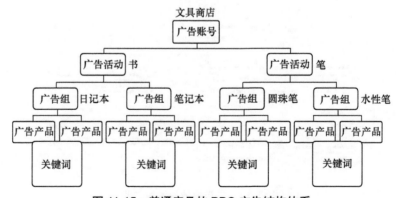

图 11-15　普通产品的 PPC 广告结构体系

完成广告活动分类以后，下一个层级也就是广告组的分类只需要自动根据广告活动的分类降一级即可。例如，广告活动是推广本子，广告组就有两个，一个是日记本，另一个是笔记本。如果广告活动是推广笔，那么广告组一个是圆珠笔，另一个是水性笔。剩下的就是把相应的产品和关键词放到对应的广告组中。

这里还有一个问题没有解决，那就是我们的广告活动到底是选择自动还是手动呢？如果选择手动，那么关键词的匹配模式应该如何设置呢？针对这些普通产品的广告结构设置，我建议卖家在前期可以建立一个自动广告活动，运行一段时间以后再建立一个手动广告活动，把自动广告活动里面出单的消费者搜索词移动到手动广告活动里面去作为可投放的关键词，把手动广告活动和自动广告活动下面的产品、分类，以及广告组的结构设置成一模一样的，并且对手动广告活动下面的关键词一律采用广泛匹配（Broad）模式。

我们团队经过多次实践，发现以上这种广告模式是非常适合管理投放店铺里面的普通产品的，而且广告运行一段时间后，如果普通产品里面有表现特别抢眼的"黑马"产品，我们也可以把它升级为重点产品进行重点打造，这样还可以间接起到测款的作用。

11.6.2 爆款产品的 PPC 广告活动和广告组结构

爆款产品不同于普通产品，需要我们花费更多的精力和资金去重点打造！针对爆款产品，我们通常是一个产品对应一个广告活动，直接放弃了广告组这个层级。虽然管理起来有些麻烦，但是我们可以保证预算都会用在这个爆款产品上。如果一个广告活动下面有 2 个或者 3 个产品，产品之间就会互相争夺有限的预算，无法满足我们打造爆款产品的需求，因此针对爆款产品，我们通常是一个广告活动下面只有一个产品。

假设潜力爆款产品为 A，我们会给 A 建立 3 个不一样的广告活动：第一个广告活动是自动广告组，另外 2 个广告活动分别是手动广告宽泛组和手动广告精准组。自动广告的作用相对简单，主要起到关键词调研的作用，也就是拓词，帮助我们找到更多更优质的出单词和流量词。针对手动广告，我们会分为 2 个组：宽泛组和精准组。一个广告组里的关键词全部都是宽泛匹配，另一个广告组则全部都是精准匹配。针对自动广告我们的出价最低，对于手动广告里面的精准组我们出价是最高的，宽泛组的出价则排在中间。这么做的道理也很简单，对于越精准的流量、转化率越高的流量，我们愿意出更高的价格给予更大的曝光！

一旦自动广告里面有出单的消费者搜索词，我们就要把它们移到手动广告的宽泛组里面当作可投放的关键词。在手动广告的宽泛组里面，这些关键词被给予相对自动广告来说更高的出价，那么也就意味着有了更多的曝光，这样一方面可以进一步验证从自动广告过来的消费者搜索词的质量以及精准性；另一方面宽泛匹配本身也起到了拓展词的作用，基于原本的出单词极有可能拓展出来更多的出单词，可以为后面的精准组提供足够的关键词库存。另外，如果自动广告组里面的出单词是长尾，与产品的相关性也比较强，就可以考虑长尾词从自动广告直接放入手动广告精准组，这是因为长尾词放在宽泛组里面很难再拓展出新的出单词。

等宽泛组里有出单的消费者搜索词后，我们再把这些搜索词移到精准组作为可投放的关键词，这样整个流程就完成了！最后，精准组中的词是那种非常精准且质量高的关键词，转化率会有更大的保障。在此基础上，针对精准组中的所有广告关键词，我们需要在宽泛组和自动广告组中做精准否定，同时宽泛组中的所有广告关键词，我们都需要在自动广告组中做词组否定，这样就避免了 3 个组之间的互相竞争和内耗，减少了不必要的广告花费。

综上所述，我们得出一个完整的亚马逊爆款产品的 PPC 广告结构体系。爆款产品的 PPC 广告结构体系如图 11-16 所示。

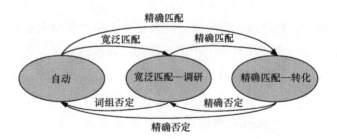

图 11-16　爆款产品的 PPC 广告结构体系

在这节的最后，我再和各位读者强调一下：以上站内广告的结构设置方法比较适合少店铺、少 SKU 的精品型卖家。对于一些多账号、多产品、多类目，以精铺店铺为主的亚马逊卖家而言，这种方法操作和管理起来是非常麻烦的，而且后期广告的管理和投放工作将是一个巨大的难题！针对这类特殊情况，通过亚马逊广告后台手动去设置和管理始终不是一个好方法，我建议卖家可以尝试通途 ERP 的 PPC 广告管理功能，"一站式"统一管理店铺广告，节省大量制作广告的时间。通途 ERP 的 PPC 广告管理功能可以让卖家快速查看亚马逊各个类别广告的报告数据，查看多种组合，找到最合适的报告情况。

卖家可以根据自身需求，自定义时间、条件，智能调整活动预算、关键词竞价等，节约成本，提升广告竞争力。通途 ERP 的 PPC 广告管理功能如图 11-17 所示。

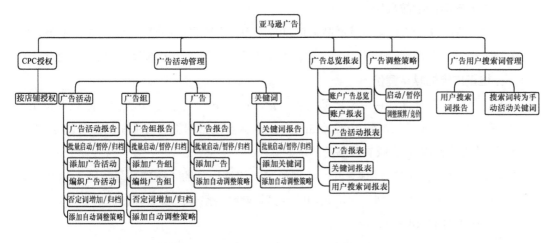

图 11-17 通途 ERP 的 PPC 广告管理功能

11.7 如何设定合理的 PPC 广告关键词竞价、预算以及开关时间

接下来，我讲一讲广告的预算、竞价以及开关时间的设置和优化方法。

11.7.1 PPC 广告的预算设置

当我们想要创建广告活动的时候，第一步除了给广告活动命名外，还需要给这个活动设置每日预算。

首先我们来看一看预算的定义，每日预算是指一个月内卖家愿意为每个广告活动花费的每日平均费用。在广告活动管理平台上，卖家可以随时更改每日预算。虽然我们设置的是每日预算，但是亚马逊是按照每月来算的。如果我们设置的每日预算是 100 美元，那么一个月的预算就是 3000 美元，这个预算设置只会控制这个月的总预算不会超过 3000 美元，而不会控制其中某一天的预算，可能会存在第一天用了 100 美元，第二天用了 200 美元的情况。

当我们在设置每日预算的时候，一定要做的就是根据推广产品数量确定预算，确保每日预算能满足广告活动中所有产品的推广。计算每日预算取决于以下两个条件。

1. 广告产品的投放数量

当卖家的广告活动包含多种产品，可以考虑为每个广告产品每日投入 0.5 ～ 1 美元的预算。基于这个指导原则，如果广告活动包含20个产品，一开始的每日预算就应在10～20美元。

2. 检查广告的默认竞价

每日预算与广告竞价将影响产品的点击量。如果每日预算为 10 美元，默认竞价是 1 美元，那么可能一天只能得到 10 个点击量。卖家需要根据期望点击量和竞价来设定预算，不然会容易出现预算超支或者不够的情况。

除设定一个基础的每日预算外，我们还需要通过后台的"添加预算规则"功能，制订一套行之有效的预算规则，保证我们的预算是能够为整体广告目标服务的。"添加预算规则"功能如图 11-18 所示。

图 11-18　"添加预算规则" 功能

我们要从两个方面来制订相应的预算规则：一方面是按照销售的时间节点，在高流量时间或特定日期范围内增加预算，例如"黑色星期五""网络星期一""会员日"等，通过系统自动按照一定比例增加广告预算；另一方面是按照实际销售情况，也就是人们常说的"追涨杀跌"，在销售数据好的情况下，或者达成某项设定的数据目标情况下（例如 ACoS 目标），系统会自动按照一定的比例来增加预算。通过制订相应的预算规则，能够帮助我们实现广告利润的最大化和亏损的最小化。

11.7.2 PPC 广告的竞价策略

广告活动的竞价策略如图 11-19 所示。

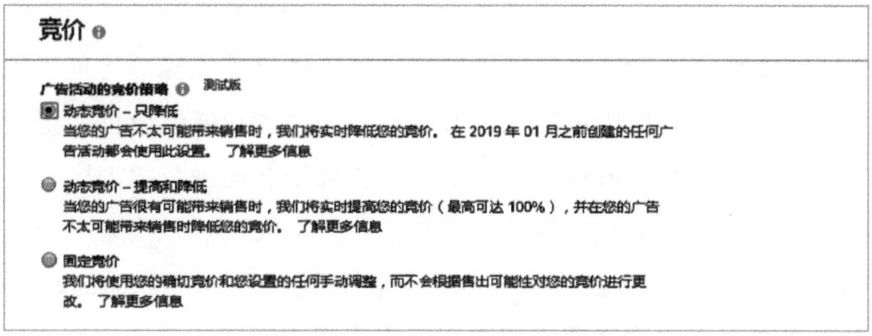

图 11-19　广告活动的竞价策略

亚马逊广告活动的竞价策略有两种：动态竞价和固定竞价。固定竞价相对来说比较简单，我们只需要设定一个固定的价格即可，这个价格后期也不会发生任何变动。不过这种模式是不科学且不够智能的，我并不推荐。接下来我们重点讲一下动态竞价。

动态竞价又分为两种模式：只降低模式及提高和降低模式。简单来说，如果你选择了提高和降低模式，当广告不太可能带来销量时，亚马逊会自动降低你的竞价。反之，亚马逊会自动抬高你的竞价。当然，如果你选择只降低模式，那么即使你的广告很有可能带来销量，竞价也是不会自动提高的。

亚马逊衡量"不太可能带来销量"和"可能带来销量"的标准是什么？衡量标准就是系统对于产品预估转化率的考虑。如果亚马逊系统判定产品的预估转化率很高，高于同类竞品，那么广告就会判定"可能带来销量"；如果亚马逊系统判定产品的预估转化率很低，低于同类竞品，那么广告就会被判定为"不太可能带来销量"。预估转化率到底是如何计算的呢？无非就是考虑各种因素：评价的星级、数量，价格的调整，是否申报秒杀，库存情况，消费者行为数据等。虽然预估转化率只是预估，但是这是由亚马逊预估的，准确率是相当高的，基于亚马逊预估的价格通常会带来不错的转化。

动态竞价里面的降低和提高的具体执行标准是怎样的呢？亚马逊决定提高你的竞价让你去抢前排位置是为了使你的广告出现在搜索结果的首页顶部位置，而你的竞价最高将提高 100%。亚马逊将搜索结果的首页顶部位置定义为首先考虑的广告位。对于其他广告位，例如，产品详情页和搜索结果页面的其他部分，亚马逊只会将你的竞价提高 50%。在降低模式下，降低设置会通过不断降低竞价，让你的产品退出广告位置竞争。假设你的竞价是1.5 美元，并选择了提高和降低模式的动态竞价，那么在竞价的过程中，如果亚马逊发现你

的广告有出现在搜索结果首页顶部位置的可能性，那么它将有可能把你的竞价最高上调至
3 美元（基于 100% 的出价调整）。对于搜索结果首页以外的广告位，亚马逊最高可将竞价
上调至 2.25 美元（基于 50% 的出价调整）。相反，当亚马逊判断你的广告表现不佳，难以
带来转化时，亚马逊可能会把你的竞价直接降为 0，让你退出广告位置的竞争。

那么我们应该如何选择动态竞价的两种模式呢？我建议卖家尽可能多地使用"动态
竞价—提高和降低"模式。原因很简单，既然亚马逊提高和降低出价都是基于预估广告
转化率来做判定的，那么我们就可以放心地让其实现智能调价，因为这符合广告"追涨
杀跌"的逻辑。有些读者可能对广告的"追涨杀跌"不太理解。我来举个例子，亚马逊
预估你的产品的转化率可能有 25% ～ 30%，已经远远大于同类竞品的转化率，这个时
候亚马逊会自动提高竞价，这并不会提高你的广告成本销售比（Average Cost of Sales,
ACoS），反而会降低你的 ACoS 指标。虽然提高竞价会增加广告花费，但是在高转化率
的支撑下，广告订单也会大幅增加。所以说降低 ACoS 的方法并不是只有降低竞价，提
高转化率也是降低 ACoS 的方法，而且相对来说更加良性。"杀跌"也是如此，在预估
转化率很低的情况下，盲目去抢广告位可能会出现"低转化高花费"的现象，因此亚马
逊就会自动降低你的竞价让你的产品退出广告位的竞争，从而避免不必要的广告花费。

"动态竞价—只降低模式"在什么时候使用呢？我建议在没有任何历史销售数据的
全新产品刚上架时就使用这个模式。对于刚上架的产品，即使是亚马逊，对转化率预估
难免也会有所偏差，因为没有任何的历史销售数据可供参考，我们很难保证亚马逊的预
估都是对的。我们在前期尽量保守一点，采用"动态竞价—只降低模式"以避免不必要
的广告花费，等积累了一定的销售数据以后，再把竞价策略改成"提高和降低模式"。

讲完了广告的竞价策略，我们来看看与之密切相关的一个功能：根据广告位调整竞
价。根据广告位置调整竞价如图 11-20 所示。

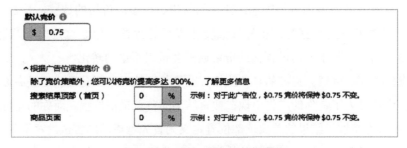

图 11-20　根据广告位调整竞价

根据广告位调整竞价功能把广告的展示位置细化成两个部分：搜索结果页面顶部和
产品详情页。也就是说卖家可以根据自己的需求，把广告所有的预算和曝光都集中到某

一个目标位置，确定好目标位置后按照百分比提高对应位置的广告竞价。如果卖家的产品在关联流量的数据表现更好，那么把广告的预算和曝光都集中到产品详情页广告位置就是调整竞价的目标；如果卖家的产品在搜索结果首页广告位置表现更好，把广告的预算和曝光都集中到搜索结果首页广告位置就是调整竞价的目标。

此外，这个功能是可以和前面讲的竞价策略设置叠加使用的，两个功能叠加在一起形成一套"组合拳"。不同竞价策略下的最终竞价情况见表 11-3，这张表非常好地阐释了这两个功能叠加使用下的各种情况。

表11-3　不同竞价策略下的最终竞价情况

固定竞价	1.5 美元	1.25 美元	1 美元	根据广告位应用的不同固定竞价
动态竞价（只降低）	0～1.5 美元	0～1.25 美元	0～1 美元	"根据广告位调整竞价"将按广告位设置不同的竞价，而"动态竞价（降低）"会针对点击不太可能转化为销量的情况调低竞价
动态竞价（提高和降低）	0～3 美元	0～1.88 美元	0～1.5 美元	"根据广告位调整竞价"将按广告位设置不同的竞价，而"动态竞价"会根据点击转化为销量的可能性进一步调整这些竞价。在"动态竞价（提高和降低）"下，亚马逊可能会针对搜索结果顶部（首页）的竞价最多提高 100%，而针对其他广告的竞价最多提高 50%，这会导致以下结果： • 搜索结果顶部（首页）：在 1 美元的基础上提高 50% 后是 1.5 美元；而"动态竞价"可能会进一步将其提高到最多 3 美元（在 1.5 美元的基础上提高 100%） • 商品页面：在 1 美元的基础上提高 25% 后是 1.25 美元；而"动态竞价"可能会进一步最多将其提高到 1.88 美元（在 1.25 美元的基础上提高 50%） • 搜索结果的其余位置："动态竞价"最多可能会将 1 美元提高到1.5 美元（在 1 美元的基础上提高 50%）

11.7.3　PPC 广告的开关时间控制

曾经我们做过一个数据统计，在美国早上 9 点之前，晚上 10 点之后，PPC 广告的转化率和有效点击率较于白天都非常低，但是广告单次点击扣费却没有多大变化。这样一来，控制广告在不同时间段的开关就显得非常重要了。我们可以在目的国的白天把广告打开，然后在晚上把广告关掉，这样能够很大程度地提高广告的利用效率。而且你会发现 PPC 广告的整体花费会削减不少，广告的有效点击率和转化率都会有显著提升。如果卖家按照我说的步骤进行操作，还会发现一个神奇的现象：假设平日里你的广告每日预算是 100 美元，一天 24 小时能够跑完全天的预算；如果你设置了定时开关，可能一天只有 12 小时在跑广告，你会发现同样的预算还是能够跑完的。既然都能跑完相同金额的预算，哪种方式效果更好就不言而喻了吧！

那这个开关的时间应该如何去设置呢？我们可以在销售产品的目的国的早上 9 点打开广告，在晚上 10 点之后关掉广告。我建议采取更精细化的模式，通过卖家后台监测我们的产品在一天不同时间段的销售数量，从而制订出一套更加科学合理的广告开关时间。

最后再强调一下，这个定时开关的做法可能不适合所有卖家，卖家还是要先测试一段时间，评估一下效果后再大规模实践。特别是一些做红海类目的卖家，例如，手机壳、蓝牙耳机等，定时开关广告可能会让你和竞争对手越拉越远。再就是一些新品期正在用广告来推广产品的卖家，这个方法的确能省钱且提高效率，但是不能最大化满足卖家冲击关键词排名、抢 Best Seller 的需求。针对这类卖家，我建议不要暂停广告，只需要在活跃时间提高竞价，然后在冷门时间降低竞价即可，这也可以达到趋近于关停广告的效果。因此，亚马逊卖家还是要从自己的实际情况出发来制订相应的广告策略。

11.8　否定关键词的使用技巧

使用否定关键词（Negative Keywords）对亚马逊卖家来说是一个非常节省广告费用的方法。无论是自动广告还是手动广告，总会出现这些有点击量但是转化率低的关键词，这个时候就需要用否定关键词来剔除这些无效的关键词，降低广告成本。因此，使用否定关键词是优化和降低 PPC 广告成本的关键步骤。

否定关键词是指当消费者查找关键词时，防止你的广告出现在亚马逊搜索结果页上的关键词。换句话说就是，如果你不想让你的广告出现在搜索结果页面，你可以在广告中添加否定关键词。否定关键词会阻止你的广告针对特定关键词组进行展示，可以减少广告的支出，增加投资回报率。

否定关键词有两个匹配模式：Negative Phrase（词组否定）和 Negative Exact（精确否定）。当搜索查询中包含 Negative Phrase（词组否定）完整短语或其近似变体时，不会显示广告。每个否定关键词最多不得超过 4 个字和 80 个字符。例如，产品是 T 恤，我们把 "Round neck（圆领）" 作为否定关键词，如果亚马逊买家搜索的关键词带有 "Round neck" 的字眼（例如 "Round neck T-shirt" 或 "T-shirt Round neck"），亚马逊都不会将我们的产品展示出来。

当搜索查询中包含 Negative Exact（精确否定）确切短语或其近似变体时，不会显示广告。每个否定关键词最多不得超过10个字和80个字符。例如，产品是 T 恤，我们把"Round neck（圆领）"作为否定关键词，如果亚马逊买家搜索"Round neck T-shirt"，亚马逊依然会展示我们的产品。只有在买家搜索"Round neck"这个词的情况下，亚马逊才不会推荐展示。

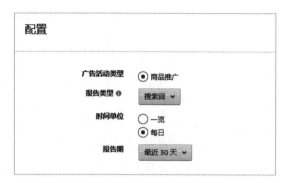

图 11-21　搜索词报告下载路径

我建议卖家把否定关键词当作例行的工作来做，我们可以以周为单位，定时去下载广告报表里面的搜索词报告。搜索词报告下载路径如图 11-21 所示。

在搜索词报告中找到消费者搜索词部分，第一步可以把其中的出单词排除掉，然后在剩下的消费者搜索词中，筛选出那些和产品相关性不强的词，例如，产品是苹果但是搜索词是梨，产品是男鞋但是搜索词是女鞋，全部筛选出来以后把它们作为否定关键词加到广告组里面。如果你不确定消费者搜索词和产品相关性到底如何，建议你把这个消费者搜索词放到亚马逊平台去搜索一下，看看出来的产品和你的产品是不是一样的，这样就知道结果了。卖家每周都要针对我们做广告的产品进行否定关键词的操作，特别是对新品来说这个工作更为重要。

很多读者可能会比较疑惑，为什么操作否定关键词的时候不去看数据指标，而是去看消费者搜索词与产品的相关性呢？这是因为考虑到很多新品数据积累太少，很难从数据角度做出判断，你不能因为这个搜索词被点击了两次没有购买就把这个搜索词否定掉，可能搜索词被第三次、第四次点击后就会有人购买了。通过数据判定新品的否定搜索词是不客观的。另外，有时候搜索词是很精准的流量词，但是因为新品详情页面质量不佳导致没有转化，并不是因为搜索词选得不对，这个时候贸然否定掉一些数据表现差的搜索词可能会导致判断失误，对我们后期做广告投放来说并不是一件好事。对于很多刚打广告不久的新品来说，亚马逊还处于收录和认识产品的阶段，我们如果否定过多的相关关键词，那么也可能会影响亚马逊对我们产品的收录和认知。因此，我选择把搜索词与产品是否相关当作是否操作的一个评判标准。虽然可能会比较麻烦，但是相对来说更科学且更客观。

在刚开始跑广告时，我们可以把相关性作为衡量标准来进行否定关键词的操作，但是随着后期广告各项数据越积累越多，光看相关性还是不够严谨的。所以等广告跑了3个月后，我建议各位读者在操作否定关键词时，可以基于过去的广告数据表现情况，利用否定关键词公式来进行否定关键词的操作，这样会更加科学合理。否定关键词公式见表 11-4。

表11-4　否定关键词公式

对象	条件	时间周期	优化频率	操作
客户搜索词	广告点击<产生一个订单平均的点击数；CTR<0.15%；广告订单＝0（三者同时满足）	90天	7天	加否 匹配方式：精准否定
客户搜索词	广告点击≥产生一个订单平均的点击数；广告订单＝0（两者同时满足）	90天	7天	加否 匹配方式：精准否定

我估计很多读者看到"否定关键词公式"后，一般都会产生疑问，为什么优化频率的周期是7天？答案很简单，因为亚马逊广告的归因期是7天。可能这么解释还是过于晦涩，举个例子各位读者就懂了：假设一个买家周一通过广告进入你的产品详情页，然后把你的产品加入了购物车，最后却没有下单，一直等到周日才最终完成了购买。在这种情况下，如果广告归因期是7天，那么就意味着周日才完成购买，这一单购买还是会被算作广告订单的。现在各位读者应该明白了为什么我们优化亚马逊广告的频率是7天了吧？

最后再来看一个实际执行过程中的问题，我们在实际操作否定关键词的时候针对Negative Phrase和Negative Exact这两种匹配模式应该如何选择呢？卖家尽量选择Negative Exact，少用、慎用Negative Phrase。原因很简单，否定关键词是减少流量的行为，操作不当就有可能导致原本可以被转化的流量被否定了，这样会严重影响PPC广告的效果。所以我们宁可麻烦一点，尽可能多地使用否定面积小一些的Negative Exact。

11.9　PPC广告目标ACoS的设定方法

广告成本销售比（ACoS）是指广告活动中的商品推广广告支出占其带来的直销销售额的百分比，或者品牌推广支出占其带来的总品牌销售额的百分比。

$$ACoS = 广告总支出 / 广告带来的总销售额 \times 100\%$$

举个例子，如果你在广告上花费了2美元，而这些广告带来的销售额为20美元，那么你的ACoS是10%。

从ACoS的计算公式我们可以看出，广告的ACoS越低，广告的效果越好，盈利越多；反之，广告的效果越差，亏损越大。那么ACoS的大小是由哪些因素决定的呢？简单来说影响ACoS最大的两个关键性指标是产品的出价和产品的广告转化率。这也是我们经常会通过降低出价来降低ACoS的根本原因。

很多亚马逊PPC投放专员发现ACoS一下子冲得很高很难控制的时候，惯用做法都是强行降低出价。虽然降低出价一定可以把ACoS拉低，但是这么做的结果往往会带来整个广告销量的下降，如果降低ACoS导致广告销量也随之下降，这种降低是没有任何意义的！这对于想要通过广告销量来推广关键词自然排名的卖家来说还会产生非常大的负面影响。

我们想要降低ACoS时，尽量不要采取降低出价的方法，我建议卖家可以把更多的精力放在如何提高广告的转化率上，通过提高转化率来降低广告ACoS才是合理的，这样做不仅不会导致销量大幅下降，反而还会促进销量上升！

接下来，我们来看一下如何设定一个均衡合理的ACoS目标。假设一个产品的客单价是50美元，亚马逊平台佣金占了25%，产品成本和物流成本占了35%，办公和人工成本占了10%，税务成本占了8%，那么剩下的22%就是这个产品的毛利润了，即所谓的销售利润率。如果我把目标ACoS定在22%，就意味着我的广告只要出单，我就属于不亏不赚，刚刚保本。ACoS均衡点的计算如图11-22所示。

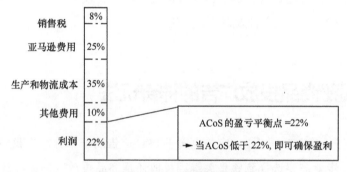

图11-22　ACoS均衡点的计算

如图11-21所示，我们可以选择亏损，也就是说接受广告出单亏损的事实。例如，销售利润率是22%，我把目标ACoS定在42%，就意味着每出一个广告单，就会有基于产品价格20%的亏损。就上述产品而言，每出一个广告单，我们就会亏损10美元。

我们应该如何设定具体的ACoS目标呢？我建议是把产品的推广周期分为3个阶段：新品推广期、稳定上升期和成熟期。每个阶段会根据不同的阶段需求制定不同的目标ACoS。

在新品推广期，产品亟须通过大量的广告订单来冲刺关键词的自然排名，我们可以按照下面这个公式来定义目标ACoS。

目标ACoS = 销售利润率 + 该产品平台佣金

该产品平台佣金是指亚马逊平台收取的佣金。如果你的产品佣金是8%，那么产品平台佣金就是8%；如果产品佣金是15%，那么产品平台佣金就是15%。如果你按照上述公式来定义目标ACoS，就等于你每出一个广告单，相当于你免费做了一单放量。而且就效果权重和安全性来说，比你找外面的放量机构要好得多！新品推广总是要白送出去一些产品的，这是业界共识。那么设定一个会亏本的 ACoS 的目的又是什么呢？尽可能多地获取广告订单，从而增加广告权重以及配合完成整体的站内 SEO 目标，最终提高关键词的自然排名，才是我们的目标。

当然 ACoS 目标肯定不是一成不变的，随着产品进入稳定上升期，我们可以逐步下调 ACoS 目标。在稳定上升阶段，我建议 ACoS 等于销售利润率比较合适，也就是处于不亏不赚的均衡点位置。等到产品成熟期，整体产品详情页的 CTR 和 CVR 数据指标上升，自然排名稳定以后，就可以进一步下调目标 ACoS，让目标 ACoS 低于产品的销售利润率，至于低多少就是你想要赚多赚少的问题了，你是愿意薄利多销还是愿意少卖产品多赚利润，取决于你的库存备货策略以及整体的产品运营方案。

以上就是我们整体 PPC 广告 ACoS 目标的制订方案，建议各位卖家可以按照上面这个方法进行操作，并且通过订好的 ACoS 目标去考核广告投放工作，这样我们就可以在控制广告花费的同时，实现广告效果的最大化。

11.10　揭秘商品投放广告的神奇玩法

商品投放（Product Targeting）广告也属于 PPC 广告的一部分，当我们选择了手动广告的时候，下一步就需要选择到底是关键词投放还是商品投放。商品投放和关键词投放如图 11-23 所示。

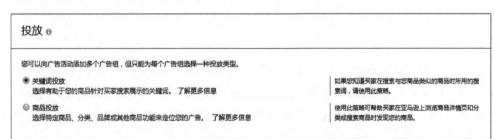

图 11-23　商品投放和关键词投放

通过商品投放，我们可以单独定位亚马逊上面的具体品类、具体商品以及具体品牌，也可以在同一广告活动中定位品类和品牌的组合，使用此广告策略可以帮助买家在亚马逊上浏览产品详情页，或在搜索产品时发现我们的产品。例如，我定位了竞品的 ASIN，那么买家在浏览竞品详情页时就可以在广告关联栏目中看到我的产品。所以说，商品投放本质上的定位逻辑和关键词是一样的，只是商品投放由传统的关键词定位变成商品定位，以获取关键词的搜索流量为主变成以获取产品的关联流量为主。商品投放的展现位置如图 11-24 所示。

广告位置	产品详情页	其他搜索位置	首页搜索位置
Category	91.7%	6.1 %	2.1%
ASIN	84.9%	7.7%	7.4%
Brand	91.6%	3.8%	4.6%

图 11-24　商品投放的展现位置

关于商品投放这一部分，我根据广告投放目标把商品投放拆解成两个部分：ASIN 投放和类目投放。

11.10.1　ASIN 投放策略

ASIN 投放属于商品投放的一种，这一部分最大的问题就是卖家不知道应该如何选择 ASIN 进行投放。如果投放的 ASIN 数量有限，那么很难跑出不错的数据，这是因为单一 ASIN 本身的流量是极其有限的。如果定位的 ASIN 少了，广告效果肯定就会受到影响。因此，ASIN 投放的数量越多越好。下面，我讲一讲如何又快又准地找到适合投放的目标 ASIN。

1. 侵略型策略

侵略型策略是以竞品的 ASIN 作为投放主体，一般来说分为两类：相似型产品和互补型产品。想要获取这一部分 ASIN 有两种方法。

第一种方法就是在跑一段时间的自动广告后，下载广告搜索词报告，然后使用 Excel 的筛选功能，在消费者搜索词这一栏中筛选出订单数量大于等于 1 的 ASIN，只要是 B0 开头的都是 ASIN。按照这个条件筛选出 ASIN 后，我们不用一个个去看具体是什么产品，就可以直接放进广告里面进行投放了。只要这个产品的自动广告不停，符合条件的 ASIN 数量肯定是持续增加的。

第二种方法就是通过观察自己的产品，以及竞品详情页下面的广告关联位置和自然关联位置来获取合适的目标 ASIN。这一部分非常重要，是我们做 ASIN 定位广告天然的 ASIN 素材库。前面章节讲过，产品详情页的广告关联位置主要就是 "Sponsored products related to this item（与该商品相关的推广商品）" 这个栏目，自然关联位置是指在产品详情页里面的 "Frequently Bought Together（一起买）" "Customer Who Bought this Item Also Bought（买了又买）" 和 "Compare to similar items（类似产品比较）" 这 3 个位置。这种获取 ASIN 的模式虽然没有第一种高效精准，但也是非常有效的，它获取的 ASIN 数量要比第一种方法多得多！

2. 保护型策略

保护型策略是以自己店铺的其他 ASIN 作为投放主体，按照互补型产品和相似型产品作为搜索准则，把自己店铺中在卖的符合准则的 ASIN 全部投放进去。如果自己产品的详情页下面那些关联位置有很多竞品存在，这就意味着自身流量会大量流失。因此，让产品详情页下尽可能多地都是自己的产品，通过产品定位广告实现关联流量的闭环目标，也是一件非常重要的工作。

11.10.2 类目投放策略

类目投放相对于 ASIN 投放来说，投放的范围是非常广泛的，一个类目包含多个 ASIN。一些产品很合适类目投放，但是有一些产品是明显不合适的。具体来说，如果你卖的是标准品类，类目投放明显就不合适，因为这类产品的受众基本上是以关键词搜索购买为主的，不会一个一个精挑细选。试想一下，你要买一卷卫生纸，你是不是会直接搜索"卫生纸"，然后在排名前三的产品里面购买一个，而不会去产品详情页不断地浏览和挑选呢？

适合做类目投放的产品是那种有调性、有风格的产品，特别适合"服装服饰""饰品"等品类，买家在网上买一件自己心仪的衣服要经过精挑细选，他可能一开始就通过关键词搜索进入某个产品详情页，后续选择比较的过程基本上都是在走产品的关联流量，还会不断地从一个产品跳到另一个产品。所以说，这种在下单之前需要经过漫长的挑选和考虑的产品，非常适合针对全类目的广告投放模式。

关于类目投放，还有一个重要功能，那就是类目精选，我们可以以产品的价格、星级评价、品牌作为类目投放的筛选条件，亚马逊也认为类目投放的范围太大需要有一些筛选条件去提高流量的精准性。类目精选如图 11-25 所示。

如何最大化地利用这个筛选条件呢？我们可以根据图 11-25 中价格以及星级评价的调整，专门将价格比我们贵，但是星级比我们低的产品定点投放到这个类目中。试想一下，如果你在浏览一个产品页面，你发现关联推荐栏目有一款类似产品，价格更低、星级更高，你是不是会放弃正在浏览的这个产品，转而去购买这个价格更低、星级更高的产品呢？

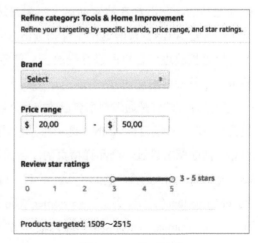

图 11-25　类目精选

除此之外，品牌筛选功能选项也可以好好地利用起来。例如，在新品推广期，我们主要定位一些比较弱的品牌 ASIN，类似我们抓长尾关键词的逻辑；在产品已经"引爆"的时候，我们主要定位一些流量巨大的品牌 ASIN，因为这个时候我们自身的页面优化工作已经做得很好了，可以获取这些品牌的流量。这里说的品牌 ASIN，还是要遵循上述的互补和相似这两个基本准则。

11.10.3　否定商品定位功能详解

　　与关键词投放里面有否定关键词功能一样，商品类目投放也有否定商品定位功能。针对商品类目投放范围过大的问题，为了提高投放的精准性，否定商品定位功能会阻止你的广告在买家的搜索内容与你选择的否定商品匹配时展示。这有助于排除不相关的搜索，从而减少广告费用。否定商品定位如图 11-26 所示。

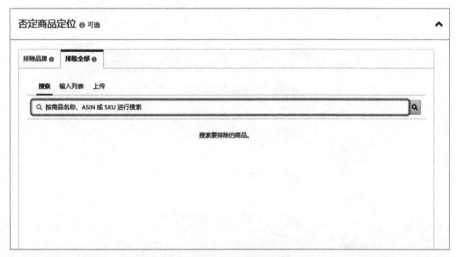

图 11-26　否定商品定位

　　否定商品定位功能一共有两种否定模式：排除品牌和排除全部。排除品牌是指把一些特定品牌从商品投放里面排除掉，例如，我是卖充电宝的，但是我的产品刚上架，和 Anker 牌的产品完全比不了，那么在做商品类目投放时我就可以排除 Anker 这个品牌，以实现降低广告花费的目的。不过需要注意的是系统只是降低特定品牌的竞价，而不是彻底排除这些品牌。

　　我们也可以选择排除全部的否定模式，即定向排除一些指定的 ASIN。例如，一些我们之前投放过但是表现很差的 ASIN，一些类目大牌产品和类目 Best Seller，经过评估以后我们可能无法抢走关联流量的产品等。这种否定模式和我们做关键词否定的思路是一模一样的。

11.11 揭秘品牌推广广告的神奇玩法

从这一节开始，我们介绍一个全新的广告形式：品牌推广（Sponsored Brands）广告。品牌推广广告和 PPC 广告类似，都是以关键词定位为主的广告投放模式，而且也是按照点击来扣费的，唯一的区别在于广告出现的位置和展现形式不一样，在这一节里我会介绍品牌推广广告的定义、展示位置、投放方法，以及着陆页等内容。

11.11.1 广告的展示位置详解和优化方法

我们先来看一看品牌推广广告的 4 个展现位置，其中最重要且效果最好的展现位置就是关键词搜索结果顶部的头条横幅广告，其他 3 个展现位置都是在搜索结果的侧边栏以及底部位置。Sponsored Brands 主要展现位置如图 11-27 所示。

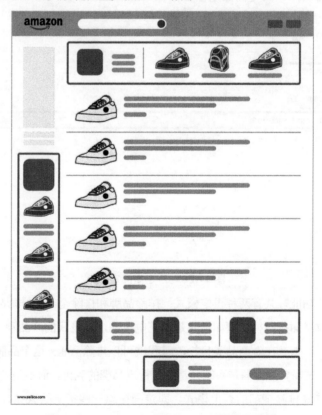

图 11-27 Sponsored Brands 主要展现位置

此外，亚马逊的品牌推广广告针对展示位置也做出了更新：第一，品牌推广广告除了能够出现在关键词搜索页面，还能够出现在产品的详情页面，因此品牌推广也相应地推出了商品投放功能；第二，亚马逊品牌推广广告还推出了一种全新的视频广告模式，我们称之为 Sponsored Brands Video（品牌推广视频）广告。这个广告我们在前文详细讲过，感兴趣的卖家可以尝试一下。

当我们运行了一段时间的品牌推广广告以后，我们可以从广告报表中下载一份"Keyword Placement Report（关键词位置报告）"，从中可以查看我们广告的不同位置的数据表现情况。Keyword Placement Report 下载路径如图 11-28 所示。

图 11-28 Keyword Placement Report 下载路径

在这份报表里面，亚马逊把广告展示位置分成了两个部分：一部分是搜索结果顶部位置（Top of Search），另一部分就是其他位置（Other Placement）。其他位置是指搜索结果的侧边栏以及底部 3 个位置。Keyword Placement Report 数据详情见表 11-5。

表11-5　Keyword Placement Report数据详情

F	G	H	I	J	K	L
关键词定位	匹配模式	广告位置	曝光 / 次	点击 / 次	有效点击率（CTR）/%	单位点击费用（CPC）/ 美元
natural hand cream	Broad	首页搜索位置	2	0	0	
natural hand cream	Broad	其他位置	10	0	0	
organic body cream	Broad	首页搜索位置	2	0	0	
organic hand lotion	Broad	首页搜索位置	24290	76	0.3133	2.05
organic hand lotion	Broad	其他位置	51595	23	0.0446	1.75

从表 11-5 的数据可知，在同样的关键词下面，其他位置的展现曝光次数比顶部位置足足多了将近 30000 次，但是收到的点击却不到顶部位置的三分之一，由此可见其他位置的 CTR 指标与顶部位置差得特别多。针对这种情况我们需要将广告的预算更多地分配到顶部位置上，同时尽可能地减少其他位置的展现次数，节约广告花费。那么具体怎么做呢？还是要在出价上面下功夫！

品牌推广的竞价功能分为两种：第一种是自动竞价，如果亚马逊预估广告在其他位置的转化率低于顶部位置，亚马逊就会自动下调对于其他位置的竞价，另外，系统不具备提高其他位置竞价的功能；第二种是手动竞价，我们可以自主调整其他位置的竞价，按照比例来降低和提高都是没问题的。自动竞价和手动竞价如图11-29所示。

如果我们关停了自动竞价功能，却没有设置手动竞价，顶部位置和其他位置都会统一按照默认竞价运行。因此，针对上述其他位置表现太差的情况，我们可以通过手动竞价模式降低其他位置的竞价，让整个广告的预算尽可能用在顶部位置上面，从而实现广告预算的优化配置。

图 11-29　自动竞价和手动竞价

11.11.2　如何找到可以投放的相关关键词和 ASIN

品牌推广广告和商品推广广告一样，都是通过关键词和商品这两种形式来做投放定位的。关键词定位和商品定位如图11-30所示。

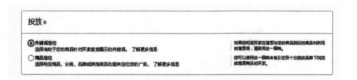

图 11-30　关键词定位和商品定位

那么对于品牌推广广告来说，我们应该如何去选择关键词和相应的商品来投放呢？这个工作是非常简单的，只要我们做了商品推广广告，就能够获取大量出单词和 ASIN 数据，拿这些出单词和 ASIN 去做品牌推广的关键词定位广告和商品定位广告，效果一般都不会太差。只要你的商品推广广告跑得时间久，跑出来的数据多，你的品牌广告就是"站在巨人的肩膀"来做投放的。我建议各位卖家可以先投放一段时间商品推广广告，在积累基本的数据后，再开始投放品牌推广广告，这样就能够达到事半功倍的效果了。

11.11.3　如何通过 A/B 测试，提高广告 CTR

由于品牌推广广告的展现形式、着陆页与 PPC 广告区别很大，相对来说变量更多、更复杂，所以我们需要测试以及优化的点也会更多，例如，广告的着陆页、广告产品的选择，以及广告的文案和图片等。我建议采用 A/B 测试来找出每个变量里面的最优选择，从而提高广告的 CTR。关于 A/B 测试的具体方法，可以按照以下 4 步进行：

① 建立多个不同的广告活动同时测试；

② 在某个时间改变其中一个变量；

③ 测试时间至少为两周；

④ 确定一个测试评判标准，例如广告的 CTR。

品牌推广广告有哪些变量需要进行测试呢？第一个变量是关于广告着陆页的选择，品牌推广广告的着陆页主要分为两种：第一种是品牌旗舰店，买家一点击广告就跳转到品牌旗舰店页面，这样就可以给品牌旗舰店引流了。另外，当我们确定以品牌旗舰店作为着陆页后，可以自由选择是以品牌旗舰店的单一产品详情页作为着陆页，还是以品牌旗舰店的首页（多产品集合）作为着陆页。第二种是定制着陆页，买家点击进去就可以看到一系列的产品。定制着陆页如图 11-31 所示。

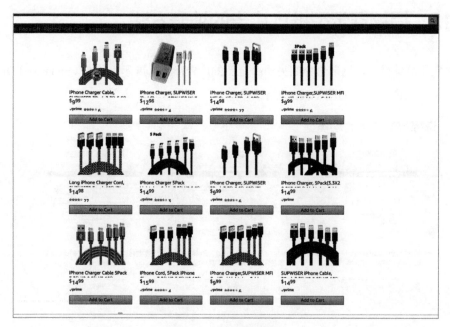

图 11-31　定制着陆页

定制着陆页的目的就是尽可能地为提高广告转化率服务，尽可能多地给消费者提供产品，提高消费者下单的可能性。

第二个变量是产品的选择，品牌推广广告通常会展示 3 个产品，那么这 3 个产品应该如何搭配？是同类产品还是互补产品？是按照功能不同来划分还是按照颜色不同来划分？如果我们拿不准可以通过 A/B 测试的方法找到答案。

第三个变量是广告文案以及图片，Sponsored Brands 广告的最终展现形式如图 11-32 所示。在左边部分，我们需要放上相应的品牌图片以及广告标语，这部分内容直接决定了品牌推广广告的 CTR 数据指标，因此这也是我们需要重点优化的变量。对于图片和文案来说，我们可以选定几个不错的备选，再通过 A/B 测试的方法找到最优选项。

图 11-32　Sponsored Brands 广告的最终展现形式

11.12　揭秘展示型推广广告的神奇方法

讲完了品牌推广，这节再介绍另一个全新的广告形式：展示型推广（Sponsored Display）广告。展示型推广广告如图 11-33 所示。

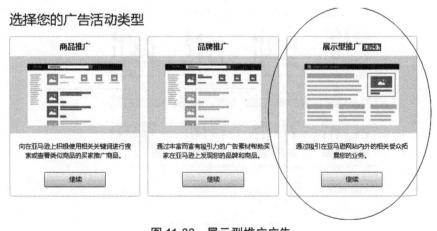

图 11-33　展示型推广广告

展示型推广广告的投放方式主要分为两种：查看再营销和商品投放。商品投放和上文说到的商品推广广告和品牌推广广告里面的商品投放整体的投放思路和操作步骤是一模一样的，唯一的区别就是在具体广告展示的方式和位置上面，在广告后台，展示型推广广告在站内的展现位置都有明确的标识，卖家可以在后台自行查看。

由于展示型推广广告的商品投放功能在上文已经详细讲过了，在此就不赘述了。我们把重点放到"查看再营销"这个全新的广告定位模式上面。查看再营销广告主要出现在亚马逊站外，与传统的以站内为主的关键词定位和商品定位都不一样。下面我将通过案例解析的形式，讲一讲如何能够更好地使用"查看再营销"广告。另外，为了方便描述，我们在下文所有讲到的 Sponsored Display，都是指 Sponsored Display 的"查看再营销"广告这部分的功能，不包括商品投放功能。

首先，我讲述一个 Sponsored Display 广告投放失败的案例。在详细分析这个案例之前，先给大家看一看这个案例最后的广告数据详情：广告展现量是 164049，广告点击是 188，广告单次点击扣费是 1.09 美元，广告带来的订单数量是 5，广告有效点击率是 0.11%，整体 ACOS 是 259.41%。

此案例中的产品的类目属于 3C 电子，产品属于标准品类。投放展示型推广广告后结果比较差，难道说展示型推广广告不适合亚马逊中小卖家投放吗？显然不是这样的！我们看一下产品的广告展现（Impression），这个投放广告的运行时间很短，预算和竞价也不算特别高。基于设定的预算、出价以及广告运行时间，164049 的展现量已经足够多了。另外，Sponsored Display 广告的展现位置全部都是站外，这也侧面说明了亚马逊站外资源丰富，而且相比于 Sponsored Products 广告和 Sponsored Brands 广告极其有限的站内广告展现位置，Sponsored Display 广告的站外广告展现位置很多，相应的流量成本和竞争压力都会小。我们再看一下广告 CTR，这么大的展现量结果产品只被点击了 188 次，CTR 数据非常低，只有 0.11%。这是什么原因造成的呢？我想先从 Sponsored Display 广告的展现方式和位置说起。

如果一个买家浏览了你的广告产品详情页，或者和你的广告产品类似的产品详情页却没有购买产品，这个时候你投放了 Sponsored Display 的查看再营销广告，当这个买家离开亚马逊去看网站或者其他内容的时候，你的广告产品就会出现在这个买家正在浏览的网站页面。这就是 Sponsored Display 的展现逻辑。Sponsored Display 广告在站外展现的位置如图 11-34 所示。

严格来说，Sponsored Display 广告属于 Remarketing（再定位）广告体系，这种类型广告的核心宗旨就是消费者一旦和卖家产生联系，卖家就能够牢牢地黏住他直到他下单为止！亚马逊 DSP 广告就有一个再定位的功能模块，与 Sponsored Display 广告非常类似，最大的区别就是 DSP 可以自己制作广告素材，Sponsored Display 广告并不需要，亚马逊会直接抓取你的标题、图片、评价数量和星级作为广告素材来进行投放！另外，相对于需要找账户经理申请的 DSP 广告来说，Sponsored Display 广告是一个自己在后台就能投放的入门级站外广告，并没有太多的门槛限制。

图 11-34　Sponsored Display 广告在站外展现的位置

　　CTR 数据表现差主要有两个原因：一是投放的对象有问题，二是广告素材有问题。如果按照再定位的投放逻辑，投放的对象一定是比较精准的，因为这些人曾经都浏览过你的产品或者竞品，他们要比其他广告用户更加精准，所以说核心原因还是在广告素材上面，说得更具体一点，就是产品页面的主图、标题、价格、评价数量以及星级。

　　另外，我们还需要了解的是 Sponsored Display 广告的投放用户不仅有看过你的产品详情页的买家，也有看过类似产品详情页的买家。假如你的产品页面的主图、标题、价格、评价数量和星级与其他竞品相比并不出彩，那么也会导致 CTR 数据不好看。因为你的产品还不如买家曾经看过的那个产品，或者当初买家不买你的产品就是因为价格贵或者评价差，即便买家在站外又看到了你的产品为什么还要再点进去看呢？因此在这里我建议各位，在投放 Sponsored Display 广告的时候，广告产品最好是已经处于成熟期，至少保证产品在所有竞品里面处于中等水平，而且要保证评价数量、星级、价格等关键性指标不要有明显的缺陷。产品满足上述条件，再去做广告投放才是更合适的，广告的效果也会更好！

　　分析完了 CTR，我想再介绍一下 CVR，此产品广告的 188 次点击只产生了 5 个转化，转化率大约是 2.7%，这个转化率也是远低于行业平均水平的，不过 CVR 相比 CTR 的表现还是要强很多。在广告领域，再定位广告一向是以高转化率著称的，这类广告的投放用户会更精准，平均转化率会比其他广告好很多，而且随着曝光不断增大，转化率还会一直增大。再定位广告转化率变化情况如图 11-35 所示。

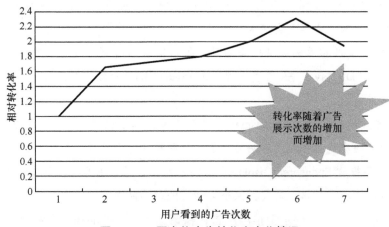

图 11-35　再定位广告转化率变化情况

为什么广告的 CVR 数据会那么差呢？我个人判断问题出在产品本身，不是所有类目的产品都适合做 Sponsored Display 广告。标品普货或者生活必需品是不太适合做 Sponsored Display 广告的，一些时尚品类（饰品、服装服饰等），或者需要买家去精心挑选的产品更适合做 Sponsored Display 广告。举个例子，如果你的苹果手机的数据线坏了，你需要新买一条，在网上搜索的过程中你会对几家不同的产品进行比较，但是你大概率会在搜索的当天下单。基于这种情况，你再定位这个消费者，这个消费者可能早就从其他店铺或者通过其他渠道完成购买了。就算消费者在站外看到了你的广告，他没有购买意愿自然不会去买你的产品了。

但是一个消费者想要购买一条连衣裙，她可能会对比很多产品，而且当天不下单的概率是很大的。此时，你再定位这类消费者，她回过头去买你产品的可能性就会增加很多。因此产品和类目属性还是非常重要的，Sponsored Display 广告效果不好不代表这个广告本身不好，可能是产品本身不适合！

另外，希望卖家注意上文说的案例里面的一个关键数据，就是广告的实际点击扣费只有 1.09 美元。广告的实际点击扣费是由广告的 CTR 和 CVR 决定的，在 CTR 和 CVR 数据这么差的情况下，实际扣费也不是特别高，这侧面说明 Sponsored Display 广告目前处于流量红利期，整体的流量成本还不算高，与站内 PPC 广告相比还是要便宜很多的。

最后我们来讲一讲 Sponsored Display 广告的优化方案。很多人认为 Sponsored Display 广告的可操控性太差，变量也非常少，更谈不上优化提高了。这种观点还是有失偏颇，Sponsored Display 广告可以优化的方向还是有很多的，我写了几条优化建议，各位读者可以参考。

① 若广告效果不好，则先暂停广告，及时止损，可能是类目和产品页面自身情况都不太适合，继续投放广告损失会更大。

② 建议跑一个低预算的测试广告活动，把店铺里面所有符合要求的产品都放进去，一起做 Sponsored Display 广告，看哪一个 Advertised SKU（投放广告产品）变现后效果好，把它单独拿出来再做。

③ 所有准备投放 Sponsored Display 广告的产品，都要保证其图片、价格、标题、评价数量和星级与同类竞品相比没有明显缺陷，有明显优势当然更好！

④ 所有准备投放 Sponsored Display 广告的产品类目尽量避开标准品类和生活必需品，产品类目要有调性、有风格，需要买家精挑细选的时尚品类更为适合！

2021 年年底，亚马逊展示型推广广告在保留原有的"商品投放"和"查看再营销"这两种投放方式外，又额外增加了"亚马逊消费者"和"购买再营销"这两种全新的广告投放方式。"亚马逊消费者"和"购买再营销"如图 11-36 所示。

图 11-36 "亚马逊消费者" 和 "购买再营销"

"亚马逊消费者"这种广告定位模式和Facebook广告的人群定位模式很像。具体来说，"亚马逊消费者"由"生活方式""兴趣""生活事件"和"场内客群"4种受众策略组成，提供了数千个预先构建的细分受众群，可以帮助广告主通过旨在提高认知度和购买意向的广告活动来触达新的潜在受众。结合我个人实操经验来看，"亚马逊消费者"这种广告定位模式先天有效点击率和转化率都偏低，比较适合以提高品牌知名度和曝光为导向的卖家来投放，不适合以投资回报率作为核心指标的卖家来做投放。

　　"购买再营销"理解起来就比较简单了，与"查看再营销"相比，唯一的区别就是：一个是针对查看过自己产品、竞品产品，以及特定细分品类的人群来做投放，另一个是针对购买过自己产、竞品产品以及特定细分品类的人群来做投放。所以说，投放"购买再营销"广告，能够帮忙我们实现推动重复购买、建立顾客忠诚度、向现有顾客交叉销售以及触达新受众等多重目的。

　　以上就是关于Sponsored Display广告的全部内容了，希望各位读者能够理解并掌握Sponsored Display广告的投放方法和思路。

第 12 章
打造爆款第七步：站外引流的思路和方法

12.1 亚马逊卖家到底要不要做站外引流

站外引流是从亚马逊之外的其他渠道给自己的产品引流，例如，通过谷歌给亚马逊产品引流，通过 Facebook 给亚马逊产品引流，通过其他第三方网站给亚马逊产品引流等。这种流量是区别于亚马逊本身的站内流量的，属于站外过来的流量。这部分站外引进的流量可以是免费的，也可以是付费的，主要取决于你引流的具体方法。

那么亚马逊卖家到底要不要做站外引流呢？想要回答这个问题，我们先从一个产品站外流量（External）的具体构成开始讲起。我们选取了亚马逊大卖家 Anker 的一款爆款充电宝作为案例产品，然后调取了这款产品的站外流量的构成情况。对于 Anker 这款爆款产品来说，站外流量占据了整体产品页面所有流量的 18.52%。产品站外流量来源分解一如图 12-1 所示。

其中，站外流量来源又分为付费流量（Paid Traffic）和免费流量（Free Traffic）两种。免费流量占比很小，付费流量的占比高达 98.55%。接下来，我们重点就看付费流量部分。产品站外流量来源分解二如图 12-2 所示。

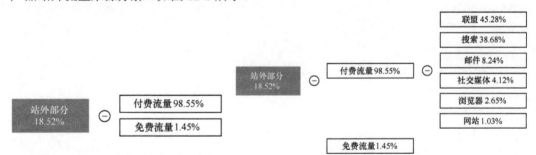

图 12-1 产品站外流量来源分解一   图 12-2 产品站外流量来源分解二

在付费流量部分，占比最高的就是联盟（Associates）。很多读者可能不太知道这是什么意思。理解起来很容易，亚马逊的联盟项目是"Amazon Associates"，也就是我们常说的"Amazon Affiliate"，类似于国内的淘客联盟。这种模式和现在流行的直播带货非常相似，就是一些人把产品卖给了客户以后，可以和平台利润分成。当然亚马逊肯定不会给"坑位费"的，只会按照卖出去的产品返还佣金，成交一单后最高能分到产品价格的 8% 左右，这些人（即流量主）只会推广平台上那些符合自己客户的需求，而且销量较好的爆款产品，再加上有亚马逊这个大平台做背书，产品的转化率一般还不错，很多人获利颇丰。这样就会有大量的博主、站长、网络明星，以及各种论坛的 KOL 争相来给亚马逊引流，帮亚马逊推广产品。因为这些人也需要把自己的流量拿出来变现，所以久而久之就形成了一个庞大的联盟营销链条。产品站外流量来源分解三如图 12-3 所示。

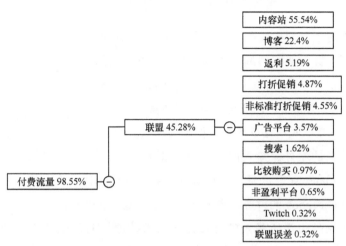

图 12-3　产品站外流量来源分解三

在这里也不排除 Anker 为了推广自己的产品，主动去联系一些网络明星、博主和站长，让他们帮忙推广产品，可能还会额外付一些"坑位费"。排在剩下的付费流量入口前三名是搜索（Search）、邮件（E-mail）和社交网络（Social Media），其中，搜索部分的流量占比最大。产品站外流量来源分解四如图 12-4 所示。

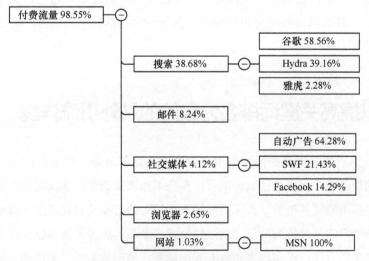

图 12-4　产品站外流量来源分解四

如图 12-4 所示，在搜索部分，谷歌流量占比最大，这部分有亚马逊平台在谷歌上面投放的广告，也有 Anker 这款产品在谷歌上面投放的广告。一般来说，卖家投放广告就会只投放自己的产品，平台投放广告很少会投放具体的某一个产品，而是经常投放一系列产品。

邮件部分由两个方面构成：一是亚马逊的 Newsletter（简讯）常规邮件推送，它是很重要的流量来源，针对买家的浏览购物习惯，亚马逊会给买家发送产品推荐邮件，目的就是催促买家尽快下单购买；另一部分就是 Anker 自己的邮件订阅用户，即曾经购买过 Anker 产品的买家，Anker 可以通过 EDM 邮件营销，定时给买家发送一些包含促销信息的邮件，通过这种模式吸引站外流量，促进买家二次购买。

最后一个重要的站外流量入口就是社交媒体，其中引流占比最大的当属 Facebook，还有 Instagram、Pinterest 等，亚马逊和卖家都会在社交媒体重点布局。我建议各位读者可以尝试做一些 Facebook 的付费广告去推广产品，效果还是不错的。

由此可见，站外引流所带来的流量连产品整体流量的两成都达不到（案例产品是 Anker 的爆款，如果是普通产品占比可能会更小），而且在这两成里面还有不少是亚马逊自动帮卖家完成的，不需要卖家主动去做站外引流。另外，卖家不要忽略产品详情页下面关联产品栏目的存在，很有可能你千辛万苦从站外引过来的流量，变成了别人的流量。针对上述情况，我认为做站外引流工作的意义并不大，如果想要扩大产品曝光、提高产品销量，性价比最高的做法还是聚焦在站内流量这一部分，把站内流量引流做好就足够了。虽然这么说，但是并不代表站外引流这项工作就没必要做了。例如，以提高站内关键词排名为目的的站外引流和以获取产品评价为目的的站外引流，对于卖家来说还是非常有必要的工作！

12.2 以提高关键词排名为目的的站外引流详解

以提高关键词排名为目的的站外引流也被称为站外放量，放量是什么意思呢？产品在刚刚上架的新品期，需要通过低价配合广告来刺激新品销量，从而提高产品核心关键词的排名。为了尽可能提高销量，卖家通常采取比较大的折扣让利模式来完成既定的销量刺激目标，这种推广方法被称为放量。通过放量推广产品的关键词排名以及提高搜索权重是符合亚马逊规定的方法，操作起来不会有安全隐患，推广效果也是不错的。放量这种方法不但适用于新品推广，而且对于稳定热卖产品的排名，以及老产品促销活动都有着非常好的效果。总体来说，虽然放量对关键词排名的刺激效果比不上"刷单"，但是"刷单"毕竟是严重违反亚马逊规则的行为，而且情节严重的还涉嫌违反法律，属于欺诈行为。

就目前亚马逊放量的渠道来说，有通过站内流量渠道来做放量的，也有通过站外引流来做放量的。主要放量渠道介绍见表 12-1，基本上可以满足新品前期的放量需求。

表12-1 主要放量渠道介绍

	使用促销网站	亚马逊广告	站外付费流量	推送到原有客户	创建邮件列表
辛苦程度	容易	容易	适中	容易	难
完成难度	容易	适中	难	容易	难
花费	少	适中	多	少	多

综合考虑放量渠道的实操难度和资金成本，我们先排除性价比不高且落地性不强的"站外付费流量"和"创建邮件列表"放量渠道。接下来我们看看剩下的 3 个放量渠道，其中，"亚马逊广告"和"推送到原有客户"放量渠道都不属于站外引流的模式，不在我们重点讲解的范畴，而且"亚马逊广告"渠道在我们之前的章节重点分析过，前期很容易造成预算严重超标，"推送到原有客户"渠道要求我们预先积累海量的曾经购买过我们产品的消费者邮箱，这对于很多新手卖家来说实施起来会比较困难！那么就只剩下"使用促销网站"这个放量渠道了。

促销网站就是一些专门做各类打折促销产品推荐的网站，类似国内的美丽说和蘑菇街，这些网站会汇聚全网的各种打折促销产品（不仅有亚马逊上面的产品），很多消费者喜欢去这类促销网站淘便宜产品，久而久之这些折扣促销推荐网站的流量和知名度越来越大。按照我们过往的经验，如果你的产品的确不错，再加上折扣力度比较大，那么产品挂在这些促销网站上一晚销售上千单并不成问题。

我们应该如何找到各个国家大大小小的促销网站呢？

第一个是使用 related 语法。我们在谷歌上键入"related：亚马逊网址"，就会出现海量和亚马逊类似的电商购物网站。

第二个就是 site 搜索语法。我们在谷歌上键入"deals site：国名"，就会显示域名全是目的国的促销网站，我们可以根据需求找到目的国的海量促销网站。例如，我们可以通过德国站点的 DE 后缀，找到更多德国的促销网站，实现我们站外放量的目的。

找到这些促销网站以后，我们又该如何操作呢？促销网站和亚马逊一样也是有产品排名的，越排在前面的产品相应的流量越大，曝光越多，促销网站里面产品的排名决定因素相对来说比较简单，促销产品得到的点赞数越多，就越能排在前面。

　　促销网站的产品发布有两种方式：第一种就是你直接通过邮件联系网站编辑，把产品介绍以及折扣比例提交编辑审核；第二种就是你去找促销网站上的那些 KOL，让 KOL 帮忙发布你的产品，他们的筛选标准会比网站编辑低很多，只要你愿意付费，他们大概率都能够帮你发布。

　　产品发布的问题解决后，应该怎么得到点赞呢？我们的让利幅度要大，至少不要比在促销网站上面的同类产品小，因为很多人点"No"的原因是价格不够便宜。在确保价格足够低的情况下，产品自然就会有很多点赞。我们还可以去找一些促销网站上面的 KOL 或者普通用户帮忙点赞，把产品推到网站首页上面去。

　　为了方便各位卖家做发布和点赞的工作，我介绍 3 个网站：Upwork、Freelancer 和 Fiverr（可以直接去谷歌搜索网站名称即可获取）。这 3 个网站类似中国的猪八戒网，是国外提供外包服务的网站，我们可以找到各种各样的外包服务，还可以在上面找到一些促销网站的 KOL，以及一些承担产品发布和点赞工作的服务公司。

　　为了方便各位刚刚接触站外促销网站的新人卖家，我直接推荐一个我们团队常用的站外打折促销网站——Jump Send。Jump Send 网站示意如图 12-5 所示。

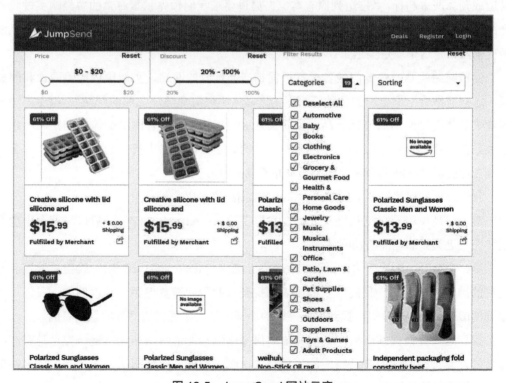

图 12-5　Jump Send 网站示意

Jump Send 网站上汇集了 20 多万买家，他们定期逛促销网站挑选物美价廉的商品。Jump Send 网站与其他促销网站相比最大的特点就是门槛低、限制少。

我们在通过促销网站做站外放量时，还有一些细节需要注意，其中最重要的就是折扣比例的问题。虽然放量本质上就是在亏本做促销，但是我们在做站外放量的时候折扣比例不能定得太高，因为太高的折扣比例会带来很多负面影响。例如，产品价格打一折的放量效果虽然会非常好，出单量也很大，但是产品权重会低很多，对关键词排名的刺激作用小，还会有一定的安全隐患，亚马逊系统可能会判定你利用折扣模式干扰产品的销售排名，从而对你进行警告或者封号处理。因此，我建议各位在做站外放量的时候折扣比例不要超过三折。如果你能实现五折，甚至六折去做站外放量，对关键词排名肯定有正激励作用。

从账号安全角度出发，我们在做站外促销时还需要注意，折扣信息最好站内站外要统一，例如，你在站外 3 折出售，站内却是原价销售，这种行为是违反亚马逊规定的。亚马逊要求你在做站外促销时，站内和站外的折扣要统一，不能只在站外做打折促销，站内却按原价在卖，这种行为是会被警告的，存在封号风险。

另外，我们在做站外放量的时候，对产品链接的选择需要特别注意，站外放量的链接分为两种：一种是能够单独提升某一个关键词排名的超级链接（Super URL）；另一种就是能够提升产品下面所有关键词排名的权威链接（Canonical URL）。

我建议卖家尽量使用产品的权威链接来做放量，主要有以下几个方面的原因：第一，买家通过权威链接购买，会对产品的整体权重及其下面所有关键词的排名起到促进作用；第二，很多站外放量渠道（例如一些促销网站）只接受亚马逊权威链接，不接受超级链接；第三，用权威链接还能避免被怀疑故意操作关键词排名，在安全性上也有很好的保证。

如何获取自己产品详情页对应的权威链接呢？

首先进入产品页面，直接点击鼠标右键选择 View page source（查看页面原代码），或者直接 "CTRL+U"。

进入 page source（页面源代码）以后，直接 "CTRL+F"，然后在右上角方框填入 "Canonical"，点击搜索。

查看 "Canonical" 后面的字符，这个字符就是这个产品详情页对应的权威链接。

除了前面说的促销网站这个站外放量渠道外，亚马逊卖家后台还有一个 "社会媒体促销代码" 功能，我们也可以把这个功能应用到站外放量和引流工作上面。社会媒体促销代码如图 12-6 所示。

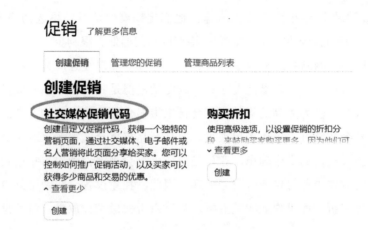

图 12-6　社会媒体促销代码

对于我们做站外引流来说，社会媒体促销代码功能有两大优势：第一个优势就是卖家设定好相应的折扣后，亚马逊会从其网红联盟体系中挑选一些自带流量的网红、KOL，以及网站站长帮助卖家发布这些促销信息，从而帮助卖家实现站外放量的目的，与此同时还不会收取卖家额外的费用。亚马逊影响者和联盟如图 12-7 所示。

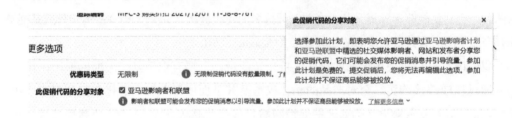

图 12-7　亚马逊影响者和联盟

第二个优势就是当站外流量进来时，亚马逊会自动帮助卖家生成一个特殊的着陆页，而不会让流量直接进入产品的详情页。这个特殊的着陆页起到流量过滤的作用，只有确定要购买的流量才会进入产品详情页，这样一来就能够在很大程度上保证站外引流行为不会拉低整体的产品转化率，从而确保了产品的权重不会受到任何负面的影响。

另外，关于社会媒体促销代码功能，还有一个使用小技巧，我们可以针对一个产品，不间断地去创建"社会媒体促销代码"，这样就能促使亚马逊不间断帮助卖家把促销信息推送出去，从而达到免费站外放量的目的，而且还能很好地提高站内关键词的排名。当然，引流和排名效果与卖家的折扣比例有很大的关系，折扣越大，让利越多，相应的效果也就越好。

12.3　以获取评价为目的的站外引流详解

我建议各位读者不要把获取关键词排名和获取评价这两件事分开来看，这两项工作的原理是类似的，通过站外引流不但能够完成我们的放量目标，提高产品关键词排名，同时也能够帮助我们获取一定数量的产品评价，积累评价。

举个例子，我们通过促销网站一共得到了 500 个折扣订单以后，完成了前期的关键词排名推广任务，那么等到这 500 个消费者都收到了产品，我们是不是要对他们进行后期的邮件邀请评价呢？这些消费者以非常低的价格购买了产品，如果在产品还不错的情况下收到来自商家的邀请评价邮件，那么通常来说他们的留评意愿会比那些以正常价格购买的买家要大得多，这些放量订单的留评率也会远远大于之前普通订单的标准。

这里我们又不得不提到前面章节讲过的亚马逊后台的邮件邀请评价功能（Request a Review），我们可以先在后台找到之前站外放量的折扣订单，然后对这些折扣订单背后的消费者进行官方邮件邀请评价。我们之前尝试过这一功能发现效果非常好，针对这些站外放量的折扣订单进行邮件邀请评价以后回评率能够高达 15% 左右。也就是说 500 个站外放量的折扣订单，通过后期邀请评价，能够陆续收到 75 个评价，这已经是非常多的评价了。亚马逊后台邮件邀请评价功能是有时间限制的，在收到产品后的 5 ～ 30 天内我们才能够进行邀请评价操作，超过这个时间就不能再进行邀请评价了。

另外，各位读者还需要注意，如果订单折扣比例超过七折，有可能会出现部分产品评价没有 "Verified Purchased" 的标志，但是评价还是可以成功留下的。

还有没有其他只以获取产品评价为目的的站外引流操作呢？肯定是有的，例如，我们可以直接用 Facebook 广告、谷歌广告的方式来寻找愿意和我们合作的测评人。Facebook 广告属于人群定位广告，我们可以先定位到产品目的国，如果我们的产品有明显的特定人群，那么广告就可以继续定位到具体人群，例如，你是卖渔具的，你的 Facebook 广告就可以定位到喜欢钓鱼的人。广告内容就是产品在线征集测评人，如果有人愿意测评可以联系卖家，测评人可以免费拿到这个产品，同时需要给产品写一个客观的评价。对这个产品感兴趣的人是有可能会去主动联系卖家的。

除了 Facebook 广告外，现在比较火的 Instagram 和海外版抖音——TikTok 也可以投放类似征集产品测评人的广告。这种产品测评模式在国外非常流行，由于可以免费获取产品，测评人的接受程度很高，合作意愿强烈。另外我们在做产品测评的时候还需要注意，我们如果通过前期放量已经把产品核心关键词推到了首页偏后或者第二页靠前的位置，那么就可以和测评人做好充分的沟通，尽可能让他们采取"搜索关键词—翻页找到产品—最后下单"这种贴近真实购物场景的模式来购买产品，因为只有这样操作才会最大限度地提高这个关键词的自然排名。

在本节的最后还是要提醒一下各位读者，通过投放广告来找测评人合作的方式和上面说的邀请评价是不一样的。由于亚马逊明令禁止以免费产品作为"诱饵"来换取产品好评的行为，所以针对在社交媒体上投放征集测评人广告，各位亚马逊卖家在操作时还需要谨慎！不要要求买家留好评。只是单纯地做促销，通过折扣去吸引买家，这样才是符合亚马逊规定的行为。

第 13 章
打造爆款第八步：复盘和总结

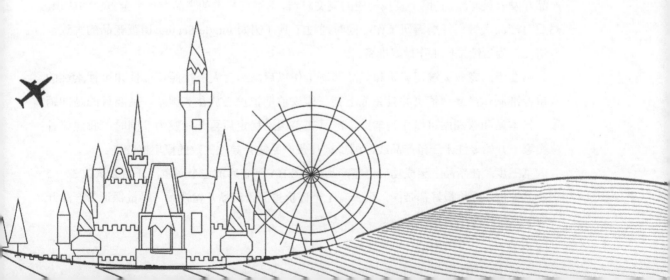

13.1 亚马逊爆款打造整体流程的复盘和总结

我们在完成爆款产品打造整体流程以后，不管结果是成功还是失败，都需要做整体流程的梳理、总结以及复盘的工作。这样才能够为我们后续打造更多的爆款提供实践经验和理论基础。很多大公司在发展后期，经过总结复盘前期打造新品的各种成功或者失败的经验，会梳理出一套适合大范围推广且符合公司实际情况的爆款打造流程。因此，一些亚马逊大卖家打造一个爆款产品的流程基本上都是模块化的，就像工厂的生产流水线一样，每一个环节的运营人员做好这个环节的事情就可以了，而且这样一套流程基本可以保证打造爆款的高成功率。这样的好处是显而易见的，运营人员不需要有太强的能力，只要能够按照要求完成既定任务即可。人员的工资成本会降低不少，就算负责人离职，对公司整体的业绩影响也不会很大，而且最重要的一点是一旦整个流程可以实现快速复制，公司只需要不断地招聘和匹配相应的人才资源，就可以不断地实现业绩增长。

看到这里有读者可能会说，我只要按照大卖家的流程照做就可以了。没有那么简单，因为任何一套标准化的流程都必须和自己公司的实际情况相匹配，而不是完全"架空"的。这也是每次爆款产品打造结束以后都需要梳理、总结和复盘的原因，只有不断地重复才能够摸索出一个适合自己公司的流程。

我们在前面的章节已经把亚马逊爆款产品打造的整个流程详细拆解了一遍，现在我会带各位读者梳理一下常规爆款打造的整个环节和流程，也算是对之前所讲的细分内容的一个总结和升华。

第一步：在拿到准备推广的产品以后，运营人员最好先通过仔细阅读产品说明，与产品开发人员交流，在网上查找相应的英文材料，对准备打造的产品有一个全方位的认识。然后对产品关键词开展调研工作，同时通过工具（例如 Jungle Scout）调查竞品的大致销量情况，为后续推广工作做好准备。

第二步：完成关键词调研和竞品调研工作以后，运营人员按照可读性和可搜索性的双重标准制作产品详情页并且完成上架。建议前期把重心放在美国站，主要目的是冲销量，日本站和欧洲站可以作为辅助，产品在美国站稳定后再开始发力。同时，我建议各位卖家一开始专注于一条产品线，同步推几条产品线会导致失败的概率比较高。

第三步：在新品上架成功后，趁产品通过 FBA 到仓库前这个间隙，开始尝试做 3 ～ 5 个产品评价，评价最好都带图，至少有 1 个评价里面带产品开箱视频，尽量保证带产品开箱视频的评价处于首页位置。同时尝试做 3 组左右的 Q&A 问答，每个问题至少带 2 个回答。

第四步：等到产品到仓库以后，卖家马上要做的事情就是继续增加评价。因为此时获取评价的渠道会增多，例如，卖家可以通过亚马逊官方的 Vine 计划、亚马逊种子链接持续增加评价的数量，同时再加上 Facebook 广告测评、站内信索评、通过客户邮箱邀请评价、寻找更多对我们产品感兴趣的测评人等方式，在一个月内争取得到 30 ～ 50 个评价，整体评分控制在四星半以上（包含四星半）。

第五步：这一步是和第四步同步进行的，不分先后。我们需要预先确定好产品的核心出单词以及长尾出单词，然后等产品上架后开始通过站内广告、私域流量体系，以及站内外秒杀，再加上较大比例的优惠券、折扣等尽可能地打造更多的销量，提高关键词的自然排名。这一步要快，最好在产品上架后的两周之内完成。

第六步：完成销量和评价的积累以后，卖家随时监测产品的首页排名，同时监测核心关键词首页其他竞品的销量，一旦产品销量低于首页其他竞品，卖家可以使用通过站内广告和秒杀等刺激销量的补单手段，以维持核心出单词的首页排名，目标是长期将产品的首页排名稳定在前五。

以上就是一个亚马逊常规爆款产品的打造流程，各位读者可以结合前面章节的内容一起阅读，这样会更有代入感。

在这个章节的最后，我再介绍一下上述爆款打造流程的整体指导思想。对于现阶段在亚马逊平台上打造爆款来说，其指导思想就是先亏后赚，投入和产出几乎成正比。对于竞争相对激烈的美国市场来说，基本上新品上架 2 个月后才能实现盈利。我们这个指导思想是非常契合"飞轮理论"的：卖家在新品期先通过站内广告和站外放量来刺激销量，提高关键词排名，抢占核心关键词的首页"坑位"，在增大流量的同时不断增加评价数量，不断提高转化率，慢慢地，正常价格下的自然单量逐步增多，最终实现稳定盈利！

13.2 爆款打造过程中的各种踩"坑"汇总

在打造亚马逊爆款的过程中，难免会踩到各种"坑"，有时候稍有不慎就会直接影响爆款的如期打造。因此我们要做的就是一方面尽可能地为各种可能会踩到的"坑"做好预案，想办法绕开；另一方面提高团队的应变能力，即使踩到了一些"坑"，也能够找到相应的解决方案。只有这样才能够保证爆款打造的成功率！

为了更好地帮助各位读者，下面我汇总了一些在我们打造产品过程中经常会遇到的"坑"，并附上相应的解决方案。

13.2.1　新产品推广期注意事项

新产品推广期是产品刚刚上架的那段时间，亚马逊可能会给予新品一些特别的权重加成，这样很容易达到事半功倍的效果。严格来说，产品通过 FBA 正式入仓后的两周时间都算是新品期，我们的推广动作最好要在这两周之内完成，才能够实现效果的最大化！

在新产品推广期，我们需要注意评价积累和排名上升的不一致性，这是很多亚马逊卖家都会遇到的难题。为了抢在新产品推广期完成所有的推广步骤，推排名和积累评价这两项工作需要同步进行。但也很有可能出现这种情况，产品排名上了首页但是评价数量没上去，因为产品上了首页以后势必会增加大量的曝光和点击，但是由于评价数量不够，所以极有可能整体的产品转化率落后于首页的其他竞品，等到评价全部到位，排名早就掉出首页了，而且按照亚马逊 A9 算法的运算逻辑，产品排名一旦掉下来想再回到首页就非常困难了。

面对这种不一致性我们应该如何处理呢？一方面，我们可以尽量去优化协调获评和排名推广这两项工作，尽量不要出现上述不一致性的情况；另一方面，经过优化以后，如果还是出现了不一致的情况，卖家可以直接关掉产品页面，等评价慢慢到位后再把产品页面打开，这样你会发现排名并没有掉，还是会在打开前的那个位置。当然产品页面关闭的时间不能太长，时间太长一定会影响排名，关闭时间最好控制在一周之内！

13.2.2　如何防止折扣码被滥用

几乎每年都会发生亚马逊折扣码被滥用的情况，这是一些运营人员因操作失误，导使大量的产品以极低的价格卖了出去，给公司造成了极大的损失。而且从 2021 年 3 月开始，这种超低价订单再也无法追回，亚马逊客服也不会帮你处理，你只能独自承受折扣码滥用带来的损失。那么我们应该怎么做才能防止这类事情发生呢？

我们先来看一看到底是哪步操作有问题。我们在进入亚马逊后台的管理促销页面后，可以设置多种多样的折扣促销模式。亚马逊后台的管理促销页面如图 13-1 所示。

在详细了解折扣促销功能以后，各位读者应该会发现系统有一个缺点：虽然一个优惠码只能用一次，但是我们无法设置单次购买的数量。举个例子，你设置了一个 0.1 折的折扣码，折扣码只能用一次，你认为万无一失了，就去站外发折扣码，但是有些测评人可能会一次性买 1000 个产品，由于这 1000 个产品都是一次性购买的，所以系统会默认全部适用于 0.1 折的折扣。很多亚马逊卖家踩过这个"坑"，等到反应过来，产品已经通过 FBA 发货了，给公司造成了巨大的损失。

图 13-1 亚马逊后台的管理促销页面

针对上述情况，我们需要增加一项设置，直接点开你要设置的产品页面编辑按钮，找到"Max Order Quantity（最大订单数量）"选项，在准备发放折扣优惠码之前，将此处限制最大购买数量设置为"1"。每个人只能购买一个产品，这样就可以很好地预防上述情况的发生。设置单次最大购买量如图 13-2 所示。

图 13-2 设置单次最大购买量

另外，在同一时间不同促销活动的折扣码叠加使用，也属于折扣码滥用的情况之一。例如，你的某一个产品同时在做两个完全不同的促销活动，就很容易出现折上折的情况。为了避免这种情况的发生，建议公司内部可以建立促销活动审批机制，所有的促销活动最终生效之前都需要经过经理级别的人员进行审批，这样就能够很好地避免同一个产品在同一时间同时做两个促销活动的情况。

13.2.3 针对被跟卖，如何采取行动

虽然很多卖家特别"痛恨"跟卖，但是跟卖制度是亚马逊平台的基本制度，如果你没有在亚马逊上面完成品牌备案，任何人都可以跟卖你的产品。

亚马逊制定跟卖制度就是为了防止卖家重复铺货，如果几个卖家同时销售一个产品，这几个卖家就只在一个产品下面竞争即可，不用上传几个相同的产品页面。但是针对有品牌备案的产品的跟卖行为是违反规定的，属于侵犯知识产权的行为，就像你

没有拿到 Nike 的授权却依旧销售 Nike 的产品，我们可以依法打击这种跟卖行为。所以说，完成品牌注册和品牌备案是我们必须要做的事情。

在完成品牌备案以后，我们应该如何打击跟卖行为呢？当我们完成品牌备案以后，发现有人在跟卖我们的产品，这时我们进入亚马逊品牌备案专属网站进行投诉。我们可以直接去百度或者谷歌搜索"Amazon Brand Registry（亚马逊品牌备案）"，找到相应的官方网站。

第一步登录品牌账号进入支持页面，因为跟卖属于侵犯知识产权的行为，所以我们要选择第一栏"Report an intellectual property（IP）violation（报告知识产权侵权）"，这是知识产权侵权投诉版块。品牌备案支持页面如图 13-3 所示。

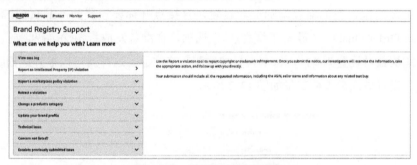

图 13-3　品牌备案支持页面

第二步进入"Report a violation（举报侵权）"页面，我们看到这个页面非常智能，允许我们进行搜索，同时还提供了两种不同的搜索方式。第一种是直接输入品牌名称和产品名称进行一个匹配搜索。第二种是直接输入 ASIN，同时还提供了一种图片匹配的方式，即我们直接上传图片，就可以匹配到在亚马逊站点上有哪些卖家在使用与自己一样的图片。违规举报页面如图 13-4 所示。

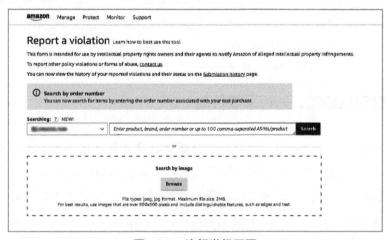

图 13-4　违规举报页面

我们可以活用上述搜索方法找到我们想投诉的对象，选择投诉的理由。一般来说，知识产权侵权包括 3 种情况：商标侵权、版权侵权和专利侵权。侵权类型选择如图 13-5 所示。

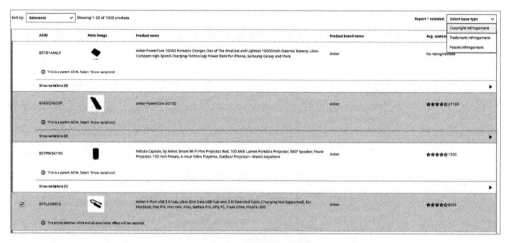

图 13-5　侵权类型选择

我们打击跟卖行为，从根本上来说就是打击商标侵权行为，因此我们选择"Trademark infringement（商标侵权）"，进入下一个页面。商标侵权举报页面如图 13-6 所示。

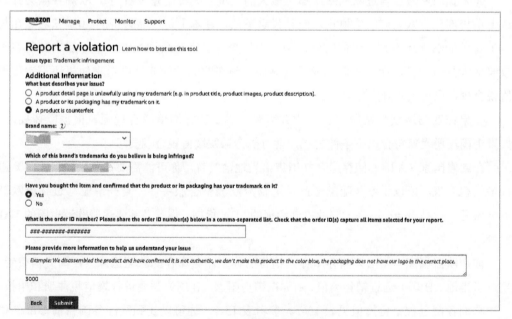

图 13-6　商标侵权举报页面

我们可以根据被跟卖的具体情况来选择具体的投诉问题。如果被跟卖，卖家可以选择"A product is Counterfeit（仿牌假货投诉）"，然后只需要一步一步按照下面的要求来填写具体的信息即可。针对跟卖投诉，我们最好要对跟卖的产品进行 Test Buy（测试购买），这样投诉起来才更具有说服力，同时提高投诉的成功率。Test Buy 的意义在于你把跟卖的产品买回来，比对一下这个产品与你的产品到底有哪些不一样的地方，具体哪里侵权了，到时候用图片加文字的模式提交给亚马逊，这样会让投诉更具有说服力。

看到这里很多读者可能会想，原来完成品牌备案以后还是不能杜绝跟卖行为，只是说可以合法打击跟卖行为了，而且算上 Test Buy，打击跟卖行为的流程还是非常长的，中间难免会造成巨大的销量损失，有没有能够直接不让别人跟卖的方法或者秒删跟卖的方法呢？答案是有的。只要你完成了品牌备案，就可以找亚马逊消费者经理要求申请"亚马逊透明计划"，对于注册了"亚马逊透明计划"的产品，别人是无法跟卖的。你也可以找亚马逊消费者经理申请"亚马逊零计划"，对于成功注册了"亚马逊零计划"的产品，一旦遇到跟卖行为，跟卖产品就会直接被删除，这样我们就再也不用担心被跟卖的问题了！

13.2.4 关于欧洲 VAT 的那些坑

如果我们要做亚马逊欧洲站，那么最大的"坑"无疑就是 VAT 了。欧洲各国会针对线上销售部分收取相应的增值税，而且税率不低，基本上是产品售价的 20% 左右。在与 VAT 有关的法规还不太完善的时候，基本上很少有卖家会缴纳 VAT，不过后来随着各国政府加大打击力度，而且不断向亚马逊施压，现在欧洲站的亚马逊卖家如果还不实现增值税合规，已经很难开展生意了。

如果在亚马逊欧洲站做生意，什么情况下需要进行增值税合规呢？根据欧盟要求，如果中国注册卖家符合以下条件之一，就可能会触发增值税合规要求。

在欧盟国家（A 国）储存库存并销售给当地消费者，你可能需要在当地国（A 国）进行增值税合规。所以说不要随意开亚马逊物流欧洲整合服务，一旦开了亚马逊物流欧洲整合服务，亚马逊会在欧洲七国随机储存你的 FBA 货物，你就必须要注册欧洲七国的 VAT 税号。

你在欧盟国家（A 国）储存库存，销售给你未储存库存的欧盟国家（B 国）消费者，超过了当地（B 国）远程销售阈值，则你在销售国家（B 国）需要进行增值税注册和申报。

欧洲各国远程销售阈值见表 13-1。参考表 13-1，你可以找到欧洲各国目前标准的税率和远程销售阈值，看看你在当地没有库存的国家一年销售有没有超过远程销售阈值，若是超出了阈值就需要税务注册。

表13-1   欧洲各国远程销售阈值

国家	国家代码	标准税率	远程销售阈值
英国	UK	20%	£70000
德国	DE	19%	€100000
法国	FR	20%	€35000
意大利	IT	22%	€35000
西班牙	ES	21%	€35000
波兰	PL	23%	PLN 160000
捷克	CZ	21%	CZK 1140000

由表 13-1 可知，卖家要做亚马逊欧洲站，一定要重视 VAT 问题，注册 VAT 税号并且按时进行税务申报，实现增值税合规。不然到时候因为 VAT 问题，账号被亚马逊封了，基本上是不能解封的，而且资金也会被冻结。不管你是做 FBA 还是做 FBM 自发货卖家，都必须提前做好欧洲增值税合规的工作，自发货卖家虽然不用担心因为货物储存而带来的 VAT 问题，但是销售额度超过了远程销售阈值也会面临增值税问题。

另外，从 2021 年年初开始，英国站率先执行 VAT 由平台代缴的政策，不再由卖家自行缴纳申报了。一旦实施平台代缴政策，就会使英国站上的所有卖家必须实现税务合规化运作，这对于一直合规合法经营的欧洲站卖家来说是一件好事。而且从 2021 年 7 月 1 号开始，欧洲站其他站点也会开始实施 VAT 由平台代缴的政策，至此欧洲亚马逊各个站点的 VAT 会由亚马逊平台直接代扣代缴，彻底实现税务合规化。一旦执行代扣代缴政策以后，卖家也不需要再去管什么远程销售阈值了，只需在有 FBA 库存的欧盟国家注册 VAT 就好了。

很多读者对亚马逊欧洲站 VAT 代扣代缴新政策还存有疑问，不过大家不用担心。英国代扣代缴自查思路图如图 13-7 所示，欧盟代扣代缴自查思路图如图 13-8 所示。

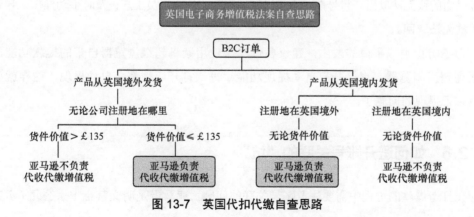

图 13-7   英国代扣代缴自查思路

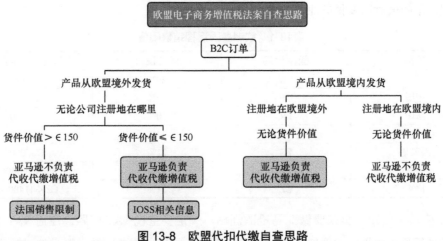

图 13-8　欧盟代扣代缴自查思路

　　我建议各位读者可以仔细参照英国和欧盟代扣代缴自查思路，然后根据自身情况来判断是否被代扣代缴或需自行申报，以及是否需要提供额外的材料。

13.2.5　关于亚马逊提款的那些"坑"

　　正常情况下，亚马逊一般是 14 天放一次款，我们在收到钱款以后，可以把钱款提到收款工具（例如派安盈）里面，最终以人民币的形式把钱取出来。每次提款都需要卖家自己手动操作。如果你没有手动操作，钱款会暂留在亚马逊账号里面。很多人觉得这也没有什么，亚马逊肯定不可能拿走卖家的钱。但是很多人不知道的是，不拿走钱有一个前提，是在你的账号没有被封的情况下。

　　2019 年，我们有个店铺因投诉侵权而被亚马逊封号，几个爆款产品都在这个店铺下面，账号里面的钱无法取出。封号前，本可以提现回款，但由于员工忘记及时手动操作，导致这笔钱款无法取回。

　　为了防止类似事情的发生，建议各位卖家使用紫鸟超级浏览器自带的提款功能，登录紫鸟超级浏览器，直接开启自动提现功能，每次打开店铺都会自动提现，这样就可以避免忘记提现的问题了。

13.2.6　如何避开账号关联的"坑"

　　在打造爆款的过程中需要注意账号关联的问题。亚马逊是明文禁止 1 家公司 / 卖家拥有多个同地区账号的，即 1 家公司 / 卖家不能有 2 个美国站账号，不能有 2 个欧洲站账号，却可以有 1 个美国站账号、1 个欧洲站账号、1 个日本站账号。如果 1 家公司 / 卖家同时有 2 个同地区账户且被查到了，这就会被认定为账号关联。

此外，亚马逊判定的另一种账号关联情况是自己的账号与别人的账号关联。例如，你在星巴克的免费 Wi-Fi 里登录你的美国站账号，而其他的卖家也在同一个 Wi-Fi 里登录了他们的美国站账号，你们之间也有可能被判定为账号关联。亚马逊对于账号关联的打击是非常严厉的，对于账号关联的处罚措施一般分为两种情况：一种情况是如果关联账号之间产品重复度很高，亚马逊会直接让卖家二选一，也就是关掉一个账号，留下一个账号；另一种情况是如果关联账号之间产品重复度比较低，那么关联本身并不会引发任何问题，一旦被判定关联的账号当中有任意一个账号出问题了被亚马逊封了，其他的账号也都会跟着一起被亚马逊封掉。

那么如何防止自己的账号和其他账号产生关联呢？我在这里给各位读者提供两种解决方案：一种就是物理隔离，严格按照一个卖家账号，一台电脑，一条网线的配置来完成不同账号之间的隔离，这么操作肯定能够保证安全，但是成本也增加了不少；另一种方案就是使用紫鸟防关联超级浏览器，只要保证我们的账号一直是在紫鸟超级浏览器里面登录和运作的，就不会存在和其他账号关联的问题了。

第四部分
器：亚马逊选品运营的实用工具和服务

第 14 章
工具和服务的使用原则

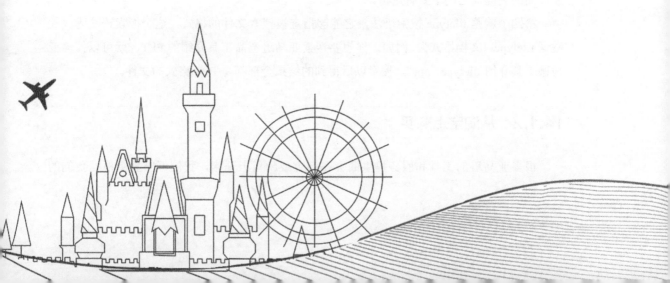

14.1　优质工具和服务的搜寻方法

各位读者看完前面的章节，应该会意识到我们在做亚马逊的时候，可能会用到各种各样的工具以及服务，那么我们应该如何找到这些适合我们的工具和服务呢？这个章节的目的就是教会各位读者如何在日常工作中找到合适的工具和服务。

14.1.1　百度和谷歌搜索

从百度或者谷歌上面搜索相关的工具和服务是最快的，而且也是常用的方法。相对于百度搜索来说，我个人更推荐谷歌搜索。

为了提高搜索效率，在这里给各位读者介绍一下谷歌和百度这两大搜索引擎通用的高级搜索语法，这些高级搜索语法能够帮助我们尽快找到我们想要的东西。

第一个就是 site 搜索语法，如果卖家知道某个站点中有自己想要找的东西，就可以把搜索范围限定在这个站点中，提高搜索效率。例如，"亚马逊选品工具 site：网址域名"。"网址域名"不要带"http：//"。"site："和"网址域名"之间不要带空格。

第二个就是 related 搜索语法，这个语法在前面讲 Deals 站点的时候已经说过了。如果我们找到一个选品工具，想要有更多选择，这个时候就可以用到 related 这个高级搜索语法了。

第三个就是 intitle 搜索语法，网页标题通常是对网页内容的归纳。把查询内容范围限定在网页标题中，有时能获得良好的效果。例如，"工具 intitle：亚马逊"，其中"intitle："和后面的关键词之间不要有空格。

第四个就是 filetype 搜索语法，它能够指定被搜索文件的格式，这个搜索语法为"关键词 filetype：文档格式"。例如，你想要搜索亚马逊选品工具介绍的 PPT，就可以搜"亚马逊工具介绍 filetype：ppt"，搜索以后得到的结果全部都是 PPT 格式的文件。

14.1.2　从淘宝上购买

很多亚马逊的工具和服务提供商会在淘宝或闲鱼上开店，我们可以直接根据我们的需求在淘宝或闲鱼上搜索相应的关键词即可，而且通过这些平台交易更有保障。

另外，一些常见的收费工具非常昂贵，可以先去淘宝搜一搜，可能会有团购版本，这样就可以节约一大笔费用了。

14.1.3 微信或 QQ 群询问

无论是在百度搜索还是在淘宝上面搜索购买，有时免不了要花费大量的时间筛选。卖家想要更高效地获取靠谱的工具和服务信息，可以直接咨询相关行业的朋友。像 QQ 和微信上有大量的亚马逊卖家交流社群，找几个大型和活跃的社群加进去，直接根据自己的具体需求咨询群内朋友，让他们帮你推荐一些值得信赖的工具和服务，通过这种方式得到的答案会更可靠。另外，卖家也可以付费加入一些与亚马逊相关的社群，在这些高质量的社群提问，相对来说得到高质量答案的可能性会更大。

14.1.4 亚马逊官方应用商店

在亚马逊卖家后台，有一个叫"应用和服务"的菜单栏目，我们点击以后在下拉菜单里面选择"发现应用"。发现应用如图 14-1 所示。

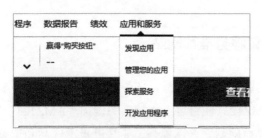

图 14-1　发现应用

之后我们就进入了亚马逊官方服务工具商城，这个商城里面基本包含了亚马逊卖家在选品运营过程中可能会用到的所有工具和服务，卖家可以根据自己的需求用关键词去搜索具体的工具和服务，也可以根据亚马逊给出的服务分类，找到具体服务所属的类目、点进去寻找。而这些工具和服务都是亚马逊筛选考察过的，虽然不能保证一定是最好用的，也不能保证一定是最便宜的，但是至少能够保证是值得信赖的。应用商店首页如图 14-2 所示。

图 14-2　应用商店首页

这里特别说明一下，如果各位卖家有给产品做认证的需求，例如，玩具类目需要 CPC 认证，建议各位读者只使用亚马逊官方服务工具商城里面的商家提供的服务。这是因为亚马逊可能不会承认非商城产品认证服务商认证出来的结果。

14.1.5　其他工具和服务推荐网站

除了亚马逊官方的服务工具商城外，各位读者还可以参考很多跨境电商从业人员比较熟悉的导航网站：AMZ123（在百度上面搜索关键词"AMZ123"即可获取）。这是中国最大的出口跨境电商导航网站之一，集合了亚马逊卖家选品和运营中需要用到的各种工具和服务。

此外，如果新手卖家想要了解不同服务商产品的具体应用场景以及学习更多的知识，还可以参考我们侃侃大学专门为新人设计的"跨境电商百科全书"（百度搜索关键词"侃侃大学"即可获取），具有丰富亚马逊运营经验的网络编辑会每天实时对跨境电商领域几十个微信公众号和 10 余家网站的优质文章进行筛选和整理，让各位读者获取更多优质的工具和服务。

14.2 工具和服务使用过程中的注意事项

作为亚马逊平台的第三方入驻卖家必须要遵守亚马逊的行为规范和准则。如果违反，那么入驻卖家就会受到亚马逊的惩罚和制裁。当我们在使用各种工具和服务时，必须要知道哪些服务商提供的服务和工具可能存在安全隐患，在选择工具和服务时需要慎重。

为了帮助各位卖家解决上述问题，更加规范地在亚马逊平台上开展经营活动，我推荐一个亚马逊卖家专属的帮助页面，我们可以在百度或者谷歌上面搜索关键词"Help for Amazon Seller（亚马逊卖家帮助页面）"，即可进入。

我们不需要登录亚马逊账号就可以直接看到卖家账号里面每一个功能模块的详细介绍、工具服务的使用对接指南，以及相应的卖家行为准则和注意事项等。这个网站就像一个亚马逊卖家专属的百科全书一样，各位读者遇到不知道或者不清楚的事项都可以在上面查询。

另外，如果你想要运用搜索功能方便快捷地找到更多的账号功能介绍、工具对接流程或者卖家的行为准则等具体内容，那么你可以在网站直接登录自己的卖家账号，这样就可以运用搜索功能了，我们查询相关信息的效率也会提高很多。

如果你还有一些问题得不到解答，你可以通过在亚马逊卖家后台寻求亚马逊人工客服的介入。按照过往经验，基本上人工客服介入以后，问题都能得到有效的解决。我们先登录卖家后台，在最右侧菜单栏里面点击"帮助"按钮，进入帮助界面，接着把页面下拉到底部，选择"需要更多帮助"。需要更多帮助页面如图 14-3 所示。

图 14-3　需要更多帮助页面

我们可以根据遇到的具体问题，选择相应的问题类别，提供相关信息以及问题细节，最后还需要选择亚马逊与你取得联系的方式，可以是邮箱也可以是电话号码。联系人工客服支持如图 14-4 所示。

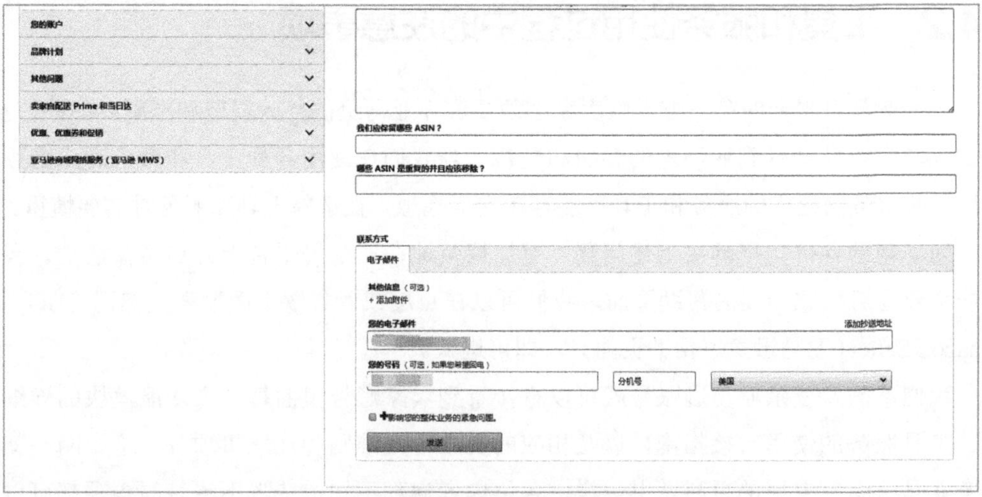

图 14-4　联系人工客服支持

后记

很庆幸我一直在出口跨境电商领域工作，见证了跨境电商领域很多人与事的变迁。从 2012 年入行起，我就开始有意识地积累跨境电商方面的素材。当时内心就已埋下一颗小小的种子，期望有朝一日可以系统性得输出，帮助新入行的朋友更快地成长。

2022 年马上就要到了，不知不觉中我已经入行十年，算是这个新兴行业里的"老人"了。我发现，是时候把之前的经历写成一本书了。

我一直坚信，持续输出是最快的学习途径。在写这本书的时候，我查阅了很多资料，与很多优秀的业内人士进行了交流，我自身也得到了很大的提升。

由于篇幅有限，加上定位的目标人群的是跨境电商行业的新人，很多内容并没有展开细讲，例如，"站内广告""DSP 广告""放量测评"和"账号风控"等，也没有提到"Vendor Central 账号申请和运营""物流和供应链优化""跨境电商财税合规"等内容。关于这些没有展开和提及的内容，可以在我的公众号"Moss 的精神家园"中看到，我会经常针对一些跨境电商卖家感兴趣的热点内容进行单点突破和深度挖掘。

本书也得到了很多人的帮助，尤其要感谢帕拓逊邓总对我的一路扶携，感谢我的合伙人强哥提出的很多中肯建议，感谢我们公司新媒体部门同事以及人民邮电出版社编辑的细心校勘，还要感谢一直支持我的家人。

欢迎大家关注我的公众号，在后台和我探讨。萧伯纳曾经说过："如果你有一个苹果，我有一个苹果，彼此交换，我们每个人仍然只有一个苹果；如果你有一种思想，我有一种思想，彼此交换，我们每个人就有了两种思想，甚至多于两种思想。"

最后感谢大家的阅读，我一直坚信跨境电商行业在未来十年都是朝阳行业。

如果我们的方向不出现问题，那么剩下的就是长期坚持了。就像罗振宇在跨年演讲中说："一个人的成就，来自一套核心算法乘以大量重复动作的平方，而所谓的伟大，有时候就是普通人在长期主义的复利下，将努力积累成奇迹，时间帮助了他们，他们成为了时间的朋友。"祝愿大家在自己的道路上越走越远，因为坚持到最后的人运气往往不会太差。